모두를 위한 아리스토텔레스

마인드큐브 책은 지은이와 만든이와 읽는이가 함께 이루는 정신의 공간입니다.

모두를 위한
아리스토텔레스

쉽게 풀어낸 어려운 생각

모티머 **J.** 애들러 지음
김인수 옮김

마인드큐브

아리스토텔레스라는 거인과 떠나는 '철학 소풍'

천병희/ 단국대 인문학부 명예교수

미국의 철학자 모티머 J. 애들러가 쓴 이 책은 아리스토텔레스 철학의 전반에 대해 쉽게 풀어서 설명하고 있는 책입니다. 저자가 소개하는 이야기를 듣다 보면, 우리는 아리스토텔레스라는 거인의 무동을 타고 철학 소풍이라도 가는 것마냥, 재미와 이해를 동시에 얻게 됩니다. 결코 어렵거나 지루하지 않습니다. "누구나" 술술 읽다 보면 어느새 자기도 모르게 마지막 페이지에 도착해 있게 되죠. 아리스토텔레스의 4원인, 질료와 형상, 예술, 덕(德)과 행복, 사랑과 우정과 정의, 정치, 감각과 관념, 논리학, 그리고 형이상학까지, 아리스토텔레스의 철학에 대한 일관된 파악을 할 수 있게 됩니다. 아마 이 책을 읽고 나면, 그동안 읽기 힘들었던 아리스토텔레스의 저작들을 훨씬 쉽게 읽어낼 수 있을 거라고 생각합니다. 《형이상학》이든 《시학》이든 《니코마코스 윤리학》이든 《정치학》이든 말이죠.

애들러는 이 책에서 아리스토텔레스 철학의 중요한 특징 중 하나로 '구별'을 들고 있습니다. 생명체와 비생명체의 구별에서 시작하여 좋음과 나쁨의 구별, 타당함과 부당함의 구별, 참과 거짓의 구별, 필요와 욕구의 구별, 그리고 지식과 의견의 구별 등 숱한 구별들을 제시합니다. 사실, 구별만큼 중요한 것도 없습니다. 제것과 남의 것을 구별하지 못할 때 다툼이 생기고, 진정으로 좋은 것과 외견상으로만 좋은 것을 구별하지 못할 때 미혹(迷惑)이 생기죠. 제대로 구별할 줄 아는 것이야말로 철학이 추구하는 '지혜'의 하나임이 분명합니다. 그리고 그러한 엄정한 구별을 할 줄 아는 것이, 우리에게는 매우 필요합니다. '비슷하지만 다른(아닌)' 것을 제대로 구별하지 못하면 우리는 혼란에 빠집니다.

서양의 아리스토텔레스만 그렇게 말한 게 아닙니다. 동양의 공자와 맹자 역시 그 구별에 대해 얘기했습니다. "공자께서 말씀하셨다. 나는 비슷하지만 아닌 것(似而非者)을 미워한다. 밭의 쭉정이를 미워함은 그것이 곡식과 혼동되기 때문이요, 말만 잘하는 것을 미워함은 그것이 옳음을 혼란시키기 때문이요, 감언이설을 미워함은 그것이 신의를 어지럽히기 때문이요, 정성(鄭聲, 음란한 음악)을 미워함은 그것이 아악(雅樂, 바른 음악)을 어지럽히기 때문이요, 자색(紫色)을 미워함은 그것이 붉은색을 어지럽히기 때문이듯이, 향원(鄕原, 지역의 위선자들)을 미워함은 그들이 덕(德)을 혼란시키기 때문이다."(《맹자》, 진심편) 비슷하지만 아닌 것을 제대로 분별할 줄 알아야 개인도 사회도, 나아가 국가도 바로 설 수 있는 것입니다. 애들러가 "철학은 누구나 배워야 하는 것"이라고 말할 때 그 이유 중의 하나는 바로 이러한 구별을 할 줄 아는 지혜가 우리 모두에게 필요한 것이기 때문일 거라고, 저는 생각합니다.

저는 이 책이 대중적 철학 해설의 모범을 보여주는 책이라고 생각합니다. 부분에 치우치지 않게 전체의 체계를, 일관된 틀에 따라, 알기 쉽게 설명하고 있기 때문입니다. 다른 철학사상에 대해서도 이와 유사한 수준의 해설이 나오기를 기대해 봅니다. "모두를 위한 니체", "모두를 위한 칸트", 그리고 "모두를 위한 스피노자" 등을 말입니다.

이 책으로 아리스토텔레스와 함께 즐거운 철학 소풍을 떠나보시기를 권합니다.

행복한 삶을 위해, 모두가 읽어야 할 책

안광복/ 중동고 철학교사, 철학박사, 《처음 읽는 서양 철학사》 저자

일자리는 자꾸만 줄어들고 있다. 사람이 할 일을 기계가 대신하는 탓이다. 기계가 하는 일은 단순계산이나 근육 쓰는 일 정도에 그치지 않는다. 회계사, 약사 같은 고급 업무들도 이제는 상당부분 컴퓨터 프로그램이 하고 있다. 그럴수록 생활은 팍팍해지기만 한다. 안정된 일터는 점점 사라지고, 경쟁은 날로 치열해지지만 어찌해야 할지 뾰족한 수가 보이지 않는다. 앞으로 우리는 어떻게 살아야 할까? 무엇을 해야 삶을 제대로 꾸릴 수 있을까? 미래가 암담하기만 하다.

이런 현실에서 《모두를 위한 아리스토텔레스》는 답답한 속을 뚫어주는 소화제 같은 책이다. 아리스토텔레스〔Aristoteles, 서기전 384~322〕는 2400년 전 사람이다. 하지만 그의 문제의식은 놀랍도록 현대인들과 통한다.

아리스토텔레스는 사람이 사람답게 살려면 "여가(scholē)"가 있어야 한다고 강조한다. 일을 할 때 우리는 기계와 다를 바 없다. 무엇을 위한 도구로 '기능'하고 있을 뿐 인간으로 사는 것은 아니라는 뜻이다. 업무에서 놓여나 자기가 하고 싶은 것을 할 때, 비로소 "인간다운 삶"은 시작된다.

아리스토텔레스 시대에 '사람다운 사람'은 몇 되지 않았다. 자유는 자신의 생계를 꾸려줄 노예들을 충분히 거느린 사람만이 누릴 수 있었기 때문이다. 지금은 어떨까? 기계문명은 노동의 수고를 점점 덜어주고 있다. 인류의 발전 차원에서 본다면, 일자리가 줄어드는 현실은 되레 축복이다. 실업자가 많아져서 걱정이라고? 오히려 더 많은 사람들이 '여가'를 누리게 되었으니 기뻐해야 할 일 아닌가?

이렇게 말하면 속이 뒤집히는 사람이 한 둘이 아니겠다. 먹고 살기도 힘든데 말장난을 하냐며 멱살을 잡는 이들도 있을 듯싶다. 그러나 곰곰이 따져 보라. 지금의 경제문제는 굶어죽을까 전전긍긍하는 데 있지 않다. 문제는 대다수 국민들이 "사람답게 살기 어렵다"고 느낀다는 점이다. 그렇다면 "사람답게 산다는 것"이 과연 무엇인지부터 분명하게 해야 하지 않을까?

이 물음에 대해 확실한 결론을 맺지 못한다면, 아무리 주머니가 두툼해지고 살림살이가 피어난다 해도 삶은 여전히 신산스러울 것이다. 행복은 연봉이 많아지고 아파트 평수가 늘어난다 해서 저절로 찾아들지 않는다. 나보다 잘 사는 인간은 또한 언제나 있을 것이며 인간의 욕심 또한 끝이 없는 까닭이다.

그렇다면 행복한 삶을 위한 아리스토텔레스의 '해법'은 무엇일까? 아리스토텔레스는 철저한 사람이다. 그는 "인간으로서 좋은 삶이란 무엇인가?"에 대한 답부터 내리려 한다. 그는 모든 일들을 조목조목 따지며 해결책에 다가간다.

모든 생명체들은 영양분을 구하고 휴식을 취하며 번식을 꿈꾼다. 이 점에서는 돼지나 사람이나 차이가 없다. 개나 소나 말은 배부르고 등 따시면 더 이상

바라는 게 없다. 하지만 인간은 더 많은 먹거리를 얻고 더 많이 번식한다 해서 행복에 이르지는 못한다. 본능에만 매달리는 인간치고 추하지 않은 경우가 있던가. 탐욕은 광기(狂氣)로 이어질 뿐이다.

인간의 행복은 인간에게'만' 주어진 가능성을 펼칠 때 비로소 이루어진다. 그렇다면 인간에게만 주어진 가능성은 무엇일까? 이렇듯 아리스토텔레스의 탐구를 한 단계씩 따라가다 보면, 뭔가 인생이 하나씩 정리되는 느낌이 든다.

이 책의 저자 모티머 애들러는 《생각을 넓혀주는 독서법》 등으로 잘 알려진, 미국의 저명한 인문 교육자이자 철학자이다. 아리스토텔레스의 관심사는 무척 방대해서 자연학, 생물학에서 천문학, 지리학, 윤리학, 정치학에 이르기까지 무척 넓은데, 애들러는 그 방대한 저서와 자료를 샅샅이 뒤져 고갱이를 추려냈다. 그리고 '제대로 사는 삶'이라는 방향에 맞게끔 내용을 정리하여 쉽고 분명한 언어로 우리에게 들려준다.

애들러 또한 아리스토텔레스만큼이나 집요하고 철저한 학자이다. 그는 놓치는 부분은 없는지, 논리가 성기지는 않은지 끊임없이 곱씹으며 천천히 이야기를 펼쳐나간다. 어쩌면 성급한 독자라면 그 속도가 마뜩찮을 수도 있다. 하지만 근육을 기르고 싶다면 진득이 오래 역기(力器)를 들어야 하듯이, 인간다운 행복을 누릴 만한 영혼을 갖추려면 이 책을 꼼꼼히 읽어볼 일이다. 그러다보면 어느덧 자신이 행복에 이르는 법을 손에 넣었음을 깨닫게 될 것이다.

이제 책의 내용으로 돌아가 보자. '인간으로서' 행복해지기 위해서는 어떻게 해야 할까? 아리스토텔레스도 어느 정도의 물질적인 안정은 필요하다고 본다. 애들러는 아리스토텔레스의 생각을 이렇게 옮긴다.

"기아에 굶주리는 개인, 혹한과 혹서를 피하지 못하는 개인, 수면을 제대로 취하지 못하는 개인, 순간에서 순간으로 근근이 연명하느라 기력을 다 써버려야 하는 개인……의 처지는 발목에 쇠사슬을 감고 노동하는 노예나 감옥에 갇힌 죄수보다 딱히 나을 게 없습니다. 일정한 양의 부의 결여는 일정한 양의 자유의 박탈만큼이나 잘 사는 것과 행복의 성취를 가로막습니다."

문제는 그 다음이다. 인간은 "이성적 동물(rational animal)"이다. 그래서 "본성상 알기를 욕망한다." 그렇다면 동물 단계를 넘어선 인간에게 채워져야 할 것은 무엇이겠는가? 어떤 사람들은 식욕, 성욕, 수면욕 수준에 머무는 인생을 산다. 그들은 본능을 채우고 비우는 과정을 반복할 뿐이다. 그네들은 풍요로워질수록 점점 '변태'로 바뀌어 버린다. 더 짜릿한 자극을 얻으려 하지만, 그럴수록 그들은 행복으로부터 멀어진다. 진정 행복해지고 싶다면 인간다운 욕망을 틔우고 채울 줄 알아야 한다.

이렇게 하려면 '좋은 습관'을 갖추어야 한다. 좋은 습관이란 다양한 욕망들 가운데 '더 좋은 것', 나아가 '가장 좋은 것'을 택할 줄 아는 자세다. 덕(virtue)을 쌓는 생활은 그래서 중요하다.

"좋은 습관, 혹은 도덕적 덕은 진정한 좋음과 외견상의 좋음 등 여러 좋음 중에서 올바른 선택을 하는 습관입니다. 아리스토텔레스가 '악(vice)'이라 부른 나쁜 습관은 그릇된 선택을 하는 습관입니다. 당신이 올바른 선택을 하고 그것에 따라 행동할 때마다, 당신은 좋은 삶이라고 하는 궁극목적을 향하여 움직이게 하는 어떤 행동을 하는 것입니다……덕 있는 사람이란 규칙적으로, 비록 매번 반드시 그럴 필요가 있는 것은 아니라고 할지라도, 때마다 거듭하여 올바른 선택을 하는 사람입니다."

가슴속에서 어떤 욕구가 일 때마다, 그리고 그것을 꼭 해야 할지 고민할 때마다, 스스로에게 물어보라. "나에게 이것이 꼭 필요할까?", "내가 지금 편하게 있으면 이후의 내 삶이 좋아질까?" 이는 '절제'와 '용기'를 일깨우는 물음들이다.

시장 경제는 필요 이상으로 바라고 소비하도록 우리를 부추긴다. 이기적인 마음은 꼭 해야 할 일도 남에게 미루고 사회에 떠밀도록 만든다. 건강한 몸을 유지하기 위해서는 운동하는 습관을 갖추어야 하듯이, 좋은 삶을 살기 위해서는 훌륭한 선택을 하는 습관을 길러야 한다.

나아가 아리스토텔레스는 좋은 사회에 사는 것이 행복을 추구하는 데 대단히 이롭다는 점도 놓치지 않는다. 불행한 세상에서 만족스러운 삶을 살기란 어렵다. 그래서 아리스토텔레스는 좋은 정부와 훌륭한 시민에 대해서도 상당히 깊은 논의를 펼친다.

《모두를 위한 아리스토텔레스》에는 이 모든 논의들이 튼실하게 담겨 있다. 그 밖에도 생각의 기술(논리학)에서 무한, 영원 같은 철학적 주제에 이르기까지, 애들러는 아리스토텔레스 사상의 전모를 이 짧은 분량 안에 빠짐없이 담아 놓았다. 그의 설명 또한 놀랄 만큼 쉬워서, 인내심을 갖고 책장에 매달리다보면 독자들은 '좋은 삶에 대한 아리스토텔레스의 조언'에 푹 빠져들 것이다.

"철학은 과학에 비해 전혀 쓸모가 없을까요? 그렇습니다. 쓸모가 없습니다……철학은 빵을 구울 줄도 모르고 다리를 건설하는 법도 모릅니다……그러나 (철학은) 우리 삶과 우리 사회를 이끌어 나쁜 삶이 아닌 좋은 삶이 되도록, 나쁜 사회가 아닌 좋은 사회가 되도록 하는 데 사용될 수 있습니다……인간 삶의 그 차원에서라면 철학은 매우 유용합니다. 과학보다 훨씬 더 유용합니다."

일자리는 줄어들고 먹고살기는 점점 어려워진단다. 그런 속에서 우리가 정말 걱정해야 할 바는 "어떻게 하면 인간적인 삶을 살 수 있는가?"이다. 이 물음에 답을 제대로 찾지 못한다면 일자리가 많아져도, 먹고살기가 좋아져도 행복에 이르기는 어렵다. 이 점에서 《모두를 위한 아리스토텔레스》는 그야말로 '모두가 읽어야 할' 책이다.

아리스토텔레스, 2400년을 비춰온 인식의 빛

2016년은 아리스토텔레스 탄생 2400년 되는 해입니다.

유네스코에서는 2016년을 "아리스토텔레스 기념의 해"로 정하는 문제를 검토하고 있다는 소식입니다.

아리스토텔레스가 철학을 배우고 펼쳤던 그리스에서는 2016년 5월에 "아리스토텔레스 2400년"이라는 세계대회도 열린다고 합니다. 철학의 분과라 할 형이상학, 논리학, 윤리학은 물론 문학, 미학, 역사학, 정치학, 생물학, 심리학, 천체물리학, 신학 등 아리스토텔레스의 지적 세례를 받은 수많은 연구자, 학자들이 모여 그의 철학에 대해, 그의 사상에 대해, 그의 학문과 이론에 대해 밤을 밝혀가며 숱한 말과 글과 생각들을 나누겠지요. 2400년 전 아리스토텔레스와 그의 학문적 동료[學友]들이 아테나이의 뤼케이온 숲길을 걸으며 토론하며 지혜의 길을 밝혔던 것처럼 말입니다. 그만큼 아리스토텔레스의 지적 영향력은 2400년이라는 세월이 흐른 지금까지도 깊고도 넓습니다.

인류 역사에서 한 인간의 정신적 광휘가 이토록 오래, 그리고 이토록 광범하게 퍼졌던 적이 있었던가요.

그가 남긴 책은 수백 권을 헤아리거니와, 2400년의 세월이 흐른 지금까지도 그 책들에 담긴 체계성과 과학성은 빛을 잃지 않고 있죠. 단지 철학에 국한된 얘기가 아닙니다. 철학 및 그 인접학문은 물론 자연과학, 사회과학, 예술학 등 인간의 탐구력이 미칠 수 있는 거의 모든 영역에 그의 족적은 선명히 남아 있습니다. 말 그대로 그는 '만학(萬學)의 아버지'입니다.

《아테네 학당》

아리스토텔레스 하면 떠오르는 그림이 있죠. 바로 《아테네 학당》입니다. 라파엘로가 바티칸 박물관 '서명의 방' 벽에 그린 《아테네 학당》에는 음악과 조화의 신 아폴론과 지혜의 여신 아테나의 조각상이 마치 하늘에서 내려다보듯 서 있는 아래에, 60명쯤 되는 '현자(賢者)'들이 다양한 포즈로 묘사되어 있습니다.

그림의 아랫부분에는 왼쪽에 피타고라스와 오른쪽에 에우클레이데스(유클리드), 프톨레마이오스 등 수학, 기하학, 천문학의 인물들이 놓여 있고, 그 위쪽에 디오게네스, 소크라테스, 플라톤, 아리스토텔레스 등 철학의 인물들이 배치돼 있죠. 물론 그 중 단연 돋보이는 인물은 그림 정중앙의 밝은 아치를 배경으로 서 있는 두 사람, 바로 플라톤과 아리스토텔레스입니다.

잘 알려진 대로, 두 사람 중 왼손에 《티마이오스》를 들고 오른손가락으로 하늘을 가리키고 있는 사람이 플라톤이고, 왼손에 《윤리학》을 들고 오른손을 펼쳐 땅을 가리키고 있는 사람이 아리스토텔레스죠. 자세히 보면 플라톤은 왼발이 살짝 들려진 반면, 아리스토텔레스의 두 발은 대지를 굳게 딛고 있습니다. 게다가 플라톤은 공기와 불을 상징하는 붉은 옷, 아리스토텔레스는 물과 땅을 상징하는 푸른색과 진황색 옷을 입고 있죠. 그렇습니다. 플라톤은 천상 어딘가에 있을 걸로 여겨지는 이데아(Idea), 관념의 세계에 대한 얘기를 하고 있고, 아리스토텔레스는 지상에 펼쳐진 자연, 현실의 세계에 관한 얘기를 하고 있는 것으로 읽힙니다. 이 그림 하나만 보아도 우리는 플라톤과 아리스토텔레스의 철학이 어떻게 다른지 감을 잡을 수 있게 되죠.

스승과 제자 관계이기는 했지만, 플라톤과 아리스토텔레스의 철학은 서로 상반되는 면이 있죠. 플라톤은 이데아적 개념들 위에 정립된 학문인 기하학을 중시한 반면("기하학을 모르는 자는 이곳에 들어오지 말라"), 아리스토텔레스는 의사였던 아버지의 영향을 받아 관찰과 실험의 학문인 생물학(자연학)을 중시했죠. 라파엘로가 절묘하게 묘사했던 것처럼, 플라톤의 철학은 이상주의적이고 유토피아적이며 피안(彼岸)의 세계를 중시한 반면, 아리스토텔레스의 철학은 현실주의적이고 실용적이며 무엇보다 상식(common sense)에 기반을 두죠.

이 책《모두를 위한 아리스토텔레스》는 다름 아닌 그 아리스토텔레스의 상식적 철학을 쉽게 설명하고 있는 책입니다.

《모두를 위한 아리스토텔레스》와 모티머 애들러

하지만 전문 연구자가 아닌 사람이 아리스토텔레스의 책을 직접 읽기는 쉽지 않습니다. 대표적으로 그의《형이상학》은 일반인들이 한 페이지를 제대로 넘기기가 어렵고, 전문 연구자들도 "절망적으로 난해한 작품"이라며 고개를 젓는다고 하죠. 중세 페르시아의 이븐 시나(Ibn Sina) 같은 석학도 이 책을 마흔 번이나 읽었는데도 이해를 못했다고 하니, 그 어려움의 정도를 알 수 있죠. 모티머 애들러가 서문에서 언급한 아리스토텔레스의 "비범함"이라는 말 속에는 아리스토텔레스에 대한 경외감뿐 아니라 그와 같은 난해함의 의미도 당연히 들어 있다고 생각합니다.

그런데, 이 책《모두를 위한 아리스토텔레스》에서 애들러는 그 어렵다는 아리스토텔레스 철학이론의 전모를 참으로 쉽게 풀어서 독자들 앞에 펼쳐 보이고 있습니다. 열두어 살 이상이면 누구나 이해할 수 있게 썼다는 말은 살짝 과장이라는 생각도 들긴 하지만, 전체적으로 볼 때 우리나라에서 아리스토텔레스의 철학 전반을 이 정도로 쉽게 정리하여 소개한 책은 없거나, 있더라도 희귀하지 않을까 생각됩니다. 비록 30년도 더 전에 씌어진 책임에도 불구하고 역자가 망설임 없이 번역에 착수할 수 있었던 데에는 그런 판단이 컸습니다.

이 책을 쓴 애들러(1902~2001)는 미국의 철학자, 교육자, 저술가입니다. 특히 1960년대 이후 미국 사회에 인문학 고전(古典) 교육 운동을 크게 일으킨 사람입니다. 그에 대해 잠깐 소개해 드리겠습니다.

독일 바이에른 출신의 이민자였던 그의 아버지 이그나츠 애들러(Ignatz Adler)는 보석세공인, 어머니 클라리사 애들러(Clarissa Adler)는 교사 출신이었습니다. 애들러는 열네 살에 브롱크스의 한 고등학교를 중퇴하고, 저널리스트가 되겠다는 포부로 《뉴욕 선》지(紙)의 사환으로 들어갔습니다. 그 뒤 콜롬비아 대학의 야간 공개강좌에서 밀(J. S. Mill)의 자서전을 접하고 철학자가 되기로 결심했습니다. 1920년에 그의 장래성을 알아본 교사가 그를 콜롬비아 대학 장학생으로 입학시켰고, 애들러는 3년 만에 학사과정을 마친 뒤 콜롬비아 대학원으로 진학했습니다.

애들러의 초기 연구는 1927년에 출간된 그의 첫 책 《변증론》(Dialectics)으로 집약되었습니다. 이 책은 서구 문명의 주요 철학 및 종교 사상, 특히 그를 매료시켰던 중세 사상을 요약한 것이었습니다. 1928년에 철학박사 학위를 받았고, 학위 연구 외에도 콜롬비아 대학 심리학부와 시민대학, 대중연구소 등에서 활발한 강연 활동을 했습니다. 이러한 저술 및 강연 활동을 지켜본 시카고 대학의 로버트 허친스(Robert Hutchins) 총장이 1930년 그를 시카고 대학의 법철학 교수로 발탁했습니다.

1945년에 신토피콘(Syntopicon)에 관한 저서를 완성한 뒤, 애들러는 54권의 그레이트북스(Great Books) 시리즈를 허친스와 함께 편집했습니다. '신토피콘'은 애들러가 고안한 개념으로, 같은 주제로 묶일 수 있는 다양한 참고도서와 해당 페이지를 기록한 색인을 말하죠. 이 책 《모두를 위한 아리스토텔레스》의 에필로 그가 바로 그 신토피콘 방식의 색인이라고 할 수 있죠.

애들러는 1947년에 《브리태니커 백과사전》 이사진에 합류, 1966년에 기획이사, 1974년에 편집운영위원장이 되었습니다. 그는 백과사전의 1차 개정 작업을 실질적으로 이끌었고, 그 결과가 1974년에 《뉴 브리태니커 백과사전》으로 출간됐습니다.

그 뒤 교수직을 사임한 그는 샌프란시스코로 건너가 포드재단의 출연을 받아 미국 철학연구소(Institute for philosophical research)를 설립했습니다. 이 연구소에서 그는 서구 사상 연구에 매진했고, 파이데이아(paideia, '교육' 또는 '교양'이라는 뜻) 프로젝트도 이끌었습니다. 이 프로젝트는 공교육에서의 고전 교육과 소크라테스 방식의 문답식 교육법을 적용하는 것이었습니다. 1982년 《파이데이아 제안 : 교육선언》을 출간했습니다.

철학자 및 교육자로 활동하면서 애들러는 많은 책들을 썼습니다. 대부분 철학, 정치학, 종교, 법, 교육의 다학문적, 통합적 접근에 일관되게 초점을 맞춘 것들이었습니다. 《토마스주의의 문제들 : 종(種)의 문제》(1940), 《전쟁과 평화에 대해 생각하는 법》(1944), 《독서법》(1972, 찰스 반 도렌 공저. 한국어판 제목은 《생각을 넓혀주는 독서법》), 《모두를 위한 아리스토텔레스: 쉽게 풀어낸 어려운 생각》(1978), 《신에 대해 생각하는 법 : 20세기의 이교도를 위한 가이드》(1980), 그리고 《교육개혁, 미국정신의 개척》(1988) 등이 그것입니다.

책을 쓰는 일과 관련하여 애들러가 한 말이 있습니다. "많은 동시대인들과 달리 나는 동료 교수들이 읽을 책은 쓰지 않았다. 나는 상아탑 안의 청중들이 아닌, 거리의 보통 사람들을 위해 썼다. 나의 책은 오직 그 보통의 독자들을 위한 것이다." 이 책《모두를 위한 아리스토텔레스》역시 애들러의 그러한 일관된 저술 철학이 잘 반영된 책이라고 할 수 있습니다.

애들러가 아리스토텔레스의 철학을 '상식 철학'이라는 줄에 꿰어 소개한 것도 이러한 맥락으로 이해됩니다. 이 책에서 '상식'이라 옮긴 'common sense'는 본래 아리스토텔레스가 말한 '공통감각'에서 온 말입니다. 아리스토텔레스는 인간이 시각, 청각, 후각, 미각, 촉각의 5가지 기본감각 외에 그 감각들이 서로 교차되는 지점에 '공통감각'을 가지고 있으며, 이것이 각 기본감각을 통해 수용된 정보들을 비교, 종합한다고 보았습니다. 아리스토텔레스의 이러한 생각이 후대 연구자들의 해석을 거치면서 사회적 의미, 즉 사회의 구성원들이 공통으로 지니고 있는 정상적인 판단력이라는 의미를 갖게 되었습니다. 이로써 상식은 "경제적, 사회적, 신분적, 지역적, 성별적 차이를 불문하고 모든 사람들이 현실의 일상적 경험을 바탕으로 공통적으로 지니고 있는 감각능력, 혹은 그러한 판단들"이라는 의미를 띠게 된 것이죠. 애들러는 아리스토텔레스의 이러한 '상식 철학'이 철학적 사유의 훈련에 더없이 좋은 가르침이 된다고 보고 이 책을 썼습니다.

철학자로서, 인문학자로서, 그리고 브리태니커 백과사전의 편집위원장으로서 애들러가 철학적 사유와 성찰을 얼마나 중요하게 생각했는지는 "정신의 근육이 감퇴되는 것만큼 끔찍한 형벌은 없다. 정신의 쇠퇴란 곧 죽음을 의미하기 때문이다"라는 그의 말에서 잘 알 수 있습니다. 모쪼록 이 책이 철학적으로 생각하는 법을 배우고자 하는 사람들에게 좋은 안내서가 되기를 바랍니다.

아리스토텔레스의 제1 저작이라 할 수 있는 《형이상학》을 비롯, 주요한 저서들을 왕성하게 번역, 소개하고 계시는 천병희 교수님과 김진성 박사님, 그리고 교육현장에서 다음 세대를 위한 철학 강연을 위해 애쓰시는 안광복 선생님의 귀한 조언과 추천사에 머리 숙여 감사드립니다.

번역하는 내내 "거의 맞는 말과 딱 맞는 말의 차이는 반딧불과 번갯불의 차이만큼이나 크다"(마크 트웨인)는 말이 머릿속을 떠나지 않았습니다. '딱 맞는 말'을 찾기 위해 가능한 한 많은 1차, 2차 저작들을 살폈고, 애들러의 책들도 다시금 읽었습니다. 그럼에도 불구하고 끝내 번갯불을 놓치고 반딧불에 머문 것이 적지 않음을 압니다. 그 점, 독자들의 양해를 구합니다. 번역과 관련된 질정(叱正)이나 제안은 옮긴이의 이메일(bookstay@daum.net)로 보내주시기 바랍니다.

2016년을 맞기 한 달 전

옮긴이

차례

일러두기

* ※ 번역 대본은 Aristotle For Everybody : Difficult Thought Made Easy(1978)이다.
* ※ 그리스와 관련된 인명 및 지명은 영어 표기를 그리스어 표기로 바꾸었다.
  예: Aristotle→아리스토텔레스, Plato→플라톤, Stagira→스타게이로스
* ※ 아리스토텔레스의 생각을 쉽게 전하고자 하는 저자의 의도에 따라 되도록 대중적 표현을 살렸고, 필요한 경우 통용되는 용어나 관련 용어를 〔 〕로 병기했다.
  예: material cause→재료적 원인〔질료인〕
* ※ 원문의 이탤릭체는 강조의 의미로 본문에서 굵은체로 처리했다. 단, 도서명의 경우는 일반체로 두었다.
* ※ 본문의 ( )는 원문에 있는 것이고, 〔 〕는 옮긴이가 단 것이다.
* ※ 각 부〔部〕 시작 페이지의 인용문과 본문의 각주는 옮긴이가 단 것이다.

책머리에

이 책을 써야겠다는 구상이 처음 머리에 떠올랐을 때, 나는 책의 제목을 "어린이의 아리스토텔레스" 혹은 "어린이를 위한 아리스토텔레스"로 할까 생각했었습니다. 그러나 그것은 아리스토텔레스의 상식(common sense) 철학에 대한 간단하고 읽기 쉬운 설명을 담은 이 책의 독자를 정확하게 가리키는 제목이 아니었습니다. 나는 이 책을 열두 살 넘은 사람이면 **누구나** 읽을 수 있게 썼습니다. 그래서 제목을 "모두를 위한 아리스토텔레스"로 정했고, "쉽게 풀어낸 어려운 생각"이라는 부제와 "상식 철학의 소개"라는 설명을 달게 되었습니다.

　여기서 "모두"는 전문적 철학가를 **제외한** 모든 사람을 의미합니다. 달리 말해, 아카데미적 사고의 복잡함과 전문성의 때가 묻지 않은, 보통의 경험과 평범한 지성을 갖춘 모든 사람들을 의미합니다. 하지만 이 책을 접하는 철학 학생들을 위해서는 여기서 다룬 주제들에 대한 아리스토텔레스의 책을 좀더 자세히 읽는 데 도움이 될 만한 가이드를 에필로그로 달아놓았습니다.

지난여름 아스펜(Aspen)에서 나의 두 아들, 더글러스와 필립(각 열세 살, 열한 살)은 타자기 옆에서 기다려가며 이 책의 초고를 열심히 읽어주고 자기들의 생각을 말해주었습니다. 그 열성과 성원에 대해 고마움을 전하고 싶습니다.

그리고 함께 전체 원고를 꼼꼼히 다 읽고 비평해준 로즈마리 반즈(Rosemary Barnes)에게도 감사를 전합니다. 아울러 철학연구소(Institute for Philosophical Research) 동료인 존 반 도렌(John Van Doren), 오토 버드(Otto Bird), 그리고 찰스 반 도렌(Charles Van Doren)의 값진 조언에 대해서도 감사합니다. 그리고 인쇄 직전의 원고를 모두 읽고 개선점을 짚어준 아내 캐롤라인(Caroline)에게도 감사합니다.

늘 그래왔듯이 나의 편집비서 메를리스 알렌(Marlys Allen)은 이번에도 책을 만드는 모든 과정에서 온 마음을 다하여 헌신해 주었습니다. 그녀에게 깊이 감사합니다.

모티머 J. 애들러

1977년 12월 28일, 시카고에서

서문

왜 아리스토텔레스인가?

왜 모두를 위한인가?

그리고 왜 모두를 위한 아리스토텔레스 해설이 상식 철학의 소개인 가?

나는 이 세 물음에 대답하기에 앞서, 다른 하나의 물음에 대답하면 이 세 물음에 대해 더 잘 대답할 수 있을 거라고 생각합니다. 왜 철학인 가?— 왜 모든 사람이 철학적으로 생각하는 법을, 어린이들과 철학자들 이 묻고 때때로 철학자들이 대답하는 그런 탐구적 질문을 제기하는 법 을 배워야 하는가가 그것입니다.

오래 전부터 나는 모든 사람이 철학을 배워야 한다고 생각해왔습니 다. 그런데 그것은 세계와 사회, 그리고 우리 자신에 대해 정보를 더 많 이 얻기 위해서가 아닙니다. 그런 목적을 위해서라면 자연과학이나 사 회과학, 혹은 역사를 배우는 게 훨씬 낫습니다. 철학이 우리에게 유용한 이유는 다른 데 있습니다. 철학은 우리가 이미 알고 있는 것을 더 잘 이해할 수 있게 해주고, 우리가 현재 이해하고 있는 것을 지금보다 더 잘 이해할 수 있게 해줍니다. 바로 이것이, 우리 모두가 철학적으로 생각하기를 배워야 하는 이유입니다.

　이 목적을 이루는 데 아리스토텔레스보다 좋은 스승은 없다고 나는 생각합니다. 철학 공부의 시작을 도와줄 스승으로 나는 순간의 망설임도 없이 그를 추천합니다. 또 다른 스승으로 플라톤을 들 수 있지만, 내 생각에 플라톤은 차선입니다. 플라톤은 우리가 직면해야 할 거의 모든 문제를 제기했습니다. 그러나 아리스토텔레스는 그 문제를 제기하는 데 그치지 않고 그것에 대한 더욱 분명한 대답까지 제시했습니다. 플라톤은 아리스토텔레스에게 철학적으로 생각하는 법을 가르쳤습니다. 그러나 아리스토텔레스는 말 그대로 청출어람(靑出於藍)이었습니다. 그는 우리 모두를 위한 더 좋은 스승이 되고도 남을 만큼 플라톤의 수업을 훌륭히 배웠습니다. 따라서 우리에게 가장 좋은 철학 스승은 바로 아리스토텔레스입니다.

　지금 우리는 아리스토텔레스의 사유 방법을 배우는 데 관심을 두고 있습니다. 따라서 그가 누구이고 언제 어떻게 살았는가보다는, 그가 무엇을 어떤 식으로 생각했는지를 아는 게 더 중요합니다. 그와 우리 사이에 가로놓인 시간의 간격과 변화의 폭이 워낙 넓기 때문에, 그가 살았던 사회나 삶의 조건은 우리에게 낯설게 느껴지죠. 하지만—당신도 곧 알게 되겠지만—그 점이 아리스토텔레스의 사유 방식이나 내용까지 우리에게 낯설게 느껴지도록 하는 건 결코 아닙니다.

　아리스토텔레스는 서기전 384년에 에게 해 북쪽 해안의 마케도니아 도시 스타게이로스에서 태어났습니다. 그의 아버지는 마케도니아 왕의 왕실 의사였습니다. 이 인연으로 아리스토텔레스는 왕의 손자를 가르치는 가정교사 겸 친구가 되었는데, 이 손자가 자라서 훗날 알렉산드로스 대왕이 되었습니다.

열여덟 살에 아리스토텔레스는 아테나이로 이주하여 플라톤이 세운 학당인 아카데메이아(Akademeia)의 철학 학생으로 입학했습니다. 이 학당에서 그는 고분고분한 학생이 아니었습니다. 플라톤의 가르침에 다양한 의문을 제기하기도 하고, 공공연한 반대의견을 펼치기도 했습니다. 그 뒤 플라톤이 죽고 알렉산드로스 대왕이 그리스를 다스리게 되었을 때, 그는 뤼케이온(Lykeion)이라는 자신의 학당을 열었습니다. 그때가 서기전 335년이었습니다.

뤼케이온에는 훌륭한 도서관이 있었고, 방대한 지도 보관실이 있었습니다. 그리고 아리스토텔레스 자신이 도처에서 수집된 온갖 동물 종(種)으로 조성한 동물원도 있었습니다. 이 동물들 중 일부는 알렉산드로스 대왕이 정복지에서 아리스토텔레스를 위해 보내준 것이라고 알려져 있습니다. 서기전 323년 알렉산드로스 대왕이 죽자, 아리스토텔레스는 아테나이를 떠나 에게 해의 한 섬으로 거처를 옮겼습니다. 그리고 1년 뒤 그곳에서 세상을 떠났습니다. 향년 63세였습니다.

아리스토텔레스가 살았던 사회는 노예 소유가 가능한 사회였습니다. 시민들은 사유지의 유지와 관리를 위해 노예들을 사용했고, 그 덕분에 자신들은 넉넉한 여가를 누릴 수가 있었습니다. 그 사회는 또 여성이 남성보다 열등한 지위에 놓이는 사회였습니다. 남성과 여성이 본질적으로 평등하다고 본 플라톤은 이상국가의 시스템을 구상하면서 군인을 제외한 모든 정치적 지위가 여성에게도 개방되어야 한다고 생각했지만, 아리스토텔레스는 여성이 남성보다 열등하다는 당시의 관습적 생각을 버리지 않았습니다.

노예제 및 여성과 관련한 아리스토텔레스의 관점에 대해서는 뒤에서 더 다룰 기회가 있겠지만, 이와 관련하여 우선 여기서 밝혀둘 사항이 하나 있습니다. 이 책에서 나는 "man"이나 "men" 또는 "mankind"라는 말을 "남자"나 "남성"이라는 의미가 아니라 양성 모두를 통칭하는 "인간" 혹은 "사람"이라는 의미로 사용했습니다. 결코 여성에 대한 아리스토텔레스의 관점을 받아들여 사용한 게 아닙니다. 반대로, 이 점에 대해서는 나는 플라톤주의자입니다.

아리스토텔레스가 살았던 고대를 약점으로 여기는 사람이 있을 수 있습니다. 어쩌면 그는 아직 살아 있는 사람, 우리가 사는 이 세계에 대해 잘 아는 사람, 현대과학이 밝혀낸 것을 두루 섭렵한 사람을 스승으로 택하는 편이 낫지 않느냐고 말할지 모릅니다. 그러나 나는 그렇게 생각하지 않습니다.

2400년 전에 살았던 그리스 사람임에도 불구하고 아리스토텔레스는 우리가 사는 이 세계의 기본 윤곽에 대해 마치 지금 살아 있는 사람처럼 말할 수 있을 정도로 충분히 잘 알고 있던 사람이었습니다. 철학적 사유에 관한 도움이라는 면에서 볼 때, 아리스토텔레스는 설령 그가 현대의 과학자들이 알고 있는 모든 것을 다 알게 된다 하더라도 지금보다 더 나은 스승이 될 수는 없을 거라고 나는 생각합니다.

자연과 사회와 인간에 대한 이해를 얻기 위한 노력을 아리스토텔레스는 누구나 마땅히 시작해야 하는 지점에서, 즉 보통의 평범한 경험에 비추어 자신이 이미 알고 있는 것에서 출발했습니다. 그리고 그의 사유는 우리 모두가 소유하고 있는 개념, 다시 말해 학교에서 배워서 알게 된 개념이 아니라, 만물에 대하여 인간이라면 누구나 공통자산처럼 갖고 있는 개념들을 사용했습니다.

이 개념들을 우리는 사물에 대한 우리의 상식이라고 부릅니다. 상식은 우리의 일상적인 공통경험, 즉 우리가 의식적인 노력 없이 자연스럽게 하게 되는 경험, 우리가 단순히 깨어만 있으면 하게 되는 그런 경험의 결과로 만들어지는 개념들입니다. 또 이 공통개념은 우리의 일상대화에서 공통의 언어로 표현될 수 있는 개념들입니다.

"공통"이라는 단어를 여러 번 반복한 점을 이해해주기 바랍니다. 피할 수 없기도 했고, 또 강조하기 위해서이기도 했습니다. 왜냐하면 그 단어가 의미하는 바가 나의 논의의 핵심에 놓여 있기 때문입니다. 모든 것이 공통적인 건 아닙니다. 사적인 소유의 것도 많습니다. 하지만 완전히 사적인 소유로 인식되지 않는 것들도 있습니다. 우리는 그것을 다른 사람들과 공유합니다. 다 읽은 책이나 동영상을 친구나 다른 사람에게 빌려주기도 하고, 집의 거실을 식구들과 공유하며 살기도 합니다.

우리가 공유하는 게 바로 공통적인 것입니다. 서로 다른 집단의 사람들에 의해 공유되는 것들이 많습니다. 우리 모두가 공유하며 우리 모두에게 공통적인 것은 그보다 적습니다. 그 이유는 간단히 말해 우리가 모두 인간이기 때문입니다. 어쨌든 내가 상식이라는 말과 공통경험, 공통개념이라고 말할 때의 그 "공통"이라는 말의 뜻은, 방금 말한 대로 모든 인간에게 두루 포괄된다는 의미입니다.

우리에게는 상식적인 개념들이 있습니다. "사물", "물체", "변화", "원인", "부분", "전체", "하나", "많다" 등이 그것입니다. 우리 대부분은 이런 단어나 개념을 오랫동안, 그러니까 우리가 아주 어렸을 때부터 사용해왔습니다. 우리는 이 말을 우리 모두의 경험에 대해 말하기 위해 사용하기 시작했습니다. 즉, 움직이거나 멈추는 일, 식물이 자라는 일, 동물이 나거나 죽는 일, 앉거나 일어서는 일, 통증이나 아픈 일, 잠들고 꿈꾸고

깨어나는 일, 음식을 먹거나 몸을 움직이는 일, 그리고 마음을 정하는 일 등에 대해서 말입니다.

이 공통경험의 목록은 얼마든지 더 늘릴 수 있습니다. 우리가 사용하는 공통어휘 혹은 우리가 가진 공통개념의 목록을 늘릴 수 있는 것과 마찬가지로 말입니다. 그러나 더이상 늘리지 않더라도 내가 언급한 어휘, 경험, 개념이 모두 공통적이라는 사실은 분명할 것입니다. 그것은 당신만의 것도 아니고, 나만의 것도 아니며, 그 외의 어느 누구만의 것도 아닙니다. 공통적인 것입니다.

이와 달리, 과학자들이 자신의 실험실에서 관찰하는 것이나 탐험가들이 자신의 모험에서 관찰하는 건 매우 특수한 경험입니다. 우리는 그들이 내놓는 보고서를 통해 그것에 대해 배울 수는 있지만, 일반적으로 그것을 직접 경험할 수는 없습니다.

당신도 잘 아는 것처럼 아리스토텔레스가 살았던 시대 이후로 인류는, 특히 현대과학의 발견을 통해, 대단히 많은 것을 배워왔습니다. 그리고 다양한 응용과학을 통해 아리스토텔레스 시대와는 사뭇 다른 세계, 사뭇 다른 삶의 방식을 만들어냈습니다. 아리스토텔레스에게는 자동차도 없었고 전화기도 없었습니다. 현미경과 망원경을 통해 무엇인가를 볼 수도 없었고, 달 표면의 근접관찰은 물론 그 위를 걷는 인간에게서 달 표면에 대한 자세한 묘사를 듣는다는 건 상상조차 할 수 없는 일이었죠. 하지만 아리스토텔레스는 오늘날 우리가 가지고 있는 것과 동일한 공통경험을 가지고 있었습니다. 그리고 아리스토텔레스가 그것을 다루었던 사유방식은, 오늘날 우리가 행하는 사유방식보다 더 잘 그 공통경험을 이해할 수 있도록 만들어주었습니다.

이것이, 그리고 이것만이, 아리스토텔레스가 우리를 우리 자신과 우리의 삶, 우리가 사는 세계와 사회에 대해 더 잘 이해하도록 도와줄 수 있다고 내가 말하는 이유입니다. 비록 우리의 삶의 방식, 우리가 사는 세계와 사회가 아리스토텔레스의 그것들과 매우 다르지만 말입니다.

아리스토텔레스의 사유는 상식에서 **출발했습니다.** 하지만 거기에서 **멈추지는** 않았습니다. 그의 사유는 더 멀리 나아갔습니다. 그의 사유는 상식을 바탕으로 하면서도 결코 공통적이지 않은 통찰과 이해의 지평까지 나아갔습니다. 사물에 대한 그의 이해는 우리의 이해보다 훨씬 더 깊으며, 때때로 더 높은 곳까지 솟아오릅니다. 한마디로 그것은 **비범한** 상식이었습니다.

이것이 우리 모두를 위한 아리스토텔레스의 위대한 공헌입니다. 이 책에서 나는 아리스토텔레스의 그 **비범한** 상식을 조금 이해하기 쉽게 풀어보려 합니다. 이를 통해 아리스토텔레스의 그 비범함이 조금이나마 덜어질 수 있기를 기대하면서 말입니다.

제 1 부

철학적 동물, 인간
MAN THE PHILOSOPHICAL ANIMAL

"인간인 한, 우리는 철학하지 않을 수 없다."

아리스토텔레스, 《형이상학》

1. 분류, 질문, 그리고 철학

철학적 게임

우리가 하는 게임 중에, 우리가 의식하지 못하는 사이에 우리를 철학 속으로 이끄는 게임이 두 가지 있습니다. 하나는 "동물, 식물, 광물" 게임이고, 다른 하나는 "스무고개" 게임입니다.

이 두 게임은 질문하기로 이루어집니다. 하지만 질문 그 자체가 이 게임을 철학적인 것으로 만드는 건 아닙니다. 이 게임이 철학적인 것으로 되는 이유는 그 질문의 바탕에 깔려 있는 것, 즉 범주의 세트, 분류의 틀 때문입니다. 사물을 분류한다는 것, 사물을 이런저런 범주 안에 넣는다는 것은 사실 우리에게 낯선 일은 아닙니다. 많은 사람들이 일상에서 분류를 행합니다. 상점 직원이 진열대 물품의 재고조사를 할 때, 사서가 도서목록을 작성할 때, 또는 비서가 편지나 문서를 보관할 때 등이 모두 그렇습니다. 하지만 그 분류되는 대상이 물질계 전체의 내용물, 혹은 그 물질계를 포함하는 더 큰 우주의 내용물일 때는, 철학이 개입하게 됩니다.

두 게임, 즉 "동물, 식물, 광물" 게임과 "스무고개" 게임은 가끔 동일한 게임인 것처럼 행해집니다. 알아맞혀야 할 대상이 자연물의 세 가지 큰 범주 혹은 부류 중 하나에 들어가는지를 알기 위해 스무 개 질문의 첫 번째로 "동물인가, 식물인가, 아니면 광물인가?"라는 질문을 던질 때 그런 일이 생깁니다. 그러나 우리가 생각할 수 있는 대상이 단지 자연물에만 속하는 건 아닙니다. 알아맞혀야 할 대상이 원과 같은 기하학적 도형인 경우나, -1의 제곱근과 같은 숫자인 경우, 또는 제우스나 아폴론, 아테나와 같은 그리스 신인 경우, 동물인가 식물인가 광물인가 하는 질문에는 대답이 있을 수 없게 됩니다.

스무고개 게임은 "동물인가, 식물인가, 아니면 광물인가?"라는 질문으로 시작하는 경우를 빼면, 그것이 무엇이든 누구나 생각해낼 수 있는 대상을 발견해내는 게임입니다. 그 대상은 자연물에 한정되지 않습니다. 두 게임 중에서 우리가 우리도 의식하지 못하는 사이에 더 철학적 사고와 관계하게 되는 건 이 스무고개 게임입니다. 의식적으로 되기 위해서는 우리는 아리스토텔레스의 도움을 받을 필요가 있습니다.

분류는 아리스토텔레스의 탁월함이 발휘된 기술 중 하나였습니다. 그리고 그러한 또 다른 기술은 바로 질문이었습니다. 철학적 사고 자체가 질문과 더불어 시작되었습니다. 우리의 평범한 일상경험을 바탕으로 대답할 수 있는 질문, 그 경험에 대한 약간의 성찰을 바탕으로 대답할 수 있는 그런 질문들 말입니다. 그리고 그런 질문과 성찰 덕분에 우리의 상식은 더욱 다듬어지고 개선되어왔습니다.

동물, 식물, 광물은 우리가 물질계에서 발견하는 사물들에 대한, 간단하지만 유용한 구분법입니다. 그러나 우리는 "광물"이라는 단어를 좀 느슨한 의미로 사용합니다. 우리는 생물과 무생물을 구별할 때, 그러니까 가령 장미덤불과 막대기를, 혹은 생쥐와 돌멩이를 구별할 때, 무생물 쪽에 놓이는 모든 자연물을 지칭하여 그 단어를 사용하곤 합니다. 그러나 모든 무생물이 다 광물인 건 아닙니다. 광물은 보통 지구의 매장층에서 캐내는 금이나 은 같은 것, 또는 지구의 표층이나 그 아래에서 볼 수 있는 암반층 같은 것, 또는 그 외의 액체나 기체 상태의 다른 물질들을 가리킵니다.

우리가 "광물"이라는 용어로 느슨하게 지칭하는 무생물 혹은 비생명체의 범주에서 아리스토텔레스는 단순물체와 복합물체를 구별했습니다. 아리스토텔레스에 따르면 단순물체란 금, 구리, 혹은 아연처럼 하나의 단일한 물질로 이루어진 물체를 가리킵니다. 그리고 복합물체란 구리와 아연을 합쳐 만든 황동처럼 두 개 이상의 서로 다른 물질로 이루어진 물체를 말합니다. 하지만 아리스토텔레스는 이 단순물체와 복합물체의 구별보다 생물과 무생물의 구별에 더 중점을 두었습니다.

공통점과 차이점

단순물체든 복합물체든 모든 무생물과 생물은 어떻게 구별되나요? 일상의 경험을 통해 우리는 생물의 공통특성을 알고 있습니다. 영양을 섭취한다는 점, 성장한다는 점, 자손을 만들어낸다는 점이 그것입니다.

그러면 생물 중에서 동물은 식물과 어떻게 구별되나요? 역시 일상경험을 통해 우리는 동물이 식물에게는 없는 공통특성을 가지고 있다는 걸 알고 있습니다. 식물처럼 땅에 뿌리내리고 있지 않다는 점, 자신의 이동수단으로 한 곳에서 다른 곳으로 이동한다는 점, 식물처럼 토양과 공기로부터 양분을 얻지 않는다는 점, 대부분 감각기관을 가지고 있다는 점 등이 그것입니다.

무생물과 생물을 나누다보면 가끔 어떤 대상은 어느 쪽으로 분류해야 할지 혼동되는 경우가 있습니다. 그리고 그런 혼동은 식물과 동물을 구별할 때도 생깁니다. 어떤 식물은 동물의 눈이나 귀에 해당하는 감각기관이 없는데도 마치 감각을 느끼는 것처럼 보입니다. 또 조개류와 같은 동물은 마치 한 자리에 뿌리내린 식물처럼 이동 능력이 없는 것처럼 보입니다.

모든 자연물을 무생물과 식물과 동물로 분류할 때 아리스토텔레스는, 이 세 가지 큰 부류로 나누는 게 경계선 유형, 즉 어떤 점에서는 경계선의 이쪽에 해당하지만 어떤 점에서는 저쪽에 해당하는 유형을 배제하는 건 아니라는 사실을 알고 있었습니다. 그만큼 그는 물질계에서 무생물이 생물로 이행하는 것이나 식물성 생명이 동물성 생명으로 이행하는 것은 단계적인 것이지, 이쪽 아니면 저쪽이라는 식으로 칼로 자르듯 분명히 구분되는 건 아니라는 사실을 알고 있었습니다.

그럼에도 불구하고 아리스토텔레스는 생물과 무생물의 차이와 식물과 동물의 차이가 그것들을 서로 확연히 다른 종류의 것으로 분리한다는 생각을 끝까지 고집했습니다. 그가 이런 관점을 고수한 이유는, 만일 우리가 애초부터 돌멩이와 생쥐 사이의 칼로 자르듯 분명한 구별을 알지 못한다면, 우리는 무엇인가를 살아 있는 것으로 분류해야 할지 죽어 있는 것으로 분류해야 할지 어렵다고 해도 별로 신경 쓰지 않게 될 것이기 때문이었습니다. 또 마찬가지로, 우리가 장미덤불과 말(馬) 사이의 분명한 구별을 알지 못한다면, 우리는 어떤 샘플의 생물을 식물로 분류해야 할지 동물로 분류해야 할지 어렵다고 해도 그다지 상관하지 않게 될 것이기 때문이었습니다.

동물이 생물의 특수종인 이유는 식물이 하지 않는 기능을 하기 때문입니다. 인간이 동물의 특수종인 이유도 이와 같습니다. 인간은 다른 어떤 동물도 하지 않는 특정한 기능, 즉 보편적 질문을 던지고 관찰과 사고를 통하여 그 질문에 대한 답을 찾아나가는 기능을 합니다. 바로 이 이유 때문에 아리스토텔레스는 인간을 이성적 동물이라고 불렀습니다. 즉, 이성적 동물이란 질문하고 생각하는 동물, 철학적으로 사고하는 동물이라는 의미입니다.

인간과 인간 아닌 것을 나누는 경계선에 걸치는 것으로 보이는 동물이 있을 수 있습니다. 최근의 연구결과에 따르면, 돌고래와 침팬지는 기본적인 수준의 의사소통을 할 만큼의 지능이 있는 것으로 알려지고 있습니다. 하지만 그들은 사물의 본성에 대해 스스로에게나 서로에게 질문을 던지지는 않는 것으로 보입니다. 그리고 그 질문에 대한 대답을 어떻게든 스스로 발견하려고 하지 않는 것으로 보입니다. 우리는 그런 동물을 인간에 가깝다고는 말할 수 있을지 몰라도, 인류의 한 성원으로 포함시키지는 않습니다.

무생물, 식물, 동물, 그리고 인간

아리스토텔레스는 사물의 각 뚜렷한 종류는 다른 모든 종류와 구별되는 저만의 본성을 지닌다고 생각했습니다. 어떤 부류의 사물을 나머지 다른 모든 사물들로부터 구별 짓는 그 점이 그 부류에 속하는 모든 개별 사물의 본성입니다. 예를 들어 인간의 본성은, 모든 인간이 특정한 특성을 가지고 있으며 그 특성으로 말미암아 인간이 다른 동물로부터, 식물로부터, 그리고 무생물로부터 구별되는 것이라고 할 수 있습니다.

아리스토텔레스의 분류의 틀은 자연물의 4가지 주요 집합을 오름차순으로 배열한 것입니다. 이 사다리구조의 맨 아래에는 무생물인 단순 물체와 복합물체가 놓입니다. 그리고 그 상위의 계층은 하위계층이 지닌 특성을 함께 지니고 있으면서도 하위계층에게는 없는 차별적 특성을 추가로 가지고 있기 때문에 상위에 놓이게 됩니다. 즉, 무생물 위에는 식물이, 식물 위에는 동물이, 그리고 동물 위에는 인간이 놓입니다.

생물은 무생물과 마찬가지로 일정한 공간과 무게를 차지합니다. 그러나 추가로, 앞에서 말한 것처럼 먹고 성장하며 자손을 만들어냅니다. 식물과 동물은 같은 생물로서 이러한 생명기능을 수행합니다. 그러나 동물은 식물이 하지 않는 특정한 기능도 또한 수행합니다. 사다리구조의 맨 꼭대기에는 인간이 놓입니다. 인간은 다른 동물이 하는 모든 생명기능을 수행하면서도, 추가로, 질문을 던지고 대답을 찾아가는 활동을 통해 지식을 쌓아가는 능력과 철학적으로 생각하는 능력을 가지고 있습니다.

물론, 인간 말고도 상위 쪽에 속하는 많은 동물이 생각을 한다고 말할 수 있습니다. 심지어 컴퓨터도 생각한다고 말할 수 있습니다. 인간만이 유일하게 지능을 가지고 있다는 말은 맞지 않습니다. 지능은 동물계 전반에 걸쳐 여러 수준으로 발견됩니다. 그것은 같은 인류 성원 사이에서도 지능이 여러 수준으로 나타나는 것과 마찬가지입니다. 하지만, 철학적 질문을 던지고 대답하는 것과 같은 특수한 종류의 사고는 다른 동물에게서는 결코 찾아볼 수 없습니다. 다른 어떤 동물도 철학적 게임을 하지는 않습니다.

아리스토텔레스가 4가지의 큰 집합으로 나눈 자연물의 세계에서 "물체"라는 단어는 전체를 포함하는 하나의 집합을 가리킵니다. 물체를 부분집합으로 포함하는 더 큰 집합은 없습니다. 물질계의 모든 **것**들은 전부 이러저러한 종류의 **물체**들입니다.

방향을 돌려서, 우리는 더 작은 부분집합들로 나눌 수 없기 때문에 멈추어야 하는, 물체의 부분집합을 찾을 수 있나요? 인류는 동물의 그러한 부분집합인가요?

이런 질문을 받으면 당신은 아마 인종, 즉 피부색이나 얼굴 특성, 머리 형태 등으로 구별되는 다양한 인종을 떠올릴지도 모릅니다. 그러한 특성이 인간을 다른 종류로, 또는 부분집합으로 나눈다고 볼 수 있나요?

이와 관련해서, 아리스토텔레스는 중요한 구별을 지은 바 있습니다. 그는 사물의 모든 특성이 그 사물의 본성 혹은 본질을 정의하는 건 아니라고 말했습니다. 앞에서 본 것처럼 아리스토텔레스는 인간이 이성적 동물 혹은 철학적 동물로 정의되어야 한다고 생각했습니다. 이 말은, 어떤 사람이 인간인 이유는 사물의 본질과 그 이유에 대해 질문을 제기할 줄 아는 그의 능력 때문이지, 결코 피부색이나 코의 형태, 머리카락의 종류, 머리의 생김새 때문이 결코 아니라는 뜻입니다.

물론 우리는 인간을 다양한 그룹으로, 즉 키가 큰 사람과 작은 사람, 뚱뚱한 사람과 마른 사람, 백인과 흑인, 튼튼한 사람과 약한 사람 등으로 나눌 수는 있습니다. 그러나 그런 구별은 인간의 한 하위 그룹을 다른 그룹과 구별할 뿐이지, 어떤 그룹을 인류의 범주 자체에서 밀쳐내는 것은 아닙니다. 그리고 그보다 더 중요한 사실은, 한 그룹의 성원이 다른 그룹의 성원보다 더 인간적이라거나 덜 인간적이라고 말할 수는 없다는 사실입니다.

다시 말해, 인간의 하위 그룹들 사이의 차이는 인간과 다른 동물 사이의 기본적, 일차적 차이에 비해 표면적, 부차적 차이에 지나지 않는 것입니다. 아리스토텔레스는 이러한 표면적·부차적 차이를 "우연적 차이"라고 불렀고, 기본적·일차적 차이를 "본질적 차이"라고 불렀습니다.

인간과 짐승은 본질적으로 다릅니다. 그러나 키가 큰 인간과 작은 인간, 뚱뚱한 인간과 마른 인간은 우연적으로 다를 뿐입니다. 인간과 인간이 다르다는 것은 이런 방식으로 나타나는 것에 지나지 않습니다. 우리는 모두 같은 종류의 동물이며, 다만 이러저러한 인간적 특성을 어떤 개인은 많게, 또 어떤 개인은 적게 가지고 있을 뿐입니다. 이러한 개인차는 모든 사람, 모든 남성과 여성을 묶는 한 가지 특성, 즉 공통적인 인간성에 비하면 전혀 중요하지 않은 차이입니다. 그리고 바로 그 이유 때문에 우리는 모든 인간이 평등하다고 말하는 것입니다.

2. 인간의 사유 대상

물체와 비물체

앞에서 나는 아리스토텔레스가 자연물을 생물과 무생물로, 그리고 생물을 식물과 동물과 인간으로 구분했다고 말했습니다. 그러나 이것으로 그의 분류의 틀과 범주의 세트가 끝난 건 아닙니다.

예를 들어 워털루 전투에서 웰링턴이 탔던 말이나 루비콘 강을 건넜던 율리우스 카이사르를 떠올려보십시오. 셰익스피어의 햄릿, 네스 호의 괴물, 가브리엘 천사를 떠올려보십시오. 활짝 핀 장미꽃의 향기, 잘 익은 토마토의 색깔, 뉴턴의 중력 이론, 그리고 신(神)을 떠올려보십시오.

이것들 중 어떤 것도 현재 동물, 식물, 혹은 광물로 존재하는 자연물이 아닙니다. 웰링턴의 말이나 율리우스 카이사르는 과거에 존재했지만 지금은 더이상 존재하지 않습니다. 셰익스피어의 햄릿은 허구의 인물이지 실제 인물이 아닙니다. 네스 호의 괴물은 존재 자체가 매우 의심받고 있습니다. 활짝 핀 장미꽃의 향기, 가브리엘 천사, 뉴턴의 중력 이론, 그리고 신의 경우를 보면, 이것 중 그 어떤 것도 물질계에서 존재하고 있거나 존재한 적이 있다고 볼 수 있는 아무런 증거가 없습니다.

우리의 사유 대상이 되는 우주세계는 물질계, 즉 현재 존재하는 것이든 과거에 존재했던 것이든 그 모든 물체의 세계보다 훨씬 더 넓습니다. 그 우주만물에는 물체의 세계도 포함되지만, 그 외의 것들도 모두 포함됩니다. 우주만물을 물체와 그 외의 모든 것으로 가르는 이 선이 대분할 선(the great divide)입니다.

대분할을 통해 물질계 전체를 한쪽으로 밀쳐놓으면 무엇이 남나요? 우리의 사유 대상이 되는 우주세계의 그 나머지 절반에는 무엇이 속하게 되나요? 여기서 물체가 아닌 대상의 종류를 전부 다 나열할 수는 없지만, 최소한 몇 가지 가능한 것을 추려 보면 다음과 같습니다.

— 수학적 대상 : 삼각형이나 제곱근 등
— 상상 혹은 허구의 인물 : 셰익스피어의 햄릿이나 마크 트웨인의 허클베리 핀 등
— 육체로부터 분리되었거나 형체가 없는, 유령과 천사를 포함한 모든 종류의 영혼
— 성스러운 존재가 몸을 갖지 않은 것으로 생각될 때의 신 혹은 하나님
— 신화적 존재 : 켄타우로스나 인어 등
— 우리가 지금까지 제기해온 종류의 질문에 대해 생각을 전개할 수 있는 마음(mind)
— 마음이 생각하는 데 사용하는 관념(idea)이나 이론

사유 가능한 대상들을 열거한 이 목록이 적지 않은 의문을 제기한다

는 사실을 나는 잘 알고 있습니다. 그런 대상들이 정말로 존재—단어의 어떤 의미로든—하는가? 그것이 존재한다면 그 존재는 물체의 존재와 어떻게 다른가? 그것을 가능한 것이라고 부르는 것은 무슨 의미인가? 생각의 대상 중에 불가능한 것이 있는가? 마음이 비물체라면, 몸에 대한 마음의 관계는 무엇인가? 이런 물음들 말입니다.

나는 이 책의 뒷부분에서 이 몇몇 물음에 대해, 아리스토텔레스의 도움을 받아, 대답할 것입니다. 그리고 그 나머지 몇몇은 어려운 철학적 물음이라 이 책의 맨 마지막까지 대답을 미룰 것입니다. 우선 여기에서는 물질계가 하나의 부분을 차지할 뿐인 더 큰 우주세계에 대한 주의를 불러일으키기 위해 그런 물음을 제기한 것으로 보아주기 바랍니다. 설령 물체의 세계가 실제로 존재하는 유일한 세계일지도 모른다고 하더라도 말입니다.

그 세계에 머물면서, 우리는 아리스토텔레스가 만든 또 다른 구별을 살펴보아야 합니다. 앞에서 말한, 활짝 핀 장미꽃의 향기나 잘 익은 토마토의 색깔에 대한 질문을 다루기 위해 그 고찰이 필요합니다. 장미꽃과 토마토는 물체, 즉 식물입니다. 그러나 그 향기나 색깔은 물체가 아닙니다. 물질적 세계를 고찰하면서 아리스토텔레스는 그것의 성분을 두 가지 주요한 종류로 나누는 선을 그었습니다. 그리고 그 선의 한 쪽에는 **물체**를 두었고, 다른 한 쪽에는 향기나 색깔과 같은 그것의 **특징** 혹은 **속성**을 두었습니다.

우리는 일상대화에서도 이런 구분을 하곤 합니다. 우리는 어떤 돌의 크기나 무게를 말할 때, 그것을 물체인 것처럼 말하지 않습니다. 나는 당신에게 돌의 크기나 무게를 넘겨달라고 말하지 않습니다. 왜냐하면 당신이 내게 돌의 크기와 무게를 느끼게 하고 싶으면 그냥 돌 자체를 넘겨

줄 것임을 알고 있기 때문입니다.

우리는 돌에 대해 생각하지 않으면서도 돌의 크기와 무게에 대해 생각할 수는 있습니다. 그러나 돌 자체를 바꾸지 않고서는 그 돌의 크기나 무게를 바꾸는 것은 불가능합니다. 만일 돌이 돌더미 안에 들어 있다고 해봅시다. 우리는 그 돌을 돌더미에서 빼낼 수는 있습니다. 그러나 그 돌을 돌더미 안에 놔둔 채 돌의 크기와 무게만을 빼내는 건 불가능합니다.

아리스토텔레스에 따르면, 어떤 물체에 속해 있는 것은 그 사물 안에 자신의 존재를 갖는 어떤 것입니다. 돌의 무게가 돌 안에 존재하는 것처럼 말입니다. 하지만 그것은 돌이 존재하는 것처럼 그것 자체로 별도로 존재하는 건 아닙니다.

하나의 물질적 사물, 하나의 물체는 어떤 무리에 속할 수도 있고 그 무리에서 빼내어질 수도 있습니다. 돌더미에서 돌이 빼내어지는 것처럼 말입니다. 그러나 돌더미 안의 돌은 비록 돌의 무리 안에 있더라도 따로 그것 자체로 존재하는 것이지만, 돌의 크기나 무게는 그렇지 않습니다. 크기나 무게는 따로 그것 자체로 존재할 수 없습니다. 그것은 항상 물질적 사물의 크기와 무게로 존재합니다. 그래서 만일 그 사물이 존재하기를 그치면 그것의 크기와 무게 역시 존재하기를 그칠 수밖에 없습니다.

물질적 사물과 그것의 속성 사이의 기본 차이를 파악하는 또 다른 방법은 사물이 어떻게 변화하는지를 살피는 것입니다. 우리는 표면이 거칠거칠한 돌을 부드럽고 윤이 나게 다듬을 수 있습니다. 각이 진 돌은 둥글둥글하게 만들 수도 있습니다. 돌 자체는 하나의 동일한 돌이지만, 그것의 속성은 이렇게 바뀔 수 있습니다. 다른 돌이 아닙니다. 같은 돌이 바뀌는 것입니다.

만약 돌의 이런저런 면이 달라지는 동안 돌이 동일한 돌로 남아 있지 않는다면, 우리는 그 돌이 거칠거칠한 돌에서 부드러운 돌로, 혹은 큰 돌에서 작은 돌로 바뀌었다고 말할 수 없습니다. 이 점을 이해할 때, 우리는 왜 아리스토텔레스가 물질적 사물은 그것 자체(이 개별적인 돌)로 남아 있으면서도 동시에 하나 혹은 몇 가지 양상(크기나 무게, 모양, 색깔, 혹은 질감)에서 변화를 겪는 대상이기도 하다고 말했는지를 알게 됩니다.

물체의 속성은 물체 자체와 달리 변화의 대상이 아닙니다. 거칠음이 부드러움으로 되는 게 아닙니다. 부드럽게 되는 것은 거친 돌입니다. 녹색이 붉은 색으로 되는 게 아닙니다. 녹색 토마토가 익으면 붉게 되는 것입니다. 요컨대 물질적 사물은 바뀔 수 있는 것이지만, 물질적 속성은 바뀔 수 있는 게 아닙니다. 속성은 물질적 사물이 변화되는 그 양상들일 뿐입니다.

아리스토텔레스는 물질적 사물이 갖는 속성들의 완전한 열거를 만들려고 시도했습니다. 그것의 완전성은 의심될지 모르지만, 그가 지칭한 속성은 우리가 공통경험을 통해 친숙하게 알고 있는 속성들입니다. 특별히 사물이 변화를 겪는 주요한 양상은 다음과 같습니다.

— 양의 변화 : 무게나 크기가 늘거나 줄 때
— 질의 변화 : 모양이나 색깔, 질감이 변할 때
— 장소나 위치의 변화 : 한 곳에서 다른 곳으로 움직일 때

물론 사물은 다른 속성도 가지고 있습니다. 다른 사물과 맺는 관계, 수행하는 행동, 행동이 지속된 결과, 존재하게 된 시간, 존재하기를 계속한 기간, 그리고 존재하기를 그만두게 된 시간 등이 그것입니다.

물질적 사물이 갖는 모든 속성 중에서 가장 중요한 건 그 사물이 존재

하는 동안 유지하는 속성, 그리고 그 사물이 존재하는 동안 변하지 않은 양상과 관련된 속성입니다. 이 항구적인 속성이 그 사물을 그것일 수 있게 만듭니다. 가령 소금은 물속에서 녹는다는 점이 항구적인 속성입니다. 어떤 금속은 전기를 통하게 한다는 점이 항구적인 속성입니다. 포유류의 항구적인 속성은 새끼를 낳아 젖을 먹인다는 점입니다.

그 속성은 해당 사물을 그 특수한 종류의 사물로 만들어줄 뿐 아니라 다른 사물로부터 구별되도록 해주기도 합니다. 우리가 지금껏 다루어온 이런 질문을 제기할 수 있다는 점은 이성적 동물을 다른 포유류로부터 구별되도록 해주는 항구적인 속성입니다. 이성적 동물은 물론 물체입니다. 이성적 동물은 물질적 사물이지만, 그러나 비단 물질적 사물에 그치는 건 아닙니다.

우리는 이 사실을 "사람"이라는 말의 사용법에서도 알 수 있습니다. 우리는 인간을 사람이라고 부르기도 합니다. 우리는 거미나 뱀, 상어나 새를 사람이라고 부르지 않습니다. 우리가 반려 고양이나 개를 사람처럼 대할 때, 우리는 그것을 인간처럼 혹은 거의 인간 대하듯 하곤 합니다. 우리는 단순한 사물로 간주하는 대상에 대해서는 그런 식으로 대하지 않습니다.

조금 전까지는 "사물"이라는 단어가 물질적 사물, 즉 물체를 가리키는 데 사용되었습니다. 그런데 여기서는 "사물"이라는 단어가 "사람"이라는 단어의 반대말로 사용되고 있습니다. 그러니까 그 단어는 약간 골칫거리입니다. 그 단어의 의미는 때로는 모든 사유 가능한 대상을 가리킬 만큼 넓습니다. 존재하는 물질적 사물뿐 아니라 그것의 속성까지, 그리고 존재하지 않는 대상까지, 지금껏 존재한 적이 없는 대상까지, 그리고 심지어 존재할 수 없는 대상까지 말입니다. 그런가 하면 그 말은 때로는 현재 물질계에 존재하는 물체, 과거에 존재했던 물체, 혹은 미래에 존재할 수 있는 물체만을 가리킬 만큼 좁게 적용되기도 합니다.

같은 단어를 여러 의미로 사용하는 것은 종종 피할 수 없는 일입니다. 우리가 사용하는 중요한 단어들, 특히 우리가 보통의 일상생활에서 사용하는 단어들의 경우, 그렇게 하지 않는 것은 거의 불가능한 일입니다. 아리스토텔레스도 동일한 단어를 다른 의미로 사용할 필요가 있을 때 그 점에 주목할 것을 자주 요구했습니다. 우리가 우리의 경험에 대해 생각할 때, 우리도 그가 했던 것처럼 우리가 사용하는 단어의 상이한 의미에 대해 주의를 기울이지 않으면 안 됩니다.

인간은 사물이라는 단어의 한 가지 의미에서는 물질적 사물이지만, 사람이라고 부를 때와 같은 다른 의미에서는 사물이 아닙니다. 물질적 사물 혹은 물체로서의 인간은 세 가지 차원을 갖습니다. 그것은 우리에게 익숙한 차원들입니다. 그리고 사람으로서의 인간 역시 마찬가지로 세 가지 차원을 갖습니다. 그렇지만 그것은 좀 생소한 차원들입니다. 다음 장에서 이에 대해 살펴보겠습니다.

3. 인간의 세 가지 차원

만들기, 행하기, 알기

인간을 단지 물체로, 혹은 단순한 물질적 사물로 간주한다면, 그 차원은 다른 물체와 마찬가지로 가로, 세로, 그리고 높이의 세 가지 차원이라고 해야 할 것입니다. 그것이 물체가 공간을 점유하는 방식이니까요.

물체로서 우리는 다른 모든 물체와 마찬가지로 물질적 사물입니다. 그러나 앞에서 살펴본 바와 같이 우리는 사람이라고 불리는 특수한, 그리고 유일한 종류의 사물이기도 합니다. 그렇다면 물체로서가 아니라 사람으로서 우리가 갖는 세 가지 차원은 무엇일까요?

공간에서 차원이란 어떤 것이 움직일 수 있는 방향을 의미합니다. 나는 내 손을 왼쪽에서 오른쪽으로, 앞에서 뒤로, 그리고 위에서 아래로 움직일 수 있습니다. 이러한 공간적 차원과 마찬가지로, 사람의 차원 역시 방향을 의미합니다. 즉, 사람인 내가 인간으로서 행동할 수 있는 방향을 의미합니다. 나는 우리가 물질적 물체로서는 세 가지 차원만을 갖는다고 확신하지만, 행동을 하는 인간으로서도 역시 세 가지 차원만을 갖는지, 즉 우리의 행동이 세 가지 방향으로만 움직이는지는 확신하진 못합니다.

그렇지만 내가 이름붙이고자 하는 세 차원은 인간 행동이 일어날 수 있는 세 가지 중요한 방향을 나타냅니다. 물론 다른 것들도 있을 수 있겠지만, 이보다 더 중요한 것이 있는지는 나는 잘 알지 못합니다. 인간의 세 가지 차원이란 만들기(making), 행하기(doing), 그리고 알기(knowing)입니다.

세 가지 중 첫 번째인 만들기의 차원에서 우리는 예술가 인간, 혹은 기능인 인간을 볼 수 있습니다. 이는 온갖 종류의 것들, 즉 신발, 배, 집, 책, 음악, 그리고 그림 등을 만들어내는 자로서의 인간입니다. 조각품을 만들거나 그림을 그릴 때만 인간을 예술가라 부르는 건 아닙니다. 그것은 예술이란 말의 의미를 너무 좁게 사용하는 것입니다. 세상에서 자연적으로 생겨난 것이 아닌 인공적인 것은 모두 예술작품입니다. 즉, 예술작품이란 인간이 만들어낸 것이라는 의미입니다.

세 가지 차원들 중 두 번째인 행하기의 차원에서 우리는 도덕적 혹은 사회적 인간을 볼 수 있습니다. 이는 옳거나 혹은 그른 행동을 할 수 있는 자, 자신이 어떤 일을 하거나 하지 않음으로 해서 행복을 이루기도 하고 이루지 못하기도 하는 자, 인간으로서 그/그녀에게 마땅히 요구되는 행동을 하기 위해 다른 인간과 협력할 필요가 있다고 여기는 자입니다.

세 번째인 알기의 차원에서 우리는 배우는 자로서의 인간을 볼 수 있습니다. 이는 모든 종류의 지식을 얻으려 노력하는 자를 말합니다. 이때 지식은 자연에 대한 것, 인간이 부분을 이루어 사는 사회에 대한 것, 인간 본성에 대한 것, 나아가 지식 자체에 대한 것까지 모두 포함합니다.

이 세 가지 차원 모두에서 인간은 생각하는 자입니다. 그러나 그가 무엇인가를 만들기 위해 하는 생각과, 도덕적 혹은 사회적으로 행동하기 위해 하는 생각은 좀 다릅니다. 그리고 이 두 가지 생각은 알기 위해 하는 생각, 아는 것 자체를 위해 하는 생각과도 또 다릅니다.

제작적 사고, 실천적 사고, 이론적 사고

아리스토텔레스는 이 세 종류의 생각을 구별 짓는 차이점에 대해 많은 관심을 두었습니다. 그는 만드는 자로서 갖는 생각을 묘사할 때는 "제작적 사고"라는 말을, 행하는 자로서 갖는 생각을 묘사할 때는 "실천적 사고"라는 말을, 그리고 아는 자로서 갖는 생각을 묘사할 때는 "이론적 사고" 혹은 사색적 사고라는 말을 사용했습니다.

우리는 이와 같은 세 가지 사고의 구별을 아리스토텔레스의 책에서 발견할 수 있습니다. 그의 책들 중 일부, 특히 도덕철학과 정치철학에 관한 책들은 실천적 사고와 행하는 자로서의 인간, 다시 말해 개인으로서의 삶을 살면서도 그것을 가능한 한 좋게 만들려고 노력하는 인간, 동시에 사회의 구성원으로서 다른 인간과 어울려 협력하며 사는 인간에 대해 다루고 있습니다. 그리고 자연철학에 관한 책은 이론적 사고와 전체적인 물질계, 그리고 그 세계의 부분인 인간과 그 인간의 마음과 지식에 대해 다루고 있습니다.

그는 만드는 자로서의 인간에 대해 한 권의 책을 남겼습니다. 그런데 그 책은 인간을 시와 음악 그리고 미술의 제작자로서만 다루고 있습니다. 그는 그 책의 제목을 《시학》(詩學, Poetics)이라고 붙였는데, 그 이유는 영어의 "시"(詩, poetry)에 해당하는 그 그리스어가 무엇이든 만든다는 의미, 단지 우리를 즐겁게 해주고 우리가 그것을 향유할 때 즐거움을 느낄 수 있게 하는 그런 대상만이 아니라, 무엇이든 만든다는 것을 의미하기 때문이었습니다. 많은 사람들이 비범하고 다양한 종류의 유용한 것들을 제작합니다. 우리가 입는 옷, 우리가 사는 집, 그리고 그 집안의 가구와 같이 우리가 일상생활에서 사용하는 물건과, 그런 것을 만드는 데 필요한 기구들까지 말입니다.

아리스토텔레스는 자연에 대해 쓴 책, 즉 자연철학에 관한 책에서 만드는 자로서의 인간, 특히 유용한 물질적 사물의 제작자로서의 인간에 대해 더 폭넓게 다루고 있습니다. 자연현상을 이해하기 위해 노력하는 가운데 아리스토텔레스는 인간이 물건을 만드는 방식과 자연이 행하는 방식을 자주 비교하곤 했습니다. 그리고 그러한 인간의 제작에 대한 이해는 그로 하여금, 그리고 우리로 하여금, 자연의 활동을 이해할 수 있게 도와주었습니다.

이것이 내가 이 책의 2부를 인간 활동의 세 가지 차원 중 만들기의 차원으로 시작하는 이유입니다. 그 뒤에 3부에서는 도덕적 및 사회적 존재로서의 인간의 활동 차원을 다룰 것입니다. 그리고 4부에서 아는 자로서의 인간을 다룬 다음, 우리가 생각해봐야 할 가장 어려운 문제인 인간의 마음과 지식 자체에 대한 물음을 마지막에 다룰 생각입니다.

우리가 가진 어휘 중에서 가장 매력적인 단어는 우리의 외경심을 이끌어내고 경이감을 불러일으키는 우주적 가치를 가리키는 세 단어, 바로 진(眞), 선(善), 미(美)가 아닐까 합니다. 참된 것, 좋은 것, 그리고 아름다운 것 말입니다. 이 세 가지 가치가, 방금 내가 말한 인간 활동의 세 가지 차원에 적용됩니다.

즉, 만들기의 분야에서 우리는 아름다운 것, 혹은 최소한 잘 만든 것이라는 평가를 받을 만한 것을 제작하는 것에 관심을 둡니다. 행하기의 분야에서는 개인으로서든 사회의 구성원으로서든 선한 것과 악한 것, 옳은 것과 그른 것에 대해 관심을 둡니다. 그리고 알기의 분야에서는 진리에 대해 관심을 둡니다. 이런 내용을 염두에 두고 다음으로 넘어가봅시다.

제 2 부

만드는 자, 인간
MAN THE MAKER

"자연은 목적 없이는 아무것도 하지 않는다."

아리스토텔레스, 〈정치학〉

4. 아리스토텔레스의 크루소

자연물과 인공물

만일 로빈슨 크루소 이야기를 아리스토텔레스가 썼다면 그 이야기의 교훈은 우리가 아는 작품과 사뭇 달랐을 것이라고 나는 생각합니다.

우리 대부분이 알고 있을 그 이야기는 배가 난파되어 조난당한 섬에서 안전하고 편안하게 살기 위해 온갖 문제를 해결해나가는 크루소의 기발한 능력을 기리고 있습니다. 이야기는 또 그의 덕〔德〕, 즉 그의 용기와 예지력을 칭찬하고 있습니다. 그것은 자연에 대한 인간의 정복에 관한 이야기이자, 자연에 대한 적응과 숙달에 관한 이야기입니다.

아리스토텔레스에게 그 섬은 자연 그 자체로서의 자연, 즉 인간에게 접촉되지 않은 자연을 나타냈을 것입니다. 그 자연의 작용들, 즉 나무와 덤불의 씨가 심어지고, 식물들이 자라며, 동물들이 나서 죽고, 모래가 옮겨지고, 바위가 닳고, 동굴이 만들어진 일 등은 크루소가 도착하기 아주 오래 전부터 진행되어온 일들입니다. 아리스토텔레스는 크루소가 일으킨 변화를, 그가 없을 때 일어났던 변화에 대해 이해하는 방법의 하나로 간주했을 것입니다. 아리스토텔레스에게 크루소 이야기는 자연에 **맞선** 인간의 이야기가 아니라 자연과 **함께 일하는** 인간에 대한 설명으로 읽혔을 것입니다.

우리가 이해하기 어려운 복잡한 어떤 것을 이해하려 할 때 지켜야 할 상식적인 규칙이 하나 있습니다. 그것은 그 복잡한 것 중 이해 가능한 것부터 먼저 시작해보고, 그것이 그 어려움을 극복하는 데 도움이 되는지를 살펴야 한다는 것입니다. 쉬운 것을 알면 어려운 것을 해결하는 데 도움이 되니까요. 인간은 자신이 무엇인가를 만들거나 무엇인가를 변화시킬 때 무슨 일이 벌어지는지를 알아야 합니다. 그것은 인간이 개입되지 않았을 때 자연에서 벌어지는 일을 이해하는 것보다는 덜 어려운 일입니다. 그런 점에서, 예술작품을 이해하는 일이 자연의 작업을 이해하는 데 도움이 됩니다.

앞 장에서 나는 "예술작품"이라는 말의 의미를 최대한 넓혀서 인간에 의해 만들어진 모든 것을 포괄하는 의미로 사용할 것을 제안했습니다. 이제 그 말을 다시 생각해봅시다. 인간에 의해 만들어진 건 모두 자연적이 아니라 인공적인가요? 그럼, 부모가 자녀를 낳을 때 그 자녀는 인공적인가요? 즉, 예술작품인가요? 당신은 아마도 그렇게 생각하진 않을 것입니다. 그렇다면, 우리는 인공적인 것과 자연적인 것을 구별하는 선을 어떻게 그어야 할까요?

자, 이렇게 가정해봅시다. 울창한 숲속의 어떤 나무에 번개가 떨어졌습니다. 나무는 반으로 쪼개졌고, 가지는 부러졌습니다. 거기서 몇 개의 불똥이 생겼고, 그로 인해 산불이 났습니다. 이때, 번개로 인해 발생한 산불과 그로 인한 여러 변화들은 모두 자연적입니다. 그렇죠?

이번엔 그 숲속을 걷던 어떤 이가 담뱃불을 부주의하게 버렸다고 가정해봅시다. 담뱃불은 나무 아래의 낙엽에 옮겨 붙었고, 그로 인해 산불이 났습니다. 앞의 산불이 번개로 인해 일어난 것이라면, 이 산불은 인간에 의해 일어난 것입니다. 앞의 산불은 자연의 작용에 의한 것이었는데, 그럼 이 두 번째 산불은 인간의 작용에 의한 것이니 자연적이 아니라 인공적인 것일까요?

이번에는 숲속의 그 개인이 담뱃불을 떨어뜨린 것이 아닌, 다른 상황을 가정해봅시다. 그가 나뭇가지와 낙엽을 모아 쌓아놓고 그 주위에 작은 돌들을 둘렀습니다. 그리고는 점심을 준비하기 위해 성냥을 그어 낙엽과 나뭇가지에 불을 붙였습니다. 이 경우 우리는 보통 그가 불을 **피웠다고** 말합니다. 그러면 그가 피운 이 불은, 담뱃불을 부주의하게 떨어뜨려 일으킨 불과 달리, 예술작품일까요?

당신이 성급히 대답하기에 앞서, 불 그 자체는 인간이 만들어낸 게 아니라 자연적인 어떤 것임을 상기하기 바랍니다. 불을 발생시키는 데 인간은 필요치 않습니다. 사실 인간이 불을 일으킨다고 할 때, 그 불 자체를 만드는 데 그가 한 일은 무엇인가요? 숲속을 걷던 그 사람이 점심을 준비하려고 마음먹은 그 장소에서 불을 피웠을 때, 그 특정한 시간과 공간에 불이 발생되도록 하기 위해 그가 한 일은 무엇인가요?

사례를 하나 더 봅시다. 번개는 나무를 쪼갰고, 가지를 부러뜨렸습니다. 인간도 도끼와 톱으로 그렇게 할 수 있습니다. 그리고 실제로 인간은 집을 짓거나 책상과 의자를 만드는 데 필요한 목재를 얻기 위해 나무를 벨 때, 그렇게 합니다. 당신은 인간이 만든 집이 자연의 것이 아닌 예술적 제작물이라는 사실을 알고 있습니다. 즉, 그것은 자연적이 아니라 인공적인 것입니다. 그렇다면 집을 짓는 건 불을 피우는 것과 전혀 다른 것이 됩니다. 왜냐하면 당신은 인간이 지핀 불에 대해서는 자연적인지 인공적인지 분명한 확신을 갖지 못했지만, 집에 대해서는 인공적인 것이라고 분명하게 확신할 것이기 때문입니다.

제작과 발생

인간이 만든 집이나 책상 혹은 의자와, 인간이 피운 불 사이에는 어떤 차이가 있을까요? 또는 번개에 의해 부러진 나뭇가지와 나무꾼에 의해 베어진 나뭇가지 사이에는 어떤 차이가 있을까요? 또는 소풍 나온 사람이 점심을 준비하기 위해 피운 불과, 숲속을 걷던 사람이 담뱃불을 부주의하게 버려서 일어난 불 사이에는 어떤 차이가 있을까요?

먼저 가장 쉬운 물음부터 시작해봅시다. 담뱃불로 인해 일어난 산불은 의도적이라기보다 우연적인 것이었습니다. 그것은 인간이 마음속에 품은 목적과 관련이 없습니다. 그것은 주의 깊은 계획과 예지력에 의한 것이라기보다 인간의 부주의나 혹은 어리석음에서 비롯된 것입니다. 우리가 자연적인 것과 인공적인 것을 나눌 때 이렇게 인간의 목적이나 계획, 예지력에 의한 것이 아닌 건 자연적인 것 쪽에 놓이게 됩니다.

그것은 인간이 야기한 것이긴 하지만 인간이 만든 건 아닙니다. 그것은 어느 정도 인간의 행위에서 비롯된 것이긴 하지만, 이때의 인간은 번개와 마찬가지로 자연의 일부일 뿐입니다. 인간의 행위에서 비롯된 모든 것이 인간의 제작물 혹은 예술작품인 건 아닙니다.

그러면 인간이 만든 불, 즉 점심을 요리하기 위해 의도적으로 피운 불과, 인간이 만든 집, 즉 주거지를 마련할 목적으로 의도적으로 지은 집은 어떤가요? 두 경우 모두 인간에 의해 야기된 결과가 우연적인 건 아닙니다. 두 경우 모두 목적과 계획을 바탕으로 하고 있습니다. 최소한 이 점에서는 자연적인가 인공적인가를 놓고 볼 때 두 경우 모두 인공적이라고 말할 수 있습니다. 그렇다면 두 경우의 차이는 무엇인가요?

한 가지 분명한 차이가 있습니다. 불은 인간 없이도 자연에서 일어나지만, 집은 그렇지 않다는 점입니다. 불의 경우, 인간이 마른 나뭇가지와 낙엽에 성냥을 그음으로써 자연이 불을 산출하도록 도울 수 있습니다. 그러나 집의 경우, 자연이 집을 산출하도록 인간이 돕는 건 불가능합니다. 아까도 설명한 것처럼, 앞의 경우는 인간이 불 자체를 만든 게 아닙니다. 인간은 다만 특정한 시간과 공간에서 불이 일어나도록 했을 뿐입니다. 그러나 뒤의 경우는 인간이 집을 만든 것입니다.

로빈슨 크루소가 섬에 구조된 뒤 지은 집, 그리고 난파선에서 가져온 재료로 만든 여러 도구는 모두 그가 혼자서 제작한 것들입니다. 그것은 크루소가 특정한 시간과 공간에서 그것이 생겨나도록 한 게 아닙니다. 만일 그가 없었다면 섬에는 아무런 집도 생겨나지 않았을 것입니다. 그러나 불은 그가 없더라도 번갯불 등으로 말미암아 생겨날 수 있습니다.

한 가지 물음이 더 남아 있습니다. 지금까지의 논의 결과 우리는 크루소의 집이 계획과 목적에 따라 지어진 것이며, 따라서 자연의 작품이 아니라 예술작품이라고, 자연적이 아니라 인공적이라고 결정을 내렸습니다. 하지만 그 집 전부가 인공적인가요? 그 집 전체가 인간의 창조물인가요? 《성경》에는 신이 세계를 창조하기 전에는 아무것도 없었다고, 신의 천지 창조는 무(無)에서 이루어진 것이라고 씌어 있습니다. 크루소가 그의 집을 지었을 때, 과연 그는 무에서 무엇인가를 만들어낸 것인가요?

그렇지 않습니다. 그는 도끼로 베어낸 나무와 톱으로 잘라낸 나뭇가지에서 목재를 얻었고 그것을 대패로 다듬어 집을 지었습니다. 집을 짓는 데 들어간 나무는 자연에서 온 것입니다. 그것에서 시작한 것입니다. 못 만드는 데 쓰인 철도 마찬가지입니다. 크루소는 못을 난파된 배에서 해안으로 흘러온 목공상자에서 얻었습니다. 이렇게 나무와 못으로 지어진 집은, 물론 자연이 아닌 크루소에 의해 만들어진 건 맞지만, 자연에서 온 재료로 구성된 것입니다. 그리고 크루소가 갖게 된 모든 도구는 행운에 의해 손에 넣을 수 있게 된 것이라는 말도 틀린 말이 아닙니다.

부모가 낳은 자녀들에 대한 얘기로 가봅시다. 우리는 이미 아이들이 자연적이며 인공적이 아니라고, 예술작품이 아니라고 말한 바 있습니다. 그런데 그 이유가 의도적이지 않고 우연적이라서 그런 건가요?

자녀는 때로 부모의 부주의나 경솔함의 결과일 수 있으며, 기대에 없거나 계획에 없던 결과일 수 있음을 우리는 알고 있습니다. 그러나 그 자녀가 부모가 원했던 결과이고 계획에 따른 결과라고 하더라도, 다시 말해 자녀를 갖겠다는 부모의 생각과 의도가 있었다 하더라도, 그리고 부모가—약간의 운과 함께—자연을 도와 특정한 시간과 공간에서 자녀가 태어나도록 한 것이라고 하더라도, 그것은 소풍 나온 이가 자연을 도와 불이 일어나도록 한 것과는 다릅니다. 그리고 크루소가 자연에 의해 제공된 재료들로 지은 집과도 또 다릅니다.

어떻게 다를까요? 나는 당분간은 위에서 설명된 대답에 만족하자고 제안합니다. 자녀는 다른 동물의 새끼와 마찬가지로 부모의 생각이나 계획 또는 목적 없이도 생겨날 수 있습니다. 자녀는 결코 우리가 예술작품 혹은 인공적이라고 말하는 것에 해당하지 않습니다. 하지만 인간은 자연에서 불이 어떻게 생겨나는지에 대해 무엇인가를 알기 때문에 불이 일어나도록 할 수 있는 것과 마찬가지로, 자연에서 자손의 출산이 어떻게 이루어지는지에 대해 무엇인가를 알기 때문에 자녀들이 태어나게 할 수 있는 것입니다.

만일 인간이 그런 사실에 대해 전혀 무지하다면, 인간의 자녀는 전적으로 우연한 것이라고 말할 수 있습니다. 그러나 그들이 그런 지식을 가지고 있다면, 자녀를 낳는 것은 최소한 부분적으로라도 계획과 목적에 따른 결과인 것입니다.

정리

지금까지 우리는 이러저러한 사건과 제작에 대해 살펴보았습니다. 그리고 그것들 각각이 자연적인지 인공적인지를 판단하기 위해 그것을 서로 비교해 보았습니다. 이제 다음으로 넘어가기 전에, 우리가 배운 것을 정리해봅시다.

첫째, 우리는 불 그 자체는 전적으로 자연적인 어떤 것이라고 결정했습니다. 사람이 어떤 시간과 공간에서 의도를 가지고 만든 특정한 불은 인공적 발생(happening)에 해당합니다. 인간이 그때 그 장소에서 불이 일어나도록 하지 않았다면 생기지 않았을 그런 것입니다.

둘째, 소풍 나온 이가 점심을 준비하기 위해 만든 불의 인공성은 크루소가 주거지로 사용하기 위해 만든 집의 인공성과는 다릅니다. 둘 다 인간의 목적에서 비롯된 것이긴 하지만, 집은 불과 달리 인간의 작업이 들어가지 않으면 생길 수가 없습니다. 소풍 나온 이의 불을 인공적 **발생**이라 부르고, 크루소의 집을 인공적 **제작물**이라 부릅시다.

셋째, 크루소의 집은, 비록 인공적 제작물이긴 하지만, 전적으로 인공적인 건 아닙니다. 그것은 무에서 나온 것이 아니며, 자연의 재료로 구성된 것입니다. 따라서 그것은 《성경》 이야기처럼 신이 무에서 창조한 것과는 다릅니다. 앞으로 인간이 자연의 재료를 가지고 만든 건 **창조**가 아니라 **제작**이라 부릅시다.

넷째, 우리는 인간의 자녀와 동물의 새끼에 대해 살펴보았습니다. 보통 이런 경우 제작이나 창조라는 말은 쓰지 않습니다. 이 경우 우리는 "생식" 혹은 "번식"이란 말을 씁니다.

그 점을 중요하게 새겨둡시다. 생물학적 생식 혹은 번식의 결과는 번개에 의해 야기된 불과 다릅니다. 그것은 **자연적 발생**입니다. 그것은 또 인간이 피운 불과도 다릅니다. 그것은 **인공적 발생**입니다. 그것은 또 크루소가 지은 집과도 다릅니다. 그것은 **인공적 제작물**입니다. 그것은 또 신이 무에서 창조한 세계와도 다릅니다.

그런데, 인간의 집 짓는 방법에 대한 이해는 동물들의 생식 또는 번식을 이해하는 데 도움이 됩니다. 그리고 인간의 불 만드는 방법에 대한 이해는 불이 자연적 발생으로 생겨나는 것을 이해하는 데 도움이 됩니다. 불이 일어나도록 만드는 일과 집 짓는 일 사이의 차이를 이해하면, 불이 자연에서 일어나는 일과 동물이 자신의 종(種)을 재생산하는 일 사이의 차이를 이해하는 데 도움이 됩니다.

이제 이 모든 것을 이해하는 일이, 신이 어떻게 세계를 창조했는지를 이해하는 데도 도움이 될 것인지는 아직 묻지 말아주기 바랍니다. 그 질문은 우리가 자연의 작품과 예술작품에 대한 이해를 바탕으로 창조에 관한 《성경》 이야기—아리스토텔레스가 읽었던 적이 없는 이야기—를 검토하게 될 때까지 미뤄두기로 합시다.

5. 변화와 영속

헤라클레이토스와 파르메니데스

아리스토텔레스는 자기 이전에 살았던 사유자들에 대하여 분별 있는 태도를 취했습니다. 그는 그 사유자들이 자신의 의견 중 어떤 것이 옳고 어떤 것이 그른지를 발견하기 위해 말했던 것에 주의를 기울이는 것이 현명할 것으로 생각했다고 말한 바 있습니다. 거짓에서 참을 걸러냄을 통하여 인식은 앞으로 나아간다고 그는 생각한 것입니다.

아리스토텔레스 이전에 살았던 두 명의 사유자, 헤라클레이토스〔Herakleitos〕와 파르메니데스〔Parmenides〕는 세계에 대해 서로 극단적인 견해를 가지고 있었습니다. 헤라클레이토스는 세상 모든 것이 끊임없이 변화하며, 세상 그 무엇도 동일한 채로 남아 있을 수 없다고 말했습니다. 그리고 그의 제자 중 한 명이었던 크라틸루스〔Cratylus〕는 한 술 더 떠서, 변화는 언어를 통한 의사소통까지도 불가능하게 만든다고 말했습니다. 말의 의미도 계속 변화하기 때문이라는 것입니다. 그에 따르면 우리가 소통할 수 있는 유일한 방법은 손가락으로 지시하는 방법뿐입니다.

정반대 쪽에 선 파르메니데스는 세상은 영속성에 의해 다스려진다고 말했습니다. 그는 있는 것은 항상 있고 없는 것은 항상 없다고, 새로 존재하는 것도 없고 사라지는 것도 없다고, 변하는 것도 없고 움직이는 것도 없다고 말했습니다. 우리 눈에는 변하고 움직이는 것처럼 보이지만—파르메니데스도 이것이 우리의 일상경험임을 부인하지는 않았습니다—그것은 착각일 뿐이라고, 우리가 우리 감각에 의해 속임을 당하는 것이라고 그는 말했습니다. 사실은 모든 게 항상 동일한 채로 남아 있다는 것입니다.

당신은 파르메니데스가 어떻게 그런 극단적이면서 우리의 일상경험과 정반대되는 견해를 가지고서 사람들을 설득하려 했는지 의아스러울 것입니다. 그의 제자 중 한 명이었던 제논(Zenon)은 우리가 어떤 사물이 움직인다고 느낄 때 사실은 우리가 속고 있는 것이라는 점을 설득하기 위해 여러 논증을 고안하기도 했습니다. 그의 주장은 우리가 착각을 겪고 있을 뿐이라는 것입니다.

그 논증 중 하나는 이렇습니다. 당신이 테니스 코트의 한쪽 끝에서 반대쪽 끝으로 공을 쳐서 보낸다고 해봅시다. 공이 거기에 도달하려면 공은 우선 그 거리의 절반만큼, 즉 우선 네트까지는 가야 합니다. 공이 네트에 도달하기 위해서는 공은 다시 그 거리의 절반, 즉 최소한 서비스 박스까지는 가야 합니다. 거기까지 가기 위해서는 공은 다시 그 거리의 절반만큼을 가야 합니다. 이런 식으로 공은 계속 나머지 거리의 절반, 또 그 나머지의 절반을 가지 않으면 안 됩니다. 이 추론를 따라가다 보면 우리는 결국 공이 출발도 하지 못한다는 결론, 공이 당신의 라켓을 떠나지도 못한다는 결론에 이르게 됩니다.

아리스토텔레스도 이런 견해와 논증을 알고 있었습니다. 그러나 그의 상식과 그의 공통경험은 그것이 틀린 것임을 말해주고 있었습니다. 만약 말이 그렇게 수시로 의미가 변하는 것이라면, 헤라클레이토스와 그의 제자들은 모든 것이 변한다는 그 말을 어떻게 그렇게 반복적으로 할 수 있었던 걸까요? 그리고—그들이 분명히 그렇게 한 것처럼—어떻게 매번 정반대의 것이 아닌, 같은 것을 말하고 있다고 생각할 수 있었던 걸까요? 또, 만약 천체의 움직임이 착각이라면, 낮에서 밤으로의 변화도 착각이란 말인가요? 또, 새로 생기는 것도 없고 사라지는 것도 없다면 누구도 죽지 말아야 할 텐데, 파르메니데스와 그의 친구 제논은 지금 어디에 있나요?

헤라클레이토스와 파르메니데스의 주장은 이렇게 틀렸지만, 그러나 전부 다 틀린 건 아니었습니다. 사실 두 사람은 부분적으로는 옳았습니다. 아리스토텔레스는, 온전한 진실은 그 두 가지 부분적 진실의 합에 있다고 생각했습니다.

한편으로, 움직임과 변화, 생겨남과 사라짐은 자연의 세계 전체에서 일어나고 있으며, 인간이 출현하기 오래 전부터 일어나고 있던 일입니다. 착각으로 가득 차 있기는커녕, 자연에 대한 우리의 공통경험은 변화의 실상을 있는 그대로 말해주고 있습니다. 사물은 늘 변화의 과정에 놓여 있습니다.

다른 한편으로, 모든 것이 언제나 변하는 건 아니며, 모든 면에서 변하는 것도 아닙니다. 모든 변화 안에는 지속되는 무엇인가가 들어 있습니다. 어떤 면에서 달라지는 동안 무엇인가는 지속되거나 남아 있습니다. 가령 당신이 코트의 반대쪽으로 쳐서 넘긴 테니스공은 한 장소에서 다른 장소로 운동한 상태이지만, 상대편의 베이스라인에 도착한 그 공은 당신이 그쪽으로 날린 공과 동일한 공입니다. 그 공이 만일 코트의 사이드라인에 서 있던 마법사가 마법을 부려 다른 공으로 바뀌게 한 것이라면, 아마 심판이 파울을 선언할 것입니다.

이곳에서 저곳으로의 운동(이것을 아리스토텔레스는 위치운동 혹은 장소의 변화라고 불렀습니다)은 무엇인가가 동일하게 남아 있는 가장 분명한 형태의 변화입니다. 운동하는 것이 변화의 불변하는 주체인 것, 이것이 위치운동입니다. 당신의 라켓을 떠난 공이 "당신의 테니스 공"이라면, 상대선수가 그것을 다시 칠 때도 그 공은 역시 "당신의 테니스 공"입니다. 똑같은 공이고, 동일한 공입니다. 다른 공이 아닙니다.

위치운동 얘기가 나왔으니, 아리스토텔레스가 말한 두 가지 종류의 위치운동의 차이에 대해 살펴봅시다. 당신이 우연히 테니스공을 떨어뜨릴 때, 그 공은 무게 때문에(당신과 나라면 '중력 때문에'라고 말하겠지만) 땅으로 떨어집니다. 당신이 공을 밑으로 던진 게 아닙니다. 자연적으로 떨어진 것입니다. 이것은 자연적인 운동, 인공적이지 않은 운동입니다.

하지만 당신이 공을 라켓으로 칠 때는, 이것은 인간에 의한 운동이지 자연적인 운동이 아닙니다. 당신의 스트로크의 힘이 무게 때문에 밑으로 떨어지려는 공의 자연적 성향을 이기는 것입니다. 그리고 이 힘 때문에 공은 일정한 경로, 만일 당신이 그 방향으로 공을 보내지 않았으면 공이 따르지 않았을 그 경로로 날아갑니다. 우리가 로켓을 달로 추진시킬 때도 마찬가지입니다. 로켓이 날아가는 건 자연적인 운동이 아닙니다. 우리가 추진력을 주지 않는다면, 로켓은 지구 중력의 힘을 벗어날 수 없을 것입니다.

테니스공에서 로켓까지, 엘리베이터에서 대포알까지, 위치운동을 하는 물체는 아주 다양합니다. 그 물체는 인간이 자연에 개입하지 않았다면 결코 그와 같은 운동을 보이지 않았을 것입니다. 자연적이지 않은 이 운동을 우리는 인공적 운동이라고 불러야 할까요? 인간에 의해 야기된 운동이니 그 말도 쓸 수 있을 것입니다. 하지만 아리스토텔레스는 이 운동을 "강제적 운동"이라고 불렀습니다. 해당 물체의 자연적 성향을 거스른다는 의미에서 강제적이라는 것입니다.

또 어떤 변화가 자연적으로 일어나기도 하고 인공적으로, 즉 인간의 개입에 의해 일어나기도 할까요? 태양의 열을 받으면 토마토는 익어서 녹색에서 붉은색으로 변합니다. 이것은 장소의 변화가 아니라 색의 변화입니다. 위치 운동이 아니라 토마토의 속성의 변경입니다.

어떤 시점에 녹색이던 토마토가 다른 시점에 붉게 되었습니다. 마치 하나의 시점에 여기에 있던 테니스공이 다른 시점에 저기에 있는 것과 비슷합니다. 이 두 변화에서 공통적인 건 공간이 아니라 시간입니다. 토마토가 익어갈 때 장소의 변화는 일어나지 않았고, 질의 변화만 일어났습니다. 그러나 이 경우 시간의 변화가 없었다면, 장소든 질이든 어떤 변화도 일어나지 않았을 것입니다.

사람이 녹색의 것을 붉은색 페인트로, 혹은 붉은색의 것을 녹색 페인트로 칠합니다. 집, 테이블, 의자 등을 말입니다. 토마토가 익는 건 자연적 변경이고, 사물에 페인트칠을 하는 건 인공적 변경입니다. 인간의 개입이 없다면, 하나의 시점에 녹색이던 집, 테이블, 의자는 다른 시점에 붉은색으로 될 리가 없겠죠.

위치운동(혹은 장소의 변화)과 변경(혹은 질의 변화) 외에도, 자연적으로와 인공적으로 둘 다 생기는 세 번째 종류의 변화가 있습니다. 이번에는 그것의 인공적 형태부터 먼저 살펴봅시다.

고무풍선을 하나 불어봅시다. 당신이 부는 동안 풍선은 크기도 커지고 모양도 변합니다. 공기를 넣으면 넣을수록 계속 커집니다. 그러다 다시 공기를 빼면, 풍선은 다시 크기가 줄어들고 원래의 모양으로 되돌아옵니다.

테이블 위에 가만히 놔두면, 풍선은 크기가 커지지 않을 것입니다. 풍선을 팽창시킨 다음 그 끝을 묶어놓으면, 풍선은 크기가 줄지 않을 것입니다. 풍선의 크기의 변화, 그리고 그에 따른 모양의 변화는 당신이 일으킨 것입니다. 이때 당신은 인공적 변화 두 가지를 동시에 일으킨 게 됩니다. 하나는 질의 변화(풍선의 모양의 변경)이고, 또 하나는 양의 변화(풍선의 크기의 증가 혹은 감소)입니다.

양의 변화는 인공적으로뿐만 아니라 자연적으로도 일어납니다. 예를 들어 바닷가 바위는 끊임없이 밀려오는 파도 때문에 점점 마모되고 점점 작아집니다. 파도의 움직임은 바닷가 동굴을 점점 크게 만들 수도 있습니다. 크기와 무게에서의 자연적 증가는 생물의 세계에서 더 많이 볼수 있습니다. 식물과 동물은 자랍니다. 그들의 성장에는 당연히 많은 변화가 포함되는데, 그 중에서도 양의 변화, 즉 크기와 무게의 변화가 두드러집니다.

생물의 성장에서 분명히 양적 증가 혹은 변화가 주요한 양상의 하나이긴 하지만, 거기에서는 무생물의 증가에서는 볼 수 없는 다른 점이 발견됩니다. 당신이 불을 피울 때, 당신은 땔감을 더함으로써 불을 더 크게 만들 수 있습니다. 쌓을 수 있는 땔감이 충분히 많기만 하다면, 당신이 피우는 불의 크기는 무한정 커질 수 있을 것입니다. 그런데 토끼는 어떻습니까? 당신이 토끼에게 당근을 먹이면, 토끼 역시 크기가 자랄 것입니다. 그러나 당신이 아무리 당근을 많이 먹여도 토끼의 자람에는 한계가 있습니다.

당신은 피라미드를 작게 혹은 크게 만들 수 있습니다. 충분한 돌과 노동력만 있다면, 당신은 세상 그 어떤 피라미드보다 더 큰 피라미드를 만들 수 있을 것입니다. 하지만 동물을 기르는 건 다릅니다. 당신이 동물에게 먹이를 아무리 많이 주더라도, 그 동물은 일정한 크기 이상으로는 자라지 않습니다. 당신은 집고양이를 사자나 호랑이만큼 크게 만들 수는 없습니다.

그 반대도 마찬가지입니다. 당신이 팽창시킨 풍선에서 공기를 빼면 풍선은 크기가 작아집니다. 그리고 그 축소는 풍선이 완전히 쪼그라들 때까지 계속됩니다. 그러나 동물이 성장을 멈출 때는 다릅니다. 크기의 증가는 역시 멈춰지지만, 그렇다고 크기가 작아지지는 않습니다. 그 동물이 살아 있는 한, 크기가 소멸점에 이르도록 작아지는 일은 일어나지 않습니다.

하지만 동물과 식물은 죽습니다. 풍선 역시 당신이 그 안에 공기를 너무 많이 넣으면 터져버리고 풍선이기를 그치게 됩니다. 여기서 우리는, 자연적 변화와 인공적 변화가 함께 나타나는 네 번째 종류의 변화를 보게 됩니다. 그런데 이 경우는 앞의 세 경우와 좀 달라서, 아리스토텔레스는 이것을 앞의 세 경우와 분명하게 분리했습니다.

앞에서 본 것처럼 다른 변화들은 변화가 생기기까지 시간이 걸립니다. 물체가 이곳에서 저곳으로 움직일 때, 색깔이나 모양이 변경될 때, 크기가 커지거나 작아질 때, 모두 시간이 경과합니다. 그러나 풍선이 터질 때는, 그 즉시 풍선이기를 그치게 됩니다. 그 변화에는 거의 시간이 걸리지 않습니다. 걸리더라도 우리가 알아채지 못할 만큼의 시간입니다. 그것은 순간적으로 일어납니다. 혹은 어쩌면 우리는, 한 순간 풍선은 존재했지만 바로 다음 순간 풍선은 존재하지 않게 되었다고 말해야 할지도 모릅니다. 이제 우리에게 남은 건 찢어진 고무조각들뿐입니다. 우리가 팽창시킬 수 있는 풍선은 존재하지 않습니다.

죽은 토끼도 마찬가지입니다. 한 순간 그것은 살아 있었습니다. 그러나 다음 순간 그것은 더 이상 살아 있지 않습니다. 우리에게 남은 것은 고깃덩어리뿐입니다. 그리고 그것은 시간이 지남에 따라 천천히 썩어서 분해될 것입니다.

사라지는 것과 남아 있는 것

아리스토텔레스가 생겨남과 사라짐이라고 부른 이 특수한 종류의 변화는 순간적이기 때문에 특수합니다. 그리고 그 특수함이 우리에게 중대한 문제를 일으킵니다.

그 전까지 우리가 살펴본 모든 변화들에서는 무엇인가가 항구적이며 불변인 채로 남아 있었습니다. 장소의 변화, 색깔의 변화, 혹은 크기의 변화를 겪는 물체 혹은 사물은, 그것이 한 곳에서 다른 곳으로 움직일 때, 색이 변할 때, 크기가 커질 때, 여전히 동일한 물체로 남아 있었습니다. 그러나 풍선이 터질 때는 어떤 동일한 것이 남아 있나요? 토끼가 죽을 때는 어떤 동일한 것이 남아 있나요? 썩어가고 분해되어가는 고깃덩어리는 우리가 당근을 주던 그 토끼가 아닙니다. 고무조각은 우리가 불던 그 풍선이 아닙니다.

그럼에도 불구하고, 이 특수한 종류의 변화에 뭔가 항구적인 게 남아 있습니다. 식물과 동물의 출생과 죽음 속에서 그것을 확인하기보다는 인간에 의한 제작 및 해체 속에서 그것을 살펴보는 것이 더 쉬우니, 그것을 먼저 보도록 합시다.

목재와 못과 접착제가 의자로 만들어지기 위해 저절로 서로 결합하는 게 아닙니다. 사람이 이 재료들을 특정한 방법으로 결합하여 의자로 만드는 것입니다. 의자의 모양으로 결합되기 **이전의** 재료와, 당신이 앉을 수 있게 결합된 **이후의** 재료는 동일한 재료입니다.

이제 당신에게 이 의자가 불편해졌다고 해봅시다. 아니면 당신에게 다른 의자가 생겨서 이제 의자가 아닌 책상을 원하게 되었다고 해도 좋습니다. 당신은 아마도 모든 못과 접착제를 다시 사용하지는 못할 테지만, 어쨌든 이 의자를 분리해서 목재와 약간의 못을 사용하여—동일한 재료들을 대부분 사용하여—작은 책상을 만들 수 있었다고 해봅시다. 만약 당신이 처음에 접착제를 사용하지 않았다면, 그리고 당신이 모든 못들을 사용 가능한 형태로 되살려낼 수 있었다면, 더이상 존재하지 않게 된 의자의 재료와 새로 생겨난 책상의 재료는 동일할 것입니다. 그것은 단지 어떤 방법으로 결합되었는가라는 점에서만 다를 것입니다.

그러니까 인공적인 제작 및 해체에서 그 변화과정 동안 지속되거나 혹은 동일한 것으로 남아 있는 것은 제작되거나 해체된 그 사물 자체가 아니라 사람이 결합하여 사용한 재료뿐—혹은 분리했다면 남아 있는 그 재료뿐—이라는 사실을 알 수 있습니다.

토끼의 죽음의 경우에도 이와 비슷한 점이 있습니다. 생물로서 토끼는 의자나 책상이 물질적 사물인 것과 마찬가지로, 결국 물질적 사물입니다. 토끼의 몸속에 질료가 들어 있습니다. 그리고 그 몸이 흩어질 때, 즉 토끼가 죽을 때, 썩을 때, 분해될 때, 그 질료는 여전히 남아 있습니다. 물론 동일한 형태로는 아니지만 말입니다.

토끼는 늑대에게 잡아 먹혀 그 늑대의 영양분이 되었을 수 있습니다. 늑대가 자기가 먹은 것을 소화시킬 능력이 있다고 전제할 때, 토끼의 유기물은 늑대의 뼈와 살과 근육 속으로 들어갈 것입니다.

현대과학에서는 방금 말한 내용을 '물질의 보존'이라고 부릅니다. 아리스토텔레스는 그 용어를 사용하지 않았습니다. 그러나 어떤 용어로 부르든 간에 중요한 것은 생겨남과 사라짐이라는 이 특수한 종류의 변화 속에 무엇인가가 유지된다는 점입니다. 책상이나 의자 같은 인공적 사물의 경우, 그 유지되는 무엇인가는 그 책상이나 의자가 만들어지는 바로 그 재료입니다.

우리는 인간에 의한 제작에서는 보통 이 재료가 무엇인지 식별할 수 있습니다. 이 특정한 나뭇조각, 이 특정한 못 등으로 말입니다. 이에 비해 한 동물이 다른 동물에게 잡아먹히거나 또는 살아 있는 것이 죽을 때, 그 과정에서 유지되는 특정한 재료가 무엇인지 확인하는 일은 쉽지 않습니다. 그러나 자연적이든 인공적이든 모든 생겨남과 사라짐의 순간에 질료 그 자체, 혹은 특정한 종류의 재료가 변형을 겪는다는 점은 의심의 여지가 없습니다.

"특정한 종류의 재료"라는 말과 대조된 "질료 그 자체"라는 말은 무엇을 의미할까요? 인간은 인공적 사물을 만들거나 해체할 때 질료 그 자체로 작업하지 않고 특정한 종류의 재료를 가지고 작업합니다. 자연은 인간과 달리 질료 그 자체로 작업할까요? 만일 그렇다면 인공적 제작 및 해체의 과정에서 변화의 주체로 지속하거나 남아 있는 것이, 자연적인 생겨남과 사라짐의 과정에서 변화의 주체로 지속하거나 남아 있는 것과 같지 않게 될 것입니다.

비슷하지만, 같지 않습니다. 인간의 제작 및 해체에서의 식별 가능한 재료의 변형은 자연에서의 생겨남과 사라짐에서의 질료의 변형과 비슷할 뿐, 동일하지는 않습니다. 그럼에도 불구하고 그 유사함은 우리가 자연 속에서 사물이 나타나고 사라질 때 어떤 일이 일어나는지를 이해하는 데 도움을 줄 것입니다. 다음 장들에서 이 점을 더 자세히 살펴봅시다.

6. 네 가지 원인

아리스토텔레스의 4원인

"네 가지 원인"은 우리가 우리의 공통경험 속에서 자주 접하는 변화에 대해 제기할 수 있고 또 제기해야만 하는 네 가지 질문에 대해 아리스토텔레스가 대답으로서 제시한 것들입니다. 그것은 상식적인 질문이고, 상식적인 대답입니다. 먼저 인간에 의해 만들어지는 변화, 특히 인간이 제작하거나 만드는 사물에 적용될 때의 네 가지 원인에 대해 살펴보는 것으로 시작해봅시다. 이를 통해 우리는 자연의 작용에서 작동되는 네 가지 원인을 이해하는 데에도 도움을 받게 될 것입니다.

인간의 어떤 제작에 관해서도 그 첫 번째 질문은 보통 "그것은 무엇으로 되어 있는가?"일 것입니다. 신발을 만들고 있는 제화공에게 이렇게 묻는다면 그는 예컨대 "가죽"이라고 대답할 것입니다. 귀금속을 팔찌나 반지로 가공하고 있는 보석세공인에게 이렇게 묻는다면 그는 가령 "금" 혹은 "은"이라고 대답할 것입니다. 사냥총을 제작하고 있는 총기제조공에게 이렇게 묻는다면 그 대답은 예컨대 "나무와 철"일 수 있습니다. 이 각각의 경우에 언급된 재료, 각 제작인들이 특정한 제작물로 만들고 있는 그 재료가 바로 제작의 **재료적** 원인[material cause, 질료인]입니다. 그것은 네 가지 필수적인 요인, 그 요인 없이는 제작이 이루어지지도 않고 이루어질 수도 없는 요인 중 하나입니다.

두 번째 물음은 "누가 그것을 만들었는가?"입니다. 이것은 네 가지 물음 중 대답하기 제일 쉬운 물음처럼 보입니다. 적어도 인간에 의한 제작을 다룰 때는 말입니다. 자연에서 일어나는 변화나 혹은 자연에 의해 산출되는 사물에 대해 다룰 때는 그처럼 쉽지는 않을 것입니다. 어쨌든 인간에 의한 제작에 관한 한, 이 물음에 대해서는 앞에서 첫 번째 물음에 답할 때 이미 대답이 나왔습니다. 즉, 신발의 경우는 제화공, 팔찌나 반지의 경우는 보석세공인, 총의 경우는 총기제조공입니다. 이 각각의 경우에 언급되는 그 제작자가 제작의 **운동적** 원인[efficient cause, 운동인]입니다.

세 번째 물음은 "무엇이 저것을 저렇게 만들었는가?"입니다. 언뜻 보기에는 이 물음은 너무 쉬워 보입니다. 당신은, 그것은 너무 뻔한 것 아니냐고 말할지 모릅니다. 신발을 그렇게 만든 것은 제화공이고, 반지를 그렇게 만든 것은 보석세공인이라고 말입니다. 하지만 이 물음에 대한 아리스토텔레스의 대답은 그게 아니었습니다. 아리스토텔레스는 이 물음에 대해 이 변화 혹은 제작의 **형상적** 원인[formal cause, 형상인]이라고 답했습니다. 아마 당신은 이 "형상적"이라는 단어 때문에 고개를 갸웃할지도 모릅니다. 비록 그 말이—당신도 곧 알게 되겠지만—네 가지 원인의 첫 번째였던 "재료적"이라는 단어와 짝을 이루는 단어이긴 하지만 말입니다. 나는 네 가지 원인의 마지막 것을 먼저 살펴본 다음, 이 "형상적" 원인에 대한 설명으로 다시 돌아오고자 합니다.

네 번째 물음은 "그것은 무엇을 위해 만들어졌는가?"입니다. 이 물음은 그것이 어떤 목적을 이루기 위한 의도로 만들어졌는가? 그것의 제작자는 마음속에 어떤 목적이나 쓸모를 염두에 두고 그것을 만들었는가? 한 마디로, 그것은 왜 만들어졌는가 하는 것입니다. 우리가 지금 말하고 있는 제작들에 관해서 보자면, 그 대답은 금방 나옵니다. 우리는 신발과 반지와 총이 어디에 쓰이는지, 즉 그것들이 어떤 기능을 수행하는지, 혹은 어떤 목적에 소용되는지 잘 알고 있습니다.

인간에 의한 제작의 이 네 번째 요인을 아리스토텔레스는 **목적적** 원인(final cause, 목적인)이라고 불렀습니다. 그가 이렇게 부른 이유는 그 요인이 마음속 **목적**과 관계되기 때문입니다. 당신이나 내가 무엇인가를 만들 때, 마음속에 갖는 목적은 마지막에 혹은 최종적으로 성취하고자 하는 그 무엇입니다. 우리가 염두에 둔 목적을 이루기 위해 그 무엇인가를 사용하려면 우리는 그것을 만들어내기를 끝마쳐야 합니다.

나는 앞에서, 우리가 뭔가를 제작하고자 한다면 네 가지 원인이 필수적이라고, 즉 반드시 존재하며 작동해야 한다고 말했습니다. 내가 필수적이라고 한 것은, 따로따로가 아니라 하나로 합쳐진 이 네 가지 원인 없이는 제작이 이루어질 수 없음을 말하기 위해서였습니다.[1] 네 가지 원인 각각이 모두 필요합니다. 그것들 중 어느 것도 따로따로는 충분하지 않습니다.

네 가지가 모두 함께 존재해야 하고, 네 가지가 특정한 방법으로 상호 관계 속에서 작동해야 합니다. 우선 제작자는 작업할 재료가 있어야 하

---

1 여기에 '필수적인'이라고 옮긴 indispensable은 어원상 '나누어 줄(dispense) 수 없는(in)'이라는 의미를 갖고 있다.

고, 그것을 가지고 실제로 작업을 행해야 합니다. 작업을 하면서 그는 그 재료가 어떤 모양을 갖추도록 변형을 가해야 합니다. 그리고 이렇게 만들어진 것은 그것을 만든 그 사람에게 어떤 쓸모가 있어야, 즉 그것을 만든 이유가 있어야 합니다. 그것이 없다면 그는 그것을 만들기 위해 애쓰지 않았을 테니까요.

당신은 어쩌면 이 마지막 말에 고개를 갸웃할지도 모릅니다. 목적적 원인, 즉 무엇인가를 만든 그 이유가 꼭 있어야 하고 작동해야 하느냐고, 다시 말해 누군가가 이유 없이, 즉 사전에 의도된 목적을 마음에 품지 않고서도 무언가를 만들 수 있는 것 아니냐고 반문할 수도 있습니다.

그 질문에 대해 확실하게 대답하기는 쉽지 않습니다. 하지만 인간은 대부분의 경우 그것이 자기에게 필요하거나 자기가 원하는 것이기 때문에 그것을 만들려고 노력한다는 점은 분명할 것입니다. 물론 인간이 때로는 아무 목적 없이, 혹은 놀이삼아 재료들을 그저 만지작거리다가 기대치 않았던 무엇인가를 제작하는 일도 있지만 말입니다.

이런 일이 일어났을 때는 마치 목적적 원인이 없는 것처럼, 이루고자 하는 목적이 없는 것처럼 보일 것입니다. 그 물건이 제작된 어떤 목적, 그것이 수행할 어떤 기능은 제작이 완료된 뒤에 고안될 수도 있을 것입니다. 이 경우 그것의 제작자는 그 목적을 사전에 마음속에 갖고 있지 않았습니다. 따라서 목적적 원인은 무엇인가의 생겨남에 있어서 필수적인 요인이나 원인이 아니라고 여겨질 수도 있습니다.

우리가 인간에 의한 제작에서 자연의 작업으로 방향을 돌리면, 목적적 원인의 존재 및 작동에 대한 의문은 더 강해집니다. 우리는 그 물음에 직면하기를 피할 수 없습니다. 왜냐하면 우리는 자연이 이런저런 것을 마음속 목적으로 품고 있다고 말하는 데 대해서 분명 불편함을 느낄 것이기 때문입니다. 왜 아리스토텔레스가 네 가지 원인의 세 번째를 **형상적** 원인이라고 불렀는지를 설명할 수 있게 된다면, 아마도 나는 자연의 작용에서 나타나는 이 목적적 원인의 작동에 대한 질문에 대해 대답할 수 있게 되리라고 생각합니다.

그렇게 하기 전에 먼저 네 가지 원인을 최대한 간단한 용어로 요약해 보겠습니다. 네 가지 원인에 대한 이 서술은 너무 간단해서 이해가 쉽지 않을 수 있습니다. 각 서술의 굵은 글씨에 주의를 집중하기 바랍니다.

1. 재료적 원인 : **그것으로부터**〔out of which〕 무엇인가가 만들어진다.
2. 운동적 원인 : **그것에 의해**〔by which〕 무엇인가가 만들어진다.
3. 형상적 원인 : **그것 속으로**〔into which〕 무엇인가가 만들어진다.
4. 목적적 원인 : **그것을 위해**〔for the sake of which〕 무엇인가가 만들어진다.

질료와 형상

여기서 "**그것 속으로** 무엇인가가 만들어진다"가 무슨 뜻일까요? 제화공이 신발로 만든 그 가죽은 제화공이 작업을 하기 전에는 신발이 아니었습니다. 제화공이 그렇게 함에 의해서 가죽은 신발이 되거나 혹은 신발로 변한 것입니다. 즉 단순한 가죽조각에서 가죽으로 된 신발로 변형된 것입니다. 가죽은 전에는 신발의 형상을 가지고 있지 않다가 이제 신발이라는 형상 속으로 들어간 것입니다. "신발임"〔shoeness〕이 신발의 제작에서의 형상적 원인이라는 아리스토텔레스의 설명은 바로 이런 뜻입니다.

우리는 이 "신발임"이라는 말을 통해서, 우리가 형상적 원인을 다루면서 범할 가능성이 높은 실수를 피할 수 있습니다. 우리는 당연하게도 어떤 사물의 형상을 그것의 모양으로 생각하곤 합니다. 종이 같은 데에 그릴 수 있는 어떤 것으로 말입니다. 그러나 신발은 그 모양이 천차만별입니다. 색깔도 그렇고 크기도 그렇습니다. 스케치북을 들고 신발가게 쇼윈도 앞에 가서 보십시오. 당신은 그 대단히 많은 신발들의 모양에 공통되는 무언가를 그린다는 것이 얼마나 어려운지를 알게 될 것입니다. 아니, 그것은 불가능합니다.

당신은 그것들에 공통되는 것이 무엇인지 종이에 그리지는 못하지만, 그러나 그것을 생각할 수는 있습니다. 당신이 모든 신발, 즉 모든 모양, 모든 크기, 모든 색깔의 신발에 공통되는 것에 대한 관념을 떠올릴 때, 당신은 아리스토텔레스가 **신발임**이라고 부른 그 형상을 파악하게 된 것입니다. 그런 형상이 없다면, 신발은 결코 만들어질 수 없습니다. 그런 형상이 없다면, 신발을 만드는 원료는 결코 신발 속으로 변형되어 들어갈 수 없습니다.

여기서 "변형"(transform)이란 단어에 주목해주기 바랍니다. 그 단어는 "형"(form)이라는 말을 포함하고 있습니다. 당신이 원료를 그것 아닌 무엇인가로 변형할 때—가죽을 신발로, 금을 팔찌로 등등—당신은 그 원료에 그것이 전에는 갖고 있지 않던 어떤 형상을 부여하는 것입니다. 제화공은 원료를 가지고 작업함으로써 그 원료를 어떤 것으로 변형하는 것입니다. 원료가 무엇인가로 될 수 있는 어떤 것으로, 그러나 그 제화공이 작업하기 전에는 그것이 아니었던 어떤 것으로 말입니다.

우리는 앞에서 보았던 변화의 종류, 즉 신발이나 반지, 총 같은 사물이 아닌 다른 변화를 살펴봄으로써 형상적 원인이 어떤 사물의 모양이라고 생각하는 실수에서 벗어날 수 있습니다.

당신이 움직이게 만든 테니스공은 당신의 라켓을 떠나 코트를 가로질러 상대방의 베이스라인으로 움직입니다. 당신의 스트로크의 힘으로 공을 움직이게 했으므로, 이 운동의 운동적 원인은 당신 자신입니다. 그러나 이 경우의 형상적 원인은 무엇인가요? 그것은 특정한 장소, 당신이 공을 쳤을 때 공이 출발하기 시작한 그 장소임이 분명합니다. 네트의 다른 쪽에 떨어진 그 공을 상대선수가 놓쳤다고 해봅시다. 공은 굴러가다가 뒤쪽 펜스 앞에서 멈췄습니다. 이 경우, 공이 멈춘 그 장소가 그곳에서 멈춘 특정한 운동의 형상적 원인입니다. 공의 위치 혹은 장소가 네트의 당신 쪽인 **이곳**으로부터 뒤쪽 펜스인 **저곳**으로 변형된 것입니다.

이와 유사하게, 당신이 붉은색으로 칠한 녹색 의자는 색깔에서 변형되었습니다. 당신이 불었던 풍선은 크기에서 변형되었습니다. 당신이 의자에 페인트칠을 함으로써 생겨난 변화의 형상적 원인은 **붉은색임**입니다. 마찬가지로 당신이 테니스공을 침으로써 생겨난 변화의 형상적 원인은 **저곳임**입니다. 이 변화들 각각에서 운동적 원인은 모두 당신입니다. 재료적 원인은, 앞의 것의 경우 당신이 붉은색으로 칠한 그 녹색 의자이며, 뒤의 것의 경우 당신이 불기 시작한 그 풍선입니다.

방금 살펴본 이 세 종류의 변화는 인간이 운동적 원인으로 등장하지 않아도 자연적으로도 일어날 수 있습니다. 우리가 그것의 자연적 발생을 검토할 때는, 네 가지 원인의 식별은 더 어려워지며, 게다가 약간의 새로운 문제까지 생깁니다. 하지만 인간에 의해 야기된 변화에서 보았던 것들이 다소간 도움이 될 것입니다.

햇빛은 토마토를 익게 하고, 토마토를 녹색에서 붉은색으로 바뀌게 만듭니다. 이 변경에서 운동적 원인은 태양의 광선이며, 재료적 원인은 변화를 겪는 주체인 토마토 자체입니다. 사람이 녹색 의자를 붉게 칠했을 때와 마찬가지로, 이 경우도 형상적 원인은 붉은색임입니다. 녹색이었던 것으로부터 붉은색으로 된 것, 이것이 토마토가 변화한 것입니다. 그런데, 여기에는 방금 말한 형상적 원인과 구별되는 목적적 원인이 잘 파악되지 않습니다.

녹색 의자를 붉은색으로 칠한 사람은 특정한 실내의 의자 세트와 색깔을 맞추기 위한 목적으로 그렇게 했을 수 있습니다. 그 개인이 마음에 가졌던 목적 혹은 목표는, 의자 색깔의 변형에서의 형상적 원인인 붉은색임으로부터 구별되는 것이었습니다. 그러나 우리는 토마토를 내리쬐는 태양이 이제 이 토마토가 먹을 수 있게 되었다는 신호를 나타내기 위한 목적으로 그것을 붉게 만든 것이라고 말하기는 힘듭니다.

토마토의 표면의 색깔이 문제인 한, 토마토가 익어가는 과정의 마지막 결과는 그것이 붉다는 데 있습니다. 즉, 토마토가 붉다는 것이 이 변화의 형상적 원인이기도 하면서 동시에 목적적 원인이기도 한 것입니다.

파도에 의해 마모되어가는 바위, 그 과정에 의해 크기가 점점 작아지는 바위에 대해서도 거의 같은 얘기를 할 수 있습니다. 이 과정은 오랜 시간 동안 진행될 수 있습니다. 그러나 바위의 크기의 감소가 문제인 한, 어떤 주어진 순간에도 그 변화의 형상적 원인과 목적적 원인은 해당 시점의 바위의 크기입니다.

색깔에서의 자연적 변경과 크기에서의 자연적 감소에 대해 방금 한 설명은 장소의 자연적 변화에도 적용됩니다. 우연히 놓친 테니스공은 밑으로 떨어져 결국 땅에서 멈춥니다. 그 위치운동은 공이 멈춘 그 자리에서 끝나며, 그 장소가 이 운동의 형상적 원인이자 목적적 원인입니다.

누군가 이 경우의 운동적 원인이 무엇이냐고 묻는다면, 아마 중력이라는 대답이 나올 것입니다. 우리는 대부분 학교에서 배워서 그 사실을 알고 있습니다. 그러나 아리스토텔레스에게는 그것이 난제였을 것입니다. 중력이 운동적 원인이라는 그 사실은 한 쪽에서의 운동적 원인과 다른 한 쪽에서의 재료적, 목적적 및 형상적 원인 사이의 차이에 대한 우리의 이해에 영향을 미치지 않습니다. 그것이 어떻게 불리든 간에, 운동적 원인은 항상 다음과 같은 것입니다. 즉, 어떠한 변화의 과정에서든 변화될 수 있는 주체가 어떤 특정한 점에서 다르게 되는 결과를 낳도록—가령, 녹색이던 것에서 붉은색으로, 컸던 것에서 작은 것으로, 이곳이던 것에서 저곳인 것으로 변화되도록—그 변화될 수 있는 주체에 대해 작용하거나 그것에 대해 영향력을 가하는 것이 운동적 원인인 것입니다.

잠재성과 현실성

다른 한 종류의 변화, 즉 크기의 증가와 관련되지만 그보다 더 많은 것과 관련되는, 살아 있는 것의 성장에 대해 살펴봅시다. 아리스토텔레스는 여기서 도토리라는 익숙한 사례를 사용합니다. 도토리나무에서 땅으로 떨어진 도토리는 그 자리에 뿌리를 내리고, 햇빛, 빗물, 토양 속 양분 등을 섭취하여 마침내 완전히 자란 도토리나무로 성장합니다.

아리스토텔레스에 따르면, 도토리는 되어가는 과정에 있는 도토리나무입니다. 도토리나무로 되는 것이, 도토리가 도토리나무로 자라는 변화의 목적적 원인이자 형상적 원인입니다. 도토리가 자라 그것의 완전한 성장에 도달했을 때 나타내는 그 형상이, 도토리가 단지 도토리라는 사실로 인하여 도달하도록 예정되어 있던 목적인 것입니다.

만일 우리가 도토리가 아닌 옥수수씨에서 생겨난 묘목을 심어 가꾼다면, 우리는 전혀 다른 최종 산출물을, 즉 옥수수를 매단 옥수수나무를 보게 될 것입니다. 아리스토텔레스에 따르면, 성장의 과정을 통해 성취하게 될 목적과 발현하게 될 형상은 시작점에 이미 어떤 식으로든 존재하고 있습니다. 지금의 예로 보자면, 적절한 영양을 통해 완전히 발현된 식물로 자라게 될 그 씨앗 속에 말입니다.

그것들이 실제로 존재하는 건 아닙니다. 이 점을 아리스토텔레스도 인정할 것입니다. 만일 인정하지 않는다면 도토리는 이미 도토리나무요 옥수수씨는 이미 옥수수나무라고 해야 할 것이기 때문입니다. 그러나 그것은 잠재적으로 존재하고 있습니다. 잠재적으로라는 말은 현재 실제로 있다는 말의 반대입니다. 도토리 안에 있는 잠재성(잠재태)과 옥수수씨 안에 있는 잠재성의 차이가, 도토리는 도토리의 방식으로 성장하게 하고 옥수수씨는 옥수수씨의 방식으로 자라도록 하는 것입니다.

오늘날 우리에게는 이 동일한 것을 말하는 다른 방법이 있습니다. 아리스토텔레스는 하나의 씨앗의 "엔텔레키"(entelechy)[2]가 다른 씨앗의 "엔텔레키"와 다르다고 말합니다. 그가 이 그리스어로 말하고자 했던 것은, 각각의 씨앗은 성장과 발전을 통해 서로 다른 최종 형상이나 최종 결과에 도달하도록 예정된 잠재성을 자신 안에 가지고 있다는 것입니다. 우리는 현대과학의 언어를 사용한다면 이렇게 말합니다. 즉, 한 씨앗 안에는 그것의 성장과 발전을 위한 유전적 지시사항이 유전자 코드로 들어 있으며, 이 지시사항이 씨앗마다 서로 다름으로 해서 서로 다른 성장과 발전을 보이게 된다고 말입니다.

우리는 이 유전자 코드가, 그 과정이 개시되는 바로 그 순간부터 생물

---

2 그리스어로는 "엔텔레케이아(entelekeia, 완전상태)"이며, 어떤 사물이 그 가능성을 완전하게 실현하여 그 목적에 이른 상태를 말한다. 아리스토텔레스는 모든 사물이 그러한 목적을 향하여 변화하고 운동한다고 본다.

의 성장과 발전 과정 전체를 프로그래밍한다고 생각합니다. 아리스토텔레스는 생물의 내재적 잠재성이, 그 생물이 앞으로 어떻게 되어갈지를 그 성장과 발전 과정 속에서 안내하고 조절한다고 생각했습니다. 이 두 가지 설명은 어떤 점까지는 거의 상호교체가 가능합니다. 설명하고자 하는, 관찰 가능한 사실은 동일합니다. 도토리는 결코 옥수수나무로 되지 않습니다.

그럴 수밖에 없습니다. 왜냐하면 도토리를 구성하는 질료 속의 무엇인가와 옥수수씨를 구성하는 질료 속의 무엇인가가 처음부터 다르기 때문입니다. 그것을 성장과 발전을 프로그래밍하는 유전자라고 부르든, 성장과 발전을 안내하고 조절하는 잠재성이라고 부르든, 진행되는 일에 대한 우리의 이해에는 별반 차이가 없습니다. 하지만 그것은, 우리 대부분이 알고 있는 것처럼, 인간이 자연과정에 개입할 수 있게 되면서부터는 차이를 만들어냅니다.

잠재성이 수행하는 역할에 대한 아리스토텔레스의 철학적 이해는 아리스토텔레스로 하여금, 그리고 또한 우리로 하여금, 자연의 작용에 대해 가장 최소한만큼이라도 개입하는 것을 가능케 하지 않았습니다. 그러나 DNA(생화학 용어의 약자)에 대한 우리의 과학적 지식은 우리로 하여금 어떤 유기체의 유전자 코드를 가지고 실험을 하는 것을 가능케 했고, 앞으로 그 유전자 코드의 지시사항에서 심대한 변화를 일으키는 것도 아마 가능케 할 것으로 보입니다.

질료 그 자체

다음 장에서 나는 잠재성과 현실성을, 그리고 질료와 형상을 자연적 및 인공적인 모든 변화의 근본적 요인으로서 더 설명할 것입니다. 이 네 가지 요인은, 비록 네 가지 원인과 똑같지는 않지만, 아주 밀접하게 연관됩니다.

뒤에 이어질 얘기에 대해 당신의 관심을 불러일으킨다는 의미에서, 앞에서 이미 언급했던 변화, 아리스토텔레스가 생겨남과 사라짐이라고 불렀던 그 특수한 종류의 변화를 다시 한 번 언급하고자 합니다. 나는 우리의 일상생활에서 친숙한 어떤 일을 그 특수한 종류의 변화의 예로서 들어보겠습니다.

우리는 저녁식사를 하고 있습니다. 그리고 식사 과정에서 과일 한 조각을 먹습니다. 우리 접시 위의 사과는 나무에서 땄을 때 이미 성장을 마친 상태였습니다. 그러나 그것은 지금도 여전히 살아 있는 사물입니다. 사과 속의 씨앗을 땅에 심으면 더 많은 사과나무들로 자라날 수 있기 때문입니다. 사과는 벌레 먹거나 썩지도 않았습니다. 우리는 과심(果心)만 빼고 그것을 다 먹었습니다. 자, 이제 사과에게 어떤 일이 벌어진 것일까요?

우리는 그것을 베어 먹고 씹고 소화시켰을 뿐 아니라 그것으로부터 어떤 영양분을 얻었습니다. 이 말은 사과가 어떤 식으로든 우리의 일부가 되었다는 의미입니다. 우리가 그것을 먹기 시작하기 전에는, 그 과일의 유기적 질료는 사과의 형상을 띠고 있었습니다. 우리가 그것을 베어 먹고 소화시키고 그것의 영양분을 얻은 다음에는, 한때 사과의 형상을 취했던 그 질료는 이제 우리 자신의 질료, 즉 인간이라는 형상을 띤 질료와 어떤 식으로든 섞이거나 합쳐졌습니다.

사과가 인간이 된 게 아닙니다. 그게 아니라, 질료 그 자체가 사과의 형상을 띠었던 것에서 인간의 형상을 띤 것으로 변형된 것입니다. 그것은 사과의 질료이기를 멈추고 인간의 질료가 된 것입니다.

여기서 "사과의 질료" 및 "인간의 질료"과 대조된 "질료 그 자체"는 무슨 의미일까요? 우리는 질료 그 자체가, 우리가 양분을 취하기 위해 매일 음식을 먹을 때 일어나는 이 놀라운 변화 속에서 항구적이면서도 겉으로 드러나지 않는 변화의 그 주체라고 말할 수 있을까요?

다음 장에서 이 "질료들"에 대해 좀 더 해명해보기로 하겠습니다.

7. 존재하는 것과 존재하지 않는 것

질료와 형상, 잠재성과 현실성

우리는 보통 어떤 생물의 태어남을 전에는 존재하지 않던 어떤 것의 생겨남으로 생각합니다. 그리고 어떤 이의 죽음을 그의 사라짐으로 여기곤 합니다.

자연세계에서 일어나는 변화나 인간이 자신의 노력으로 일으키는 변화에 있어서 아리스토텔레스가 생겨남과 사라짐이라고 부르는 이 특수한 종류의 변화는 장소의 변화, 질의 변경, 그리고 양의 증감과 같은 모든 다른 종류의 변화와 구별됩니다.

자연에서의 이 특수한 종류의 변화는 다른 종류의 변화보다 더 이해하기 어렵습니다. 왜 그럴까요? 그것을 알기 위해 좀더 이해하기 쉬운 것, 즉 인간에 의한 사물의 제작 혹은 해체에서부터 시작해봅시다.

사람이 사물을 한 장소에서 다른 장소로 옮길 때, 그것을 변경하거나 확대할 때, 그가 옮기고, 변경하고, 확대한 그 개별 사물은 여전히 동일한 것으로 남아 있습니다. 그 사물은 오직 그 속성에서만, 즉 그것의 장소, 색깔, 크기에서만 변화됩니다. 그 사물 자체는 변화되기 이전의 그것과 동일한 사물로 남아 있으며, 변화된 뒤에도 여전히 독특하고 개별적인 그 사물이기를 지속합니다.

이 변화를 겪는 개별 사물의 지속되는 동일성 혹은 항구성은 그 사물의 변화 이전이든 이후든 동일하게 **이** 공, **저** 의자로 불린다는 사실을 보아도 우리에게 명백합니다. 그것은 다른 공이나 다른 의자가 아닙니다. 전에 있던 이 공, 혹은 저 의자입니다.

누군가가 목재 등의 원료를 가지고 와서 그 원료를 의자로 변형시키면, 전에는 존재하지 않던 의자라는 새로운 인공물이 존재하게 됩니다. 좀 전까지 그냥 몇 개의 목재이던 것이 이제 이 특정한 의자로 된 것입니다. 이렇게 목재가 의자로 되는 건 이미 있던 녹색 의자가 붉은색으로 되는 것과는 분명 다릅니다. 색이 바뀔 때는 기존의 의자는 여전히 그 의자로 남아 있지만, 새로 의자가 만들어질 때는 몇 개의 분리되어 있던 그목재가 더 이상 존재하지 않기 때문입니다.

인공적 제작에서 자연적 발생 혹은 생겨남으로 넘어가기 전에, 좀더 이해하기 쉬운 인공적 제작 과정에서 일어나는 일을 자세히 들여다봅시다. 그 도움은 우리가 앞에서 사용했던 네 가지 단어의 의미를 잘 이해하는 데서 나올 수 있습니다. 그것은 바로 "질료", "형상", "잠재성", 그리고 "현실성"입니다. 그 말들 자체는 우리가 일상의 대화에서 자주 사용하는 말들은 아니지만, 그 의미는 공통경험의 빛과 상식의 용어로 이해될 수 있습니다.

의자가 아닌 목재가 의자인 목재로 되었습니다. 목재가 의자가 아닐 때, 그것의 의자 아님은 그것 쪽에서는 의자임의 결핍입니다. 즉 의자의 형상을 못 갖추고 있는 것입니다. 어떤 형상의 이러한 부족을 나타내는 말로 우리는 "결여"라는 단어를 사용하기로 합시다.

이 목재에게는 의자임 말고도 결여된 것이 더 있습니다. 만일 모든 것이 다 갖추어져 있다면, 이 목재는 결코 의자로 만들어질 수 없을 것입니다. 의자임의 결여 말고도 이 목재는 의자임을 얻을 수 있는 능력도 갖추어야 합니다. 그것을 갖출 능력은 그것의 결여와 뗄 수 없이 연결되어 있습니다. 왜냐하면 만일 그 목재가 의자의 형상을 결여하고 있지 않다면, 그것은 그 형상을 획득하기 위한 능력을 가지려고 하지 않을 것이기 때문입니다. 그 형상을 결여하지 않고 있다는 것은 이미 그 형상을 가지고 있다는 말입니다. 목재와 같은 어떤 재료가 어떤 형상을 결여하고 있을 때에만, 그것은 그 형상을 획득할 능력을 가질 수 있습니다.

그 능력을 해당 재료의 잠재성이라고 부릅시다. **잠재성**은 "될 수 있다"와 같은 말입니다. 어떤 것이 의자**이다**라는 말과, 의자가 **될 수 있다**는 말은 다른 말입니다. 이 목재는 의자가 **아닙니다**. 그러나 그것은 의자가 **될 수 있습니다**. 조금 전에 말했던 것처럼, 그것이 이미 의자라면, 그것은 의자로 될 수 없을 것입니다.

그런데, 어떤 질료가 어떤 형상을 결여하고 있다고 해서 모든 게 다 그 형상을 획득할 잠재성을 가지고 있는 건 아닙니다. 가령 물과 공기도 의자의 형상을 결여하고 있습니다. 그러나 나무와 달리 물과 공기는 의자의 형상을 획득할 잠재성을 가지고 있지 않습니다. 특정한 형상이 없는 상태가 아니면 그 재료에 그 형상을 획득하기 위한 잠재성이 있을 수 없다고 말했지만, 그렇다고 그 형상의 단순한 부재—형상의 결여 혹은 결핍—가 반드시 그 재료에 그것을 획득할 잠재성이 있다는 의미는 아닌 것입니다. 우리는 나무로 의자를 만들 수는 있지만, 공기나 물로는 그럴 수 없습니다.

의자의 형상을 결여하고 있고 또 그 형상을 획득할 잠재성도 가지고 있던 목재가 어느 목수의 기술과 노력의 결과로 비로소 의자라는 형상을 띠게 되었을 때, 우리는 잠재적으로 의자였던 그 목재가 이제 현실적으로 의자가 되었다고 말합니다. 그 되어감의 전체 과정에 걸쳐서 변형을 겪는 그 목재는, 의자가 최종적으로 완성되는 바로 그 순간까지는 단지 잠재적으로만 의자였습니다. 그것들의 변형이 완료되었을 때 비로소 그것은 현실적으로 의자의 형상을 갖는 것입니다.

그 목재가 실제로 의자가 되었을 때, 의자로 되기 위한 그것의 잠재성은 **현실화된** 것입니다. 그리고 당연히 이제 그 잠재성은 남아 있지 않습니다. 그 목재가 획득한 형상은 목재 속 그 형상의 결여에 들어 있던 잠재성—그러나 물과 공기 속 그 형상의 결여에는 들어 있지 않았던 잠재성—을 벗겨낸 현실성입니다.

형상 없는 질료

이제 우리는 질료, 형상, 잠재성, 그리고 현실성이라는 네 개의 중요한 단어가 서로 어떻게 연관되는지 알 수 있습니다. 질료는 어떤 특정한 형상을 갖고 있거나 결여하고 있습니다. 그것을 결여하고 있다면 질료는 그것을 획득할 능력을 가지고 있는 것이고, 이것이 그 형상을 갖기 위한 그 질료의 잠재성입니다. 그러나 우리가 나무와 대조해서 보았던 물과 공기의 경우와 같이, 그 질료가 특정한 형상을 결여하고 있다고 해서 모든 것이 그 잠재성을 지니는 건 아닙니다. 그리고 질료가 잠재성으로 가졌던 그 형상을 획득할 때, 그것의 잠재성은 현실화됩니다. 그 형상을 갖기 위해 질료는 잠재적 의자에서 현실적 의자로 변형된 것입니다.

나는 지금까지 "질료"라는 말과 "재료"라는 말을 섞어서 써왔습니다.

하지만 우리가 한 쪽의 나무와 다른 한 쪽의 물에 대해 말할 때는, 우리는 서로 다른 종류의 질료를 말하는 것입니다. 나무는 그냥 질료가 아닙니다. 그것은 특정한 종류의 질료, 나무라는 형상을 취하고 있는 질료입니다. 그리고 그것은 물이라는 형상을 취하고 있는 질료와 구별되는 질료입니다.

질료의 한 가지 종류인 나무는 인간에게 재료를, 즉 인간이 의자를 만들 수 있는 재료를 제공합니다. 하지만 다른 종류의 질료인 물은 그렇지 않습니다. 질료가 가진 형상은 질료를 특정한 종류의 질료(가령, 나무)로 만들며, 또한 그 질료에게 특정한 잠재성(가령, 의자가 될 수 있는)을 부여하기도 합니다. 물의 형상을 띤 질료는 그런 잠재성을 가지고 있지 않습니다.

우리가 이 간단한 사항을 이해할 때, 간단한 추론과정이 우리로 하여금 또 다른 중요한 사항을 파악할 수 있게 해줍니다.

나무는 의자가 될 수 있습니다. 그러나 전구가 될 수는 없습니다. 물은 샘이 될 수 있습니다. 그러나 의자가 될 수는 없습니다.

특정한 형상을 취하는 질료는 다른 형상을 획득할 수 있는 하나의 제한된 잠재성을 가지고 있습니다. 이것은 모든 종류의 질료에 적용되며, 사람이 의자, 전구, 그리고 샘과 같은 사물을 제작하기 위해 작업할 수 있는 모든 다른 종류의 재료에 다 적용됩니다.

자, 이제 완전하게 형상이 결여된 질료, 완벽하게 형상이 없는 질료를 한번 가정해봅시다. 그것은 실제로 존재하는 종류의 질료는 아닙니다. 그러나 그것은 모든 형상을 결여하고 있는 질료이며, 따라서 잠재적으로 모든 종류의 질료가 될 수 있고, 어떠한 형상도 획득할 수 있는 능력을 가진 질료입니다.

질료의 변화와 유지 1

　이 점에 대해 생각하다보면 당신은 이렇게 말할 수 있습니다. "잠깐만요! 아무런 형상도 없는 질료라면 제한 없는 잠재성, 어떠한 형상도 획득할 수 있는 제한 없는 능력을 가진 것입니다. 하지만 동시에 모든 형상을 결여한 것이기도 합니다. 모든 형상을 결여한 것이라면 그것은 사실상 아무것도 아닐 것입니다. 사실상 아무것도 아닌 것은 존재하지 않습니다. 따라서 형상 없는 질료에 대해 얘기하는 것은 존재할 수 없는 것에 대해 얘기하는 것이나 마찬가지입니다"라고 말입니다. 맞는 말입니다. 그렇다면, 내가 처음에 그것을 언급한 이유는 뭘까요? 그것에 대해 생각해보자는 취지는 뭘까요?

　아리스토텔레스는 당신이 순수한 질료, 형상 없는 질료는 사실상 그 어떤 것도 아니며 아무것도 아니라고 생각한 것은 옳다고 말할 것입니다. 그리고 당신이 형상 없는 질료는 존재하지 않는다고 생각한 것 역시 옳다고 말할 것입니다. 그러나 아리스토텔레스는 거기에 이렇게 덧붙일 것입니다. 형상 없는 질료가 사실상 아무것도 아니라 하더라도, 그것은 또한 잠재적으로는 모든 것이기도 하며, 잠재적으로 그것은 있을 수 있는 모든 가능한 종류의 것이라고 말입니다.

　계속해서 당신이 이렇게 질문한다고 해봅시다. 그렇다면, 만일 형상 없는 질료가 존재하지도 않고 존재할 수도 없다면, 그것에 대해 언급하고 생각하자는 것은 무슨 취지입니까? 이에 대한 아리스토텔레스의 대답은 이렇습니다. 즉, 만일 우리가 의자 같은 물건의 제작 및 분해와 같은 일을 이해하는 데서 끝낼 거라면, 그 문제에 대해 더이상 언급하거나 생각할 필요가 없을지 모릅니다. 하지만 다른 일들, 가령 동물의 출생과 사망 같은 일들은 이해하기가 그렇게 쉬운 건 결코 아니라고 말입니다.

그 점을 확인하기 위해 동물의 죽음을 먼저 봅시다. 당신이 기르던 집토끼가 죽었습니다. 썩고, 분해되어, 마침내 사라졌습니다. 토끼의 형상을 가지고 있던 질료는 더이상 그 형상을 가지고 있지 않습니다. 그것은 이제 다른 형상을 얻었습니다. 가령 그 토끼가 늑대에게 잡아먹혔을 때처럼 말입니다. 이 일이 일어나면 어떤 종류의 사물(가령, 토끼)의 질료이던 것이 이제는 다른 종류의 사물(가령, 늑대)의 질료가 된 것입니다.

당신이 이에 대해 잠시만 생각해보면, 여기서 일어난 일이 나무—특정한 종류의 질료—가 의자로 될 때 일어나는 일과는 다르다는 걸 알게 될 것입니다. 의자로 될 때는, 나무는 나무이기를 그치지 않습니다. 즉 나무는 특정 종류의 질료이기를 그치지 않습니다. 이 변화 과정 전체에 걸쳐 나무라는 특정한 종류의 질료가 계속 유지됩니다. 그것은 변화의 주체로서 식별될 수 있습니다. 전에는 사실상 의자가 아니었던 이 나무가 이제 사실상 의자가 되었기 때문입니다.

하지만 늑대가 토끼를 잡아먹었을 때 일어나는 변형에서는 특정 종류의 질료가 변화과정 전체에 걸쳐 유지되지가 않습니다. 특정한 종류의 사물의 질료(토끼라는 형상을 가지고 있던 질료)가 다른 종류의 사물의 질료(늑대라는 형상을 가진 질료)로 바뀌었습니다. 이 변화의 유일한 식별 가능한 주체는 그냥 질료입니다. 그러나 특정한 종류의 질료는 아닙니다. 왜냐하면 **특정한 종류**의 질료는 변화과정 전체에 걸쳐 유지되지 않기 때문입니다.

질료의 변화와 유지 2

이제 죽음에서 출생으로 넘어가봅시다. 당신의 그 집토끼는 번식 행위의 결과로 태어났습니다. 당신과 내가 알고 있는 생식의 실태를 아리스토텔레스도 알고 있었습니다. 살아 있는 토끼의 태어남을 일으킨 그 과정은 암토끼의 난자와 수토끼의 정자가 수정될 때 시작되었습니다.

새로운 유기체가 생겨나기 시작한 건 수정의 순간부터입니다. 그러나 그것이 암토끼의 자궁 속에 담겨 있는 동안은 아직은 분리된 생명체가 아닙니다. 토끼의 발육 과정은 출생에서부터 시작됩니다. 토끼는 태어나기 전부터 엄마토끼 안에서 만들어지고 있었고, 태어난 뒤에도 완전히 자랄 때까지 성장을 계속합니다.

출생은 다른 게 아니라 하나의 생명체가 다른 생명체로부터 분리되는 것입니다. 새끼토끼가 엄마토끼로부터 분리되는 것처럼 말입니다. 그리고 그 분리는 하나의 위치이동, 새끼토끼의 이곳에서 저곳으로의 이동, 엄마토끼의 내부에서 엄마토끼의 외부로의 이동에 해당합니다.

이제 새끼토끼의 시작점으로, 즉 토끼가 처음 생겨났을 때로 돌아가 봅시다. 그 순간 이전에는 암토끼의 난자와 수토끼의 정자가 있었습니다. 난자와 정자 둘 중 어느 것도 사실상 토끼가 아닙니다. 둘 다 토끼로 자랄 잠재성만 나누어 가지고 있을 뿐입니다. 그 잠재성의 현실화는 수정의 순간에, 즉 정자의 질료와 난자의 질료가 섞이거나 혹은 합쳐질 때 일어납니다.

수정이 일어난 뒤 난자의 질료와 정자의 질료가 각각 새끼토끼의 질료에 대해 갖는 관계는, 토끼가 늑대에게 잡아먹힌 뒤 토끼의 질료가 늑대의 질료에 대해 갖는 관계와 같은 것일까요? 만일 그렇다면, 아리스토텔레스가 우리에게 형상 없는 질료에 대해 생각할 것을 요청하면서 자신이 염두에 두었던 어떤 것은 생명체의 생겨남과 사라짐에서의 변화의 주체 그것이라고 할 수 있습니다. 우리가 이 특별한 종류의 변화에서 지속되거나 계속되는 것으로 식별하는 것은 바로 그것이기 때문입니다.

이것이 왜 아리스토텔레스가 형상 없는 질료를 언급할 필요가 있다고 생각했는지에 대해 내가 가장 근접하게 할 수 있는 설명입니다. 당신이 자연적 발생도 인공적 제작과 동일한 방식으로 설명될 수 있다고 본다면, 그가 너무 멀리 나아갔다고 생각할지도 모릅니다. 만일 당신이 그렇게 생각한다면, 한 가지 사례를 더 고찰해봅시다.

그 사례는 아리스토텔레스 자신이 고찰했던 사례입니다. 그는 "자연은 생명 없는 것에서 생명 있는 것으로, 정확한 경계선을 긋는 게 불가능한 그런 방식으로, 조금씩 나아간다"고 말했습니다. 그는 비생명의 질료로부터 첫 번째 생명체가 지구상에 출현했을 때 생명 없는 것과 생명 있는 것 사이에 선이 그어졌음을 상당히 정확하게 상상할 수 있었습니다. 이 첫 번째 생명체의 생겨남 속에서 과연 우리는 이 놀라운 변화의 주체가 되는 것을 어떤 특정한 종류의 질료라고 식별할 수 있을까요? 그것은 그 첫 번째 생명체가 생겨나기 이전이나 이후나 과연 동일한 것으로 남아 있을까요?

당신은 그것을 형상 없는 질료라고 부르는 정도까지 가고 싶지는 않을 수도 있습니다. 그러나 다른 한편, 당신은 그것을 어떤 특정한 종류의 질료라고 식별하기가 어렵다는 것을 분명히 알 것입니다. 이는, 그것이 어떤 특정 형상을 가지고 있고 보유하고 있었다는 것을 의미합니다. 만일 이것이 당신의 마음상태라면, 당신은 이제 왜 아리스토텔레스가 인공적 제작보다 자연적 발생이 더 설명하기 어렵다고 생각했는지를 이해한 것입니다. 그리고 또한, 왜 그가 순수한 혹은 형상 없는 질료에 대해 언급할 필요가 있다고 생각했는지, 왜 당신에게 그것을 생각해보기를 요청했는지를 이해한 것입니다. 그런 질료는 물론 존재하지 않지만 말입니다.

8. 제작적 관념과 노하우

제작적 사고와 형상

나무를 처음으로 의자나 침대, 혹은 집으로 만든 그 개인은 그 일에 착수하기 전에 그가 무엇을 만들거나 지을 것인지에 대한 어떤 관념[idea]을 분명 가지고 있었을 것입니다. 그 개인은 목재가 의자로 되기 위해 획득해야만 하는 그 형상에 대해 이해하고 있었을 것입니다. 그는 그 관념을 의자에 대한 경험을 통해 얻지는 못했을 것입니다. 왜냐하면 그가 그 의자를 만들기 전에는 의자라는 것이 존재하지 않았을 테니까요. 우리는 그가 아마도 몸을 앉힐 수 있는 바위 같은 것에 대한 경험에서 그 관념을 얻었을 것으로 추측할 수 있습니다. 그렇다면 그 최초의 의자는 그것의 창안자가 자연에서 발견한 어떤 것의 모방이었을 수 있습니다. 마찬가지로 최초의 집도 어쩌면 주거지를 제공해주는 자연적 동굴 같은 것의 모방이었을 수 있습니다.

그 최초의 의자 제작자가 의자의 관념을 어디서 어떻게 얻었든 간에, 그 관념 자체만으로는 충분하지 않습니다. 앞에서 살펴본 것처럼 의자의 형상 즉 의자임은 모든 크기, 모양, 구성의 의자들에 공통되는 것입니다. 만일 그 최초의 목수가 마음속에 가진 것이 보편적인 의자의 관념뿐이었다면, 그는 개별적인 의자—다른 의자들로부터 구별될 수 있도록 모든 점에서 단독적인 의자—를 제작하지 못했을 것입니다. 목재에 의자의 형상을 부여함을 통해 그것을 변형하기 위해서는, 그는 그가 제작하고자 하는 특정한 의자의 관념도 또한 가지고 있어야 합니다.

제작적 사고는 우리가 창조적 관념이라고 부르고 싶어지게 하는 어떤 것을 포함합니다. 하지만 아리스토텔레스의 어휘 목록에는 "창조적"이라는 단어에 해당하는 그리스어가 없었으니까 그 유혹을 거두고 그냥 제작적 관념이라고 해둡시다. 제작적 관념은 질료가 취할 수 있는 형상에 대한 이해에 바탕을 두며, 크기, 모양 및 구성과 같은 세부사항에 대한 상상적 사고에 의해 보충됩니다. 이 온전한 의미에서의 제작적 관념 없이는 제작자는 원료를 이 개별적인 것으로, 즉 하나의 의자, 하나의 침대, 하나의 집 등, 자연에 의해 제공된 재료로 만들 수 있는 그밖의 모든 것으로 변형하지 못할 것입니다.

제작적 관념이 겉으로 표현될 수 있는 방법에는 두 가지가 있습니다. 그 최초의 의자 제작자 혹은 집 건설자는 아마도 그가 제작하려고 하는 것에 대한 설계도나 청사진을 어딘가에 그려놓지는 않았을 것입니다. 그 관념의 물질화 혹은 구체화, 다시 말해 질료 속에서의 관념의 구현이 그가 가진 제작적 관념을 표현합니다. 만일 당신이 그에게, 의자를 만들거나 집을 짓기 전에 마음속에 어떤 관념을 가지고 있는지를 묻는다면, 그는 설명을 별로 하지 못할 것입니다. 그러나 그가 일단 의자나 집을 만들고 나서는, 그는 그걸 가리키며 말할 것입니다. "자, 이게 바로 내가 마음속에 가졌던 그것입니다"라고 말입니다.

인류 역사에서 한참 뒤에, 모든 종류의 제조인은 물건을 만드는 데 필요한 계획도를 그릴 줄 알게 되었습니다. 질료의 변형을 통해 관념을 구체화하기 전에, 그들은 자신의 그 제작적 관념을 먼저 그릴 줄 알게 된 것입니다. 그러나 인간의 제작의 역사에서 그 한참 뒤에도 제작자가 항상 제작적 관념을 어떤 방식으로든 종이에 먼저 그리고 나서 작업을 진행한 건 아닙니다. 그는 여전히 때때로 그 관념을 마음속에 가지고 있고, 최종 제작물이 존재하게 되어 그것이 처음에 그가 가졌던 관념을 표현하게 되기까지 작업의 모든 과정에서 그것에 따랐을 것입니다.

제작적 관념이 표현될 수 있는 이 두 가지 방법 사이의 구별은 우리를 사물의 제작에서의 분리 가능한 두 가지 단계에 주목하게 합니다. 한 개인은 특정한 집을 지을 관념을 가질 수 있고 또 그 집의 건축을 위한 계획도를 그릴 수 있습니다. 또 다른 개인, 혹은 그밖의 다른 개인들은 그 계획을 수행 또는 실행할 수 있습니다. 오늘날 우리는 주택 건축에서의 서로 다른 두 기여자들을 한 쪽은 건축가, 다른 한 쪽은 건설가로 부름으로써 이를 구별하기도 합니다.

처음에 그 계획도를 그린 개인이 제작적 관념을 가진 사람입니다. 그 계획을 수행하는 사람은 노하우를 가지고 있어야 합니다. 의자든 집이든 무엇인가를 만들 때, 제작적 관념만으로는 충분치 않습니다. 그것을 실행하기 위해서는 원료를 다룰 줄 아는 방법, 즉 원료가 가지고 있는, 의자나 집으로 되기 위한 잠재성을 현실화하는 방법을 아는 것이 필요합니다. 최종 결과에 도달하지 못하면, 제작적 관념은 질료로 표현될 수 없을 것입니다. 즉, 구체화 또는 물질화될 수 없을 것입니다.

마음, 손, 도구

물론, 의자나 집을 만드는 데 요구되는 제작적 관념과 노하우를 한 명의 동일인이 둘 다 가지고 있을 수 있습니다. 우리가 기억해야 할 건 사물의 제작에서 제작적 관념과 노하우가 구별되는 요인이라는 점입니다. 그럼, 제작자가 가져야 할 노하우에는 어떤 것이 있을까요?

우선 첫째로 그는 그가 마음속에 가진 것과 같은 종류의 적절한 원료를 선택하는 방법을 알아야 합니다. 그리고 그 원료를 다루는 데 투입할 수 있는 사용 가능한 도구가 무엇이 있는지를 알아야 합니다. 가령 그가 가진 도구가 망치와 톱뿐이라면, 그는 철로 된 의자나 돌로 된 집은 만들 수 없을 것입니다. 그리고 당연히 그는, 어떤 도구가 사용 가능한지 여부와 상관없이, 공기나 물로는 의자나 집을 만들지 못할 것입니다.

자신이 쓸 수 있는 도구로 작업할 적절한 재료를 선택하는 법을 알았으면, 그 제작인은 또 그 도구들을 효과적으로 사용하는 법을, 그리고 그가 원하는 것을 만들어나가는 공정에서 한 단계 한 단계 나아가는 순서를 알아야 합니다. 가령 집을 짓는다면, 바닥을 다지는 일이 골조를 세우는 일에 선행하며, 골조를 세우는 일이 지붕을 얹는 일에 선행할 것입니다.

제작인의 마음, 손, 그리고 도구가 하나로 합쳐져 제작물의 운동적 원인을 이룹니다. 그것이 재료가 지니고 있는 잠재성, 제작자가 마음속에 품은 제작물로 변형될 수 있는 잠재성을 현실화하도록 작용합니다.

하나로 합쳐져 운동적 원인을 구성하는 이 세 가지 요인들 중에서 일차적인 요인은 바로 마음입니다. 그것은 제작적 관념과 노하우를 가지고 있는 제작자의 마음이며, 이것 없이는 손이나 도구는 어떠한 것도 만들어낼 수 없습니다. 제작자의 손과 도구는 제작자가 자신의 제작적 관념과 자신의 노하우를 원료에 작용시켜 그것들의 잠재성을 현실화하는 데 사용하는 수단일 뿐입니다.

인간의 마음이 인간의 제작에서 일차적인 요인입니다. 나머지는 모두 도구적인 것입니다.

제작적 예술과 협력적 예술

무엇인가를 만드는 법을 안다는 건 기술을 가지고 있다는 뜻입니다. 우리가 미숙련 노동이라 부르는 가장 간단한 동작에도 어느 정도의 노하우와 어느 정도의 기술은 필요합니다. 인간이 관계되는 가장 간단한 활동에서부터 가장 복잡한 활동에 이르기까지, 아이들이 장난감 모델을 만드는 것에서부터 교량, 댐, 학교를 건설하는 것에 이르기까지, 노하우의 수준은 곧 기술의 수준입니다.

"기술"과 유사한 단어로 "테크닉"(technique)이 있습니다. 무엇인가를 만드는 데 요구되는 노하우를 가진 사람은 그것을 만들 테크닉을 가지고 있는 사람입니다. 내가 이 말을 하는 이유는 "테크닉"이라는 단어가 "테크니코스"(technikos)라는 그리스어에서 왔기 때문입니다. 이 말을 아리스토텔레스는 습득한 능력, 즉 물건을 만들 때 어떤 사람은 갖고 있지만 다른 사람은 갖고 있지 않은 능력에 대해 말하는 데 사용했습니다. 예술 혹은 기술을 의미하는 연결형 어휘인 테크노(techno-)는 그리스어 테크네(techné)에서 왔습니다. 이것이 라틴어에서는 ars로, 영어에서는 art로 되었습니다. artist(예술가)는 물건을 만드는 테크닉, 기술, 노하우를 가지고 있는 사람입니다. 우리는 노하우 외에도 그 물건을 만드는 데 없어서는 안 될 주요한 원천인 제작적 관념도 함께 가지고 있는 사람을 창조적 예술가라 부르곤 합니다.

우리는 때때로 "예술"이란 말을 "예술가에 의해 제작된 것"을 가리킬 때 사용합니다. 우리는 그 말을 "예술작품"의 줄임말로 쓰기도 합니다. 그러나 예술작품은 누군가가 그것을 제작하는 법을 습득하지 않으면 제작될 수 없습니다. 따라서 노하우라는 의미의 예술은 그것이 예술작품 안에서 구체적으로 실현되기 전에 인간 안에 먼저 존재해야 합니다.

당신은 요리사, 재단사, 목수 혹은 제화공은 이러저러한 것들을 만드는 데 필요한 기술이나 노하우를 가지고 있음을 잘 아니까, 그들을 예술가 혹은 기능인으로 부르는 데 주저함이 없을 것입니다. 그러나 농부, 의사, 교사는 어떤가요? 당신은 이들을 예술가라 부르기는 뭔가 어색하다고 느낄 것입니다. 그러나 아리스토텔레스는 이들 역시 예술가로 불려야 마땅한 특정 기술과 노하우를 소유하고 있음을 알고 있었습니다. 그리고 그는 이들의 예술이 요리사, 목수, 제화공의 예술과 어떻게 다른지도 짚어냈습니다.

후자의 사람들이 만드는 것, 즉 케이크, 의자, 그리고 신발은 인간의 제작적 관념, 노하우, 그리고 노력이 없이는 생겨날 수 없는 것들입니다. 자연은 그런 것을 산출하지 않습니다. 그것들은 언제나 예술작품입니다. 그러나 자연은 인간의 노하우와 노력 없이도, 과일들과 곡물들을 산출합니다. 그럼 우리는 왜 사과나 옥수수와 같은 것들을 기르는 농부를 예술가라고 불러야 할까요? 그는 무엇을 만들어내나요?

농부 자신이 만들어내는 건 없습니다. 농부는 단지 자기 없이도 자연이 어떻게든 산출했을 사과나 옥수수가 잘 산출되도록 자연을 도울 뿐입니다. 그는 과일이나 곡물의 산출에서 자연과 협력하는 기술 혹은 노하우를 가지고 있는 것입니다. 그리고 그러한 협력을 통해 그는 자연과 협력하지 않았을 때 얻는 것보다 더 훌륭한 산물을 제공받을 수 있게 되는 것입니다.

농업에 속하는 노하우나 기술을 가지고 있는 농부가 과일, 곡물 및 채소를 산출하는 일에서 자연과 협력하듯이, 약에 속하는 노하우나 기술을 가지고 있는 의사도 생명체의 건강을 유지하거나 회복하는 일에서 자연과 협력합니다. 사과나 옥수수가 농부 없이도 만들어질 수 있는 것처럼, 건강도 의사 없이 존재할 수 있는 어떤 것입니다. 그러므로 의사는 제화공이나 목수와 같은 제작적 예술가가 아니라 농부와 마찬가지로 단지 협력적 예술가에 속합니다.

교사도 마찬가지입니다. 사과와 옥수수가 농부의 도움 없이도 자라는 것과 마찬가지로, 인간은 교사의 도움 없이도 지식을 습득할 수 있습니다. 그러나 농부가 사과나 옥수수로 하여금 바람직한 질과 양으로 자라도록 돕는 것과 마찬가지로, 교사도 인간이 지식을 습득하는 것을 돕습니다. 따라서 교육도 농사나 치료와 마찬가지로 제작적 예술이 아니라 협력적 예술입니다.

제작적 예술은 여러 가지 면에서 서로 다릅니다. 인간은 의자, 신발, 집에서부터 그림, 조각품, 시와 노래에 이르기까지 매우 다양한 제작물을 만들어냅니다. 그림과 조각품은 제작자가 어떤 식으로든 변형한 재료로 구성된다는 점에서, 신발이나 의자와 유사합니다. 또 신발 및 의자와 마찬가지로 그림과 조각품은 특정한 시간에 특정한 공간에서 존재합니다.

이와 달리, 한 곡의 음악—반복해서 불리고 또 불리는 노래—은 같은 시각에 같은 장소에만 존재하는 게 아닙니다. 그것은 많은 서로 다른 시간에 많은 서로 다른 장소에서 불릴 수 있습니다. 그리고 노래를 부르거나 음악을 연주하는 데는 시간이 소요됩니다. 시를 낭송하거나 이야기를 들려줄 때도 마찬가지입니다. 그리고 조각품이나 그림과 달리, 노래와 이야기는 시간의 흐름에 따라 시작, 중간, 끝과 같은 구성을 가지고 있습니다.

노래 혹은 이야기와 그림 혹은 조각품 사이에 차이점이 하나 더 있습니다. 이야기는 언어로, 그리고 노래는 음악부호로 적을 수 있습니다. 언어와 음악부호는 읽힐 수 있는 기호입니다. 그것을 읽을 수 있는 사람은 그 속에 담긴 이야기를 접할 수 있고, 그 속에 담긴 노래를 부르거나 들을 수 있습니다. 하지만 그림과 조각품의 경우는 직접 가서 보는 수밖에 없습니다. 어떤 화가나 조각가의 작품을 감상하려면, 그가 만든 그 물질적 제작물을 보러 가지 않으면 안 됩니다.

그림 혹은 조각품은 신발이나 의자와 같은 물질적 제작물이긴 하지만, 그것은 신발이나 의자처럼 사용되기 위한 게 아닙니다. 그것은 이야기나 노래처럼 향유되기 위한 것입니다. 물론 그림을 벽의 얼룩을 가리는 데 쓸 수도 있을 것입니다. 마치 의자를 앉는 목적으로 쓰는 대신 인테리어 소품으로 사용할 수 있는 것과 마찬가지로 말입니다.

하지만 사용과 향유는 우리가 예술작품을 대하는 다른 방법입니다. 그것을 어떤 목적에 소용되도록 쓴다면 그건 사용입니다. 그것을 이런저런 방법으로, 즉 보거나 듣거나 읽는 방법으로 느끼는 데서 즐겁게 만족한다면 그건 향유입니다.

우리가 예술작품을 향유하는 데서 얻는 즐거움은 우리가 그것을 **아름답다**고 평가하는 것과 관련이 있습니다. 그러나 단지 아름답다는 것이 전부는 아닙니다. 우리는 어떤 의자, 테이블, 혹은 집에 대해서도 그것이 단순히 잘 만들어졌다는 이유로 아름답다고 평가할 수 있습니다. 의자든 조각품이든, 어떤 것이 잘 만들어졌다는 점은 인간의 제작물의 아름다움을 구성하는 한 가지 요인입니다. 우리가 그것을 바라볼 때 얻는 즐거움, 이것이 그 아름다움을 구성하는 또 다른 요인입니다.

이 두 가지가 연관되어 있다는 아리스토텔레스의 설명은 충분히 일리가 있어 보입니다. 우리가 어떤 조각품이나 집을 바라볼 때, 혹은 어떤 이야기나 노래를 들을 때 얻게 되는 즐거움은 그것이 잘 만들어졌다는 점과 어떤 식으로든 연결되어 있습니다. 잘 못 만들어진 조각품, 잘 못 지어진 집, 잘 못 얘기된 이야기는 우리에게 그다지 즐거움을 주지 않습니다.

숙련된 재단사가 만든 셔츠나 숙련된 요리사가 만든 수프와, 그렇지 않은 사람이 만든 셔츠나 수프 사이의 차이점을 우리는 잘 알고 있습니다. 잘 만들어진 셔츠나 수프가 그렇지 못한 셔츠나 수프보다 향유가능성, 즉 즐거움을 주는 정도가 더 높습니다.

그리고 요리나 재단 기술을 가진 사람은 음식이나 옷이 잘 만들어졌는지 여부를 판단할 수 있는 노하우를 가지고 있습니다. 우리는 숙련된 요리사나 재단사들의 판단은 서로 일치할 것이라고 기대할 수 있습니다. 만일 어떤 숙련된 요리사가 잘 만들어진 수프라고 생각한 것을, 동일한 숙련도를 가진 다른 요리사가 못 만들어진 수프라고 생각한다면 우리는 적잖이 놀랄 것입니다.

우리는 다수의 숙련된 예술가들이 잘 만들어진 것이라고 동의한 그림에 대해, 그것을 바라보는 두 사람 중 한 명은 그것을 마음에 들어 하고 다른 사람은 마음에 들어 하지 않는다고 해도 그다지 놀라지 않습니다. 우리는 각 개인들이 어떤 것을 동일하게 향유할 것을 기대하지도 않고, 동일한 정도만큼 향유할 것을 기대하지도 않습니다. 누군가에게는 즐거움을 줄 수 있는 것이, 다른 사람에게는 즐거움을 주지 못할 수 있습니다.

어떤 사람은 다른 사람보다 더 많은 기술과 노하우를 가질 수 있듯이, 어떤 사람은 다른 사람보다 더 나은 심미안을 가질 수 있습니다. 어떤 특정한 예술작품이 잘 만들어졌는지 여부는, 그런 것이 대체 어떻게 만들어져야 하는지조차 모르는 사람에게 물어보는 것보다는 숙련된 사람에게 물어보는 게 더 현명할 것입니다. 마찬가지로 우리는 어떤 예술작품의 향유가능성에 대해서는 더 나은 심미안을 가진 사람에게 물어보는 게 더 현명할 것입니다. 우리는 더 나은 심미안을 가진 사람이 더 나은 예술작품—더 잘 만들어졌을 뿐 아니라 향유가능성도 더 높은 작품—을 좋아할 것이라고 기대할 수 있습니다.

우리 모두가 어떤 예술작품의 아름다움에 대해 의견이 일치할 수 있어야 하는가, 또는 우리 모두가 의견이 일치할 것으로 기대되어야 하는가 하는 물음에 대해서는 아직 만족스러운 대답이 나오지 않았습니다. 그렇다는 대답도 일리가 있고, 아니라는 대답도 일리가 있습니다. 만일 예술작품의 아름다움이라는 게 단지 잘 만들어진 것이라는 데에만 있는 거라면, 그 물음에 대한 대답은 쉬워질 것입니다. 우리는 그런 종류의 작품을 제작하는 데 요구되는 노하우를 가진 사람에게 그것이 잘 만들어졌는지 아니면 잘 못 만들어졌는지에 대해 의견이 일치할 수 있기를 기대합니다.

과학기술과 철학

이 모든 중요한 노하우는 어디에서 오는 걸까요? 사람은 그 기술을 어떻게 습득하는 걸까요?

두 가지 대답이 있습니다. 인간의 제작의 초기단계에서는 그 요구되는 노하우는 자연에 대한 상식적인 지식에 바탕을 두었습니다. 인간이 작업할 수 있도록 자연이 제공하는 원료에 대한 지식과 그 작업에 사용할 수 있는 도구의 사용법에 관한 지식이 그것이었습니다.

나중의 단계에서는, 그리고 특히 현대에 들어와서는, 그 요구되는 노하우는 자연에 대한 과학적 지식에 바탕을 두었고, 지금은 우리가 과학적 지식이 우리에게 안겨주는 테크놀로지라고 부르는 그것으로 구성되어 있습니다. "테크놀로지"는 상식적 노하우와 대조되는 과학적 노하우의 다른 이름입니다.

아리스토텔레스의 비범한 상식이 우리에게 유용한 노하우를 주나요? 철학적 사고, 혹은 우리가 앞 장들에서 살펴본 자연적 과정에 대한 이해가 우리에게 물건을 제작하는 데 도움을 주나요? 아닙니다, 그렇지 않습니다.

과학적 지식은 생산적으로 응용될 수 있습니다. 과학적 지식은 테크놀로지를 통해 우리에게 물건을 생산할 기술과 힘을 줍니다. 그러나 물질계에 대한 상식적 파악을 개선해주는 철학적 성찰과 이해는 우리에게 무엇인가를 생산할 아무런 기술도 힘도 주지 않습니다.

예를 들어 앞 장에서 얘기한 내용을 떠올려보십시오. 도토리가 도토리나무로 성장하고 옥수수씨가 옥수수나무로 성장하는 이유에 대한 아리스토텔레스의 철학적 이해는 우리에게 이 자연적 과정에 어떤 식으로든 개입할 힘을 전혀 주지 않았습니다. 그러나 DNA와 유전자 코드에 대한 과학적 지식은 유전자 변형을 통해 이러한 성장 패턴을 심대하게 변경할 수 있도록 해주고 있습니다.

그렇다면 철학은 과학에 비해 전혀 쓸모가 없을까요? 그렇습니다. 쓸모가 없습니다. 단, 우리가 지식이나 이해를 물건의 제작을 위한 목적으로만 사용하도록 우리 자신을 제한한다면 말입니다. 철학은 빵을 구울 줄도 모르고 다리를 건설하는 법도 모릅니다.

그러나 지식이나 이해는 물건의 제작에만 사용되는 게 아닙니다. 그것과는 다른 사용법이 또 있습니다. 지식과 이해는 우리 삶과 우리 사회를 이끌어, 나쁜 삶이 아닌 좋은 삶이 되도록, 나쁜 사회가 아닌 좋은 사회가 되도록 하는 데 사용될 수 있습니다.

그것은 지식과 이해의 제작적 사용이 아닌, 실천적 사용입니다. 그것은 만드는 것을 목적으로 하는 것이 아닌, 행하는 것을 목적으로 하는 사용입니다.

인간 삶의 그 차원에서라면 철학은 매우 유용합니다. 과학보다 훨씬 더 유용합니다.

제 3 부

행하는 자, 인간
MAN THE DOER

"감각의 경우는, 우리는 자주 보고 들음으로써 시력이나 청력을 갖게 된 게 아니고, 보고 듣기 전에 이미 시력과 청력을 가지고 있었다. 하지만 탁월함(덕)의 경우는 (이미 가지고 있는 게 아니고) 먼저 행해봄으로써 비로소 얻게 되는 것이다. 그것은 마치 여러 기술(기예)을 배우는 일과도 같다. 어떤 것을 어떻게 만들어야 하는지 배우는 사람은 그것을 만들어봄으로써 배운다. 가령 건축가는 집을 지어봄으로써 건축가가 되고, 하프 연주자는 하프를 연주해봄으로써 하프 연주자가 되는 것처럼 말이다. 이와 마찬가지로 우리는 정의로운 행위를 해봄으로써 정의로운 사람이 되고, 절제 있는 행위를 해봄으로써 절제 있는 사람이 되며, 용감한 행위를 해봄으로써 용감한 사람이 되는 것이다."

아리스토텔레스, 〈니코마코스 윤리학〉

9. 목적과 수단에 대한 사고

나는 자동차가 없습니다. 그래서 한 대를 원합니다. 그런데 돈이 모자랍니다. 내가 그 차를 사려면 돈을 더 마련해야 합니다. 법을 어기지 않는 범위 안에서 내가 차 살 돈을 준비하는 방법은 몇 가지가 있습니다. 지금 가진 돈을 다른 데 쓰지 않고 모아둔다든지, 뭔가 다른 일을 해서 추가로 번다든지, 또 아니면 누구한테 빌린다든지 할 수 있습니다.

당신도 비슷한 일을 많이 겪을 것입니다. 이 사례에서, 자동차를 장만하는 게 나의 목적입니다. 그리고 그 차를 사는 데 필요한 돈이 그 목적을 위한 수단입니다. 동시에, 그 돈 자체가 다시 목적이기도 합니다. 그것을 마련하기 위해 또 몇몇 수단이 있기 때문입니다.

나는 그 수단 중에서 어떤 걸 선택해야 할까요? 아마 다른 것보다 더 쉽고 더 빨리 목적에 이르게 해주는 수단을 선택해야 할 것입니다. 염두에 둔 목적을 달성하게 해주는 그 여러 수단 중에서 보통 우리는 가장 나은 것, 즉 더 쉽고 더 빠르고 더 성공 가능성이 높아 보이는 수단을 선택할 것입니다.

목적적 행동과 실천적 사고

이런 식의 행동이 목적적 행동입니다. 목적적 행동은 계획한 목적을 향해 행동하는 것입니다. 이런 경우 우리는 행동 속에 목적이 들어 있다고 말합니다.

지향 없이 행동하는 사람은 조타수 없이 강물 위를 떠가는 배와 같습니다. 그런 행동은 생각이 없는 행동입니다. 자기 행동을 어떤 방향으로 끌고 갈지 아무런 계획이 없는 것입니다. 지향 없는 행동은 아무런 생각을 필요로 하지 않습니다.

하지만 목적적으로 행동하려면 우리는 먼저 생각을 하지 않으면 안 됩니다. 우리는 우리가 지향하는 목표에 대해, 달성하고자 하는 그 목적에 대해 생각해야 합니다. 그리고 그것을 달성할 수 있는 수단에 대해 생각해야 합니다. 또 그 여러 수단 중에서 어떤 것이 더 나은 대안 수단인지, 왜 어떤 것이 다른 것보다 더 나은 것인지에 대해서도 생각해야 합니다. 그리고 만일 우리가 선택하려는 어떤 특정 수단이 다른 어떤 일을 먼저 하지 않으면 확보할 수 없는 그런 수단이라면, 그때는 그 수단 자체가 하나의 목적이 되며, 우리는 그것을 달성하기 위한 수단에 대해 또 생각해야 합니다.

지금 내가 묘사한 것과 같은 종류의 사고가 실천적 사고입니다. 실천적 사고는 목적과 수단에 대한 사고이며, 당신이 도달하려는 목표와 그곳에 도달하기 위해 이루어야 하는 일에 대한 사고입니다. 그것은 목적적 행동에 필요한 그런 종류의 사고입니다.

우리가 앞 장들에서 살폈던 것처럼 제작적 사고는 만들어질 사물에 대한 사고입니다. 반면, 실천적 사고는 우리가 무엇을 해야 하는가에 대한 사고입니다. 어떤 것을 만들기 위한 목적으로 잘 생각하려면, 당신은 앞에서 우리가 제작적 관념과 노하우라고 부른 것을 가지고 있어야 합니다. 그러나 자신이 행한 일을 통해 어딘가에 도달할 것을 목적으로 잘 생각하려면, 당신은 성취해야 할 목표에 대한 관념과 그것을 성취할 방법에 대한 관념을 가지고 있어야 합니다. 아울러 당신은 당신의 목표를 추구하는 한 가지 방법이 다른 방법들보다 나은 이유가 무엇인지에 대해서도 생각해야 합니다.

제작적 사고, 혹은 무엇인가를 제작하기 위한 사고가 무엇을 실제로 생겨나게 하는 건 아닙니다. 그 제작은 제작자가 작업에 들어가서 마음속에 있는 제작적 관념을 실현하는 방법으로 원료를 변형하는 행동에 착수하기 전까지는, 사실상 시작되지 않습니다.

마찬가지로, 실천적 사고, 혹은 목적적으로 행동하거나 어떤 목적 또는 목표를 달성하는 데 필요한 것을 행하기 위한 사고 역시, 실제 행동에는 미치지 못합니다. 행동은 실천적 사고가 실행에 옮겨질 때 시작됩니다. 제작적 사고는 그 제작이 실제로 진행되는 동안 계속될 수 있고, 실천적 사고는 그 목적적 행동이 진행되는 동안 계속될 수 있습니다. 그러나 그 만들기와 행하기가 시작되기 전까지는, 제작적 사고와 실천적 사고는 아무런 열매도 만들지 못합니다.

좋은 목적과 좋은 수단

지향 없는 행동이라는 예외적 경우를 제외하면, 인간은 언제나 마음속에 어떤 목적을 지니고 행동한다고 아리스토텔레스는 말했습니다. 인간이 목적적으로 행동하기 위해 행하는 사고는 달성되어야 할 그 목표에 대한 사고와 함께 시작됩니다. 그러나 그가 그 목표를 달성하기 위해 무엇인가를 시작할 때는 그것을 달성하기 위한 수단에서부터 시작할 수밖에 없습니다. 개인이 목적적으로 행동하기 위해 행하는 사고에서는 목적이 앞에 놓이지만, 그 목적을 성취하기 위해 행하는 사고에서는 수단이 앞에 놓입니다.

인간은 언제나, 혹은 대체적으로 마음속에 어떤 목적을 가지고 있다고 말하면서 아리스토텔레스는, 인간은 자신이 획득하고 소유하고자 하는 어떤 좋음을 위해 행동한다고도 말했습니다. 그는 지향되는 목적과 욕망되는 좋음을 동일한 것으로 간주했습니다.

그가 보기에, 우리가 우리 자신에게 나쁜 것으로 간주되는 어떤 목적을 위해 행동한다는 말은 말이 되지 않습니다. 욕망하지 않는 어떤 것을 지향한다는 말도 마찬가지입니다. 우리는 우리 자신에게 나쁜 것으로 간주되는 것은 피하기를 욕망하지, 소유하기를 욕망하지 않습니다. 이것은 너무나도 평범한 상식입니다.

우리가 마음속에 가지고 있는 목적을 성취하기 위해 필요로 하는 수단은 어떤가요? 목적으로서 지향한다는 건 우리가 욕망하는 좋음을 추구하는 것과 같습니다. 그런데 그 목적을 성취하기 위해 우리가 사용해야 하는 수단 역시 우리가 욕망하는 좋음인가요? 그것은 그렇기도 하고 그렇지 않기도 합니다. 수단은 우리가 그것을 그 자체로서 욕망하기 때문이 아니라, 그것 이외의 다른 어떤 것을 위해 그것을 욕망하기 때문일 때만 좋은 것일 수 있습니다.

우리는 우리가 성취하고자 하는 목적을 이룰 수 있는 방법을 제공하는 것이면 그 수단을 항상 좋은 것으로 간주해야 할까요? 당연히, 수단은 우리가 목적에 도달하도록 돕는 한에서만 좋은 것입니다. 그러나 만일 그것이 다른 결과도 함께 일으킨다면, 그것은 우리를 목적의 성취로부터 멀어지게 하는 것일 수 있으며, 그런 경우 그것은 바람직하지 않을 수 있습니다.

나는 원하는 자동차를 사는 데 필요한 돈을 절도를 통해 마련할 수도 있습니다. 그러나 절도는 내가 원하지 않는 심각한 문제 속으로 나를 끌고 갈 것입니다. 우리가 우리의 목표를 달성하기 위해 사용하는 수단은 우리를 우리가 원하는 곳으로 데려다주기 때문에 좋은 것이기도 해야 하지만, 우리를 우리가 원하지 않는 곳—예를 들어 감옥—으로 데려가지 않기 때문에도 또한 좋은 것이어야 합니다.

궁극목적 혹은 최종목적

이상을 통해 우리는, 수단은 우리가 또 다른 수단을 통해 성취해야 하는 목적일 수 있고, 목적은 또 다른 더 큰 목적을 위한 수단일 수 있음을 확인했습니다. 이 두 가지 확인이, 아리스토텔레스가 우리가 피할 수 없다고 생각한 두 가지 물음으로 이어집니다. 그 하나는 목적이 아닌 수단, 순수한 혹은 단순한 수단이 존재하는가 하는 것이고, 다른 하나는 수단이 아닌 목적, 그것 너머의 다른 어떠한 목적의 수단도 아니라는 이유로 아리스토텔레스가 궁극목적 혹은 최종목적이라고 부른 목적이 존재하는가 하는 것입니다.

첫 번째 물음을 제기하는 다른 방법은, 우리가 그것 자체 때문이 아니라 다른 어떤 것을 위해서만 욕망하는 것이 있는가 하는 것입니다. 그리고 두 번째 물음을 제기하는 다른 방법은, 우리가 다른 어떤 것 때문이 아니라 그것 자체를 위해서만 욕망하는 것이 있는가 하는 것입니다.

아리스토텔레스는, 수단 중에는 단순한 혹은 순수한 수단이 존재하며, 목적 중에는 그것 자체 너머의 다른 목표를 위한 수단이 되는 목적이 존재하고, 또 목적 중에는 우리가 그것 자체 때문에 추구하지 다른 더 큰 좋음을 획득하기 위해 추구하는 것이 아닌 그런 목적이 있다고 말했습니다. 그가 이렇게 생각한 이유는 다음과 같습니다.

만일 우리가 그것 자체 때문에 욕망할 뿐 다른 어떤 것을 위해 욕망하는 것이 없다면, 우리의 실천적 사고는 시작될 수 없습니다. 우리는 이미 앞에서, 실천적 사고는 지향되거나 추구되어야 할 목적에 대한 사고에서 출발하는 것임을 확인했습니다. 만일 우리가 생각할 수 있는 모든 목적이 다른 더 큰 목적에 대한 수단일 뿐이라면, 그리고 그 더 큰 목적이 또 그것 너머의 또 다른 목적에 대한 수단일 뿐이라면, 그리고 이렇게 **끝없이** 이어지기만 할 뿐이라면, 우리의 실천적 사고는 시작될 수가 없습니다.

우리는 앞에서, 실천적 사고가 실행에 옮겨질 때 우리는 우리 마음속 어떤 목적에 대한 일정한 수단을 가지고 시작해야 한다는 점을 확인했습니다. 만일 그 수단 자체가 목적이라면, 즉, 우리에게 그것을 달성할 또 다른 수단을 발견할 것을 요구하는 목적이라면, 우리는 우리의 실행을, 혹은 목적적 행동을 도무지 시작할 수가 없습니다. 우리가 실행을 시작하려면, 수단은 순수하게 수단인 수단으로, 그리고 목적은 그것을 달성할 다른 수단을 필요로 하지 않는 목적으로 시작되어야 합니다.

지금까지 나는 당신에게 **왜** 수단 아닌 목적이 존재해야 하는지, 그리고 왜 목적 아닌 수단이 존재해야 하는지에 대해서만 이야기했습니다. 내가 지금까지 말한 것에 대한 당신의 반응이, 지금껏 자신의 최종목적 혹은 궁극목적이 무엇인지 모르는 채 어떻게 그동안 실천적 사고를 해왔는지 잘 모르겠다는 것이라 하더라도 내게 그리 놀라운 일은 아닙니다. 만일 실천적 사고가 어떤 목적, 즉 그것 너머의 다른 것에 대한 수단이 되는 목적으로 시작될 수 없다면, 그리고 당신이 그것 자체를 위해서만 지향할 뿐 다른 어떤 것을 위해서도 지향하지 않는 목적을 알고 있지 못하다면, 당신이 어떻게 실천적으로 생각하기를 시작할 수 있었을까요? 당신은 당신의 삶에서 분명 매우 많은 실천적 사고를 해왔기 때문에, 당신이 마음속에 궁극목적 혹은 최종목적을 갖기 전에는 실천적 사고가 시작될 수 없다고 한 아리스토텔레스의 말이 틀린 것처럼 느껴질 수 있습니다.

그것은 **어느 정도까지는** 그렇게 보입니다. 당신이 궁극목적 혹은 최종목적을 마음에 가질 수 있는 두 가지 방법 사이의 구별이 이 문제의 해결로 가는 문을 열어줄 것입니다. 그 구별에 대한 약간의 이해를 얻기 위해 우리가 학교에서 배운 기하학, 아리스토텔레스도 알고 있었던 그 동일한 종류의 기하학에서 시작해봅시다.

기하학의 제1원리라고 불리는 것은 당신이 어떤 기하학적 명제를 증명하고자 할 때 그 시작점으로 삼아야 하는 원리를 말합니다. 유클리드 기하학에서 이 제1원리는 정의[定義], 공리[公理], 그리고 공준[公準]들로 구성됩니다. 정의에는 점, 선, 직선, 삼각형 등에 대한 것이 있고, 공리에는 "전체는 부분보다 크다"나 "동일한 것과 같은 것은 서로 같다"와 같은 것이 있습니다. 그리고 공준은, 증명이 필요한 명제를 증명하기 위해 유클리드가 만든 가정들입니다.

공리와 공준의 차이는, 공리는 당신이 부정할 수 없다는 것입니다. 당신은 그것을 긍정하지 않을 수 없습니다. 예를 들어 "전체는 부분보다 크다"라는 공리를 부정하여 그 공리의 반대인 "부분이 그것이 속하는 전체보다 크다"는 생각을 시도해보십시오. 가능하지 않음을 알 수 있습니다. 하지만 공준의 경우는 다릅니다. 가령 유클리드가, 당신은 임의의 한 점에서 임의의 다른 한 점으로 직선을 그릴 수 있다고 가정하자고 당신에게 요청한다고 했을 때, 당신은 순순히 그 가정을 성립시키려 할지도 모릅니다. 하지만 당신은 꼭 그래야만 하는 건 아닙니다. 공리의 경우, 부분과 전체에 관한 것처럼 우리가 반드시 받아들여야 하는 것이지만, 공준의 경우는 꼭 그래야 한다고 강제하는 건 없기 때문입니다.

공리와 공준이 기하학적 사고에서 서로 다른 종류의 시작점이 되는 것처럼, 실천적 사고에서도 서로 다른 종류의 시작점이 있을 수 있습니다. 자신의 기하학적 증명을 시작하기 위해 유클리드가 당신에게 자명한 것으로 받아들일 것을 요청한 것을 당신이 가정할 수 있는 것과 마찬가지로, 당신 자신의 실천적 사고 안에서도 당신은 어떤 목표나 목적을 궁극적인 것으로 가정할 수 있으며, 그것에 관해 더이상의 물음을 받아들이지 않을 수 있습니다. **설령** 더이상의 물음이 제기된다고 하더라도 말입니다.

달리 말해 우리 대부분은, 절대적으로 우리의 최종목적 혹은 궁극목표를 마음속에 가짐으로써가 아니라, 우리가 마음속에 가진 목표가 최소한 당분간만이라도 더이상의 물음이 제기될 수 없는 목표**인 것처럼** 받아들일 수 있다고 가정함으로써, 우리의 실천적 사고를 시작할 수 있다는 것입니다.

앞에서 살펴본 사례에서 우리는 차를 몰고 학교나 직장으로 갈 수 있게 되는 것을 목표로 간주할 수 있고, 그것을 위해 자동차를 갖는 것, 차를 살 수 있게 되는 것, 차를 사는 데 필요한 돈을 마련하는 것 등등을 수단으로 간주할 수 있습니다. 물론—당신도 이제 깨달았겠지만—**왜** 당신은 차를 몰고 학교나 직장으로 가기를 원하는가라는 질문이 제기될 수 있고, 그 질문에 대한 당신의 대답은 또 다른 **왜**라는 질문으로 이어질 수 있습니다. 당신의 대답에 대해 더 이상의 **왜**라는 질문이 나오지 않을 때까지 말입니다.

만약 당신이 그 대답에 도달한 적이 있다면, 바로 그 대답이 곧 궁극목적 혹은 최종목적의 이해일 수 있습니다. 그것에 대하여 다른 모든 것은 수단입니다. 그런 적이 없다고 해도, 당신은 실천적 사고 혹은 목적적 행동을 시작하기 위해 궁극목적이나 최종목적을 반드시 가지고 있어야만 하는 것은 아닙니다. 왜냐하면 당신은 당신의 마음속 어떤 목적을 궁극목적이라고, 즉 그것 자체이기 때문에 원하는 어떤 것이라고 당분간 가정할 수 있기 때문입니다.

당신이 그것을 얻기 위해 필요한 어떤 일을 할 때, 당신은 그것을 왜 원하는지 스스로에게 질문할 수는 있습니다. 그러나 당신은 그것을 얻기 위한 수단에 대해 생각할 목적으로, 혹은 그 목표를 위한 수단을 사용하기 위해 필요한 무엇인가를 행할 목적으로, 그런 질문을 할 필요는 없습니다. 그 질문은, 당분간, 영원히는 아니지만, 연기될 수 있습니다. 당신이 잘 계획된 목적지향적인 삶을 이끌고자 한다면 말입니다.

10. 사는 것과 잘 사는 것

삶의 목적과 계획

사람은 나이가 어릴수록 지향 없이 하는 일이 많습니다. 지향 없이가 아니라면, 최소한 장난스럽게 하는 일이 많습니다. 물론 지향 없이 하는 행동과 장난스럽게 하는 행동은 다릅니다. 지향 없는 행동은 마음속에 아무런 목적이나 목표가 없는 것이지만, 장난스러운 행위에는 분명 목적이 있습니다. 게임을 하거나 그 밖의 무엇을 하며 놀 때, 우리가 추구하는 것은 즐거움과 재미입니다. 게임이나 놀이 자체를 통해 우리가 얻고자 하는 것은 바로 재미이며, 그것이 우리의 목표입니다. 거기에는 어떤 이면의 목적이 있지 않습니다. 그냥 재미 그 자체가 목적입니다.

진지한 활동은 장난스러운 행동과 달리 언제나 약간의 이면적 목적을 포함하고 있습니다. 우리는 어떤 목표를 이루기 위한 활동에 관여하게 되는데, 그 목표를 위해 행하는 이러저러한 일이 곧 수단입니다. 이면적인 목적이 있느냐 없느냐가 일과 놀이의 차이 중 하나인데, 이 점에 대해서는 뒤에서 좀더 자세히 얘기하겠습니다. 어쨌든 일이란 진지한 활동이며, 일이 놀이처럼 즐거운 경우는 좀처럼 드물다는 점을 우리 모두는 잘 알고 있습니다.

우리는 나이가 어릴수록 잘 짜인 삶의 계획을 가지고 있는 경우가 드뭅니다. 우리가 어렸을 때, 우리의 목표는 대부분 눈앞의 것들이었습니다. 해야 할 것, 이루어야 할 것, 즐겨야 할 것에 대한 계획이 오늘, 내일, 길어봐야 다음 주 정도까지밖에 없었습니다. 그런 목표는 한 사람의 전체로서의 인생에 대한 계획이라고 보기 어렵습니다. 사람이 어렸을 때 전체로서의 인생에 대해 생각하기는 결코 쉽지 않습니다.

그러다 나이가 들어감에 따라 우리는 점점 더 목적적으로 됩니다. 진지함은 더해지고 장난스러움은 덜해집니다. 그런데 사람이 다 그런 것은 아니어서, 어떤 나이 든 사람들은 오직 재미와 즐거움만을 위해서 살기도 합니다. 그들의 그런 점에 대해 말할 때, 우리는 그들을 칭찬하는 게 아닙니다. 반대로 우리는 그들을 비판하는 것입니다. 너무 많은 시간과 에너지를 노는 데에 쓴다고, 진지한 활동에는 너무 적게 쓴다고 말입니다. 우리는 그런 식으로 사는 사람은 어른답지 못하다고, 철이 없다고 말합니다. 아이들은 대부분의 시간을 노는 데 써도 괜찮지만, 다 자란 사람은 그렇지 않습니다.

우리가 나이가 들면서 더 목적지향적으로 됨에 따라, 그리고 덜 장난스러워지고 더 진지해짐에 따라, 우리는 우리의 모든 다양한 목적을 삶의 일관적인 틀에 맞추려고 노력하게 됩니다. 아직 그렇지 않다면, 우리는 그렇게 해야 한다고 아리스토텔레스는 말합니다. 우리는 가능한 한 잘 살기 위해 삶의 계획을 발전시키려고 노력해야 합니다.

아리스토텔레스의 스승 플라톤을 가르쳤던 소크라테스는, 검토되지 않은 삶은 살 만한 가치가 없다고 말했습니다. 아리스토텔레스는 여기서 한발 더 나아가, 계획되지 않은 삶은 검토할 가치조차 없다고 말했습니다. 왜냐하면 계획되지 않은 삶은 우리가 무엇을 위해 왜 노력해야 하는지 모르는 삶이며, 어디를 향해 어떻게 가야 하는지를 모르는 삶이기 때문입니다. 그것은 엉망일 뿐이고 뒤죽박죽일 뿐입니다. 그런 것은 정말이지 자세히 검토할 가치가 없습니다.

계획되지 않은 삶은 검토할 가치가 없을뿐더러, 사실 살 만한 가치도 없습니다. 왜냐하면 그런 삶은 잘 살아질 수가 없기 때문입니다. 삶을 계획한다는 건 삶에 대해 심사숙고한다는 것이며, 추구되어야 할 목적과 그것을 성취할 수단에 대해 생각한다는 것입니다. 생각 없이 산다는 건 정처 없이 나아가는 것과 다르지 않습니다. 그런 삶은 당신을 그 어느 곳으로도 데려다주지 못합니다.

그런데 아리스토텔레스는, 잘 살기 위해서는 단순히 삶의 계획을 가지는 것만으로는 충분하지 않다고 봤습니다. 그는 우리가 그냥 계획이 아닌 올바른 계획을 가져야 한다고 생각했습니다. 계획에도 좋고 나쁨이 있습니다. 아리스토텔레스는 잘못된 계획은 셀 수 없을 만큼 많으며, 올바른 계획은 단 하나뿐이라고 생각했습니다. 그리고 당신이 잘못된 계획들 중의 하나를 택할 때, 결국 당신은 좋지 못한 삶을 살게 되리라고 생각했습니다. 궁극적으로 좋은 삶을 살기 위해서는 우리는 올바른 계획에 따라 살아야 합니다.

좋은 삶을 위한 계획

올바른 계획이 뭘까요? 사려깊고 목적지향적인 삶을 살기 위해서는 삶의 계획을 가져야 한다고 아리스토텔레스가 우리를 설득하는 일은 어렵지 않습니다. 그것은 말 그대로 상식이니까요. 그러나 아리스토텔레스가, 우리가 택할 수 있는 올바른 계획은 오직 하나뿐이라고 우리를 설득하는 일은, 그리 쉽지 않아 보입니다. 만일 그가 그 일에 성공할 수 있다면, 그것은 그의 비범한 상식을 나타내는 또 다른 표시가 될 것입니다.

하나의 삶의 계획을 올바른 것으로 만들고 나머지는 모두 그릇된 것으로 만드는 건 과연 뭘까요? 이 질문에 대해, 아리스토텔레스는 그 대답은 하나뿐이라고 생각했습니다. 즉, 올바른 계획이란 올바른 궁극목적, 우리 모두가 지향해야 하는 그 목적을 지향하는 계획이라는 것입니다. 이것이 그 질문에 대한 대답일 수 있습니다. 그러나 이 대답은 계속되는 질문을 남깁니다. 올바른 궁극목적, 우리 모두가 지향해야 하는 그 목적이란 무엇인가라는 질문 말입니다. 당신은 만약 올바른 궁극목적이 있다면 우리가 그것을 지향해야 한다는 점을 금방 알 수 있을 것입니다. 우리가 앞에서, 어떤 부분이 그것이 속하는 전체보다 크다는 것을 생각하기란 불가능하다는 사실을 확인했듯이, 우리는 우리 모두가 그릇된 목표를 지향한다는 걸 생각하기란 불가능하다는 사실을 알 수 있으니까요. 만일 목표가 잘못된 것이라면, 우리는 그것을 달성하도록 노력해서는 안 됩니다. 올바른 목표일 때만 우리는 그것을 위해 노력해야 합니다.

당연합니다. 그러나 여전히 중요한 질문이 대답되지 않은 채로 남아 있습니다. 궁극목적이란 무엇인가라는 질문이 그것입니다. 우리 모두가 추구해야 할 하나의 목표란 뭘까요?

당신은 그것이 대답하기 어려운 질문이라고 생각할 것입니다. 그러나 아리스토텔레스는 그렇게 생각하지 않았습니다. 어쩌면 나는 이 질문에 대한 그의 대답들 중 하나는 그에게 퍽 쉬운 것이었다고 말해야 할지도 모릅니다. 그러나 그것은 완전한 대답은 아닙니다. 완전한 대답은 설명하거나 파악하기가 훨씬 어렵습니다. 그러니 다소 불완전하더라도 좀 더 쉬운 대답부터 시작해봅시다.

우리 모두가 추구해야 할 올바른 목적은 바로 좋은 삶입니다. 이 점에 대한 아리스토텔레스의 논증은 간단하면서도 설득력이 있습니다. 그것을 요약해봅시다.

우리가 단지 살기 위해 해야 하는 일들이 있습니다. 영양을 섭취하고 우리 신체를 돌보고 건강을 유지하는 것 등이 그것입니다. 이를 위해 우리 대부분은 음식과 옷과 주거지를 사기 위해 필요한 만큼의 돈을 마련해야 합니다.

그리고 우리가 잘 살기 위해 하는 다른 일들이 있습니다. 가령 우리는 교육을 받기 위해 노력합니다. 그 이유는 우리가 단지 생명을 유지하는 데 필요한 수준 이상으로 더 많이 아는 것이 우리 삶을 더 풍요롭게 만든다고 생각하기 때문입니다. 또 우리는 단지 생명을 유지하기 위해 어떤 즐거움을 필요로 하지는 않습니다. 그러나 즐거움이 있으면 우리 삶은 더 풍요로워지고 더 나아집니다.

사는 것과 잘 사는 것 둘 다, 우리가 어떤 수단을 강구해야 하는 목적들입니다. 그러나 사는 것 혹은 생명을 유지하는 것 자체는 잘 사는 것의 수단입니다. 우리가 생명을 유지하지 않고서 잘 살기란 불가능하기 때문입니다. 가능한 한 오래, 혹은 최소한 그렇게 하는 것이 바람직해 보이는 동안 오래 말입니다.

나는 방금, 사는 것은 잘 사는 것의 수단이라고 말했습니다. 그렇다면 잘 사는 것은 무엇을 위한 수단일까요? 이 질문에 대해서는 대답이 있을 수 없다고 아리스토텔레스는 말합니다. 그 이유는, 잘 사는 것은 그것 자체로 목적이기 때문입니다. 즉, 잘 사는 것은 다른 무엇인가를 위한 것이 아니라 그것 자체이기 때문에 추구하는 목적이라는 것이지요.

우리가 생각할 수 있는 다른 어떤 것도, 우리가 좋다고 혹은 바람직하다고 말하는 다른 어떤 것도, 사는 것 혹은 잘 사는 것의 수단입니다. 그리고 우리는 사는 것이 잘 사는 것의 수단이라고 생각할 수는 있지만, 잘 사는 것이 다른 무엇인가의 수단이라고 생각할 수는 없습니다.

행복=좋은 삶

아리스토텔레스는 그 점이 우리 모두에게 명백하다고 생각했습니다. 그는 또 우리 모두가 사실상 그것에 동의하고 있음을 우리의 공통경험이 잘 보여준다고 생각했습니다.

잘 사는 것(혹은 좋은 삶)을 의미하는 말로 그가 사용한 단어가 영어로는 보통 "행복"(happiness)으로 많이 번역되어 왔습니다. 행복은 모든 사람이 추구하는 것이라고 아리스토텔레스는 말합니다. 만일 누군가에게 행복을 원하느냐고 물었을 때 "아니오, 나는 불행을 원합니다"라고 말할 사람은 없을 테니까요.

아울러, 만일 그에게 왜 행복을 원하는지 물었을 때, 그 이유를 댈 수 있는 사람도 아마 없을 것입니다. 행복을 원하는 어떤 이유라는 것이 존재한다면 그것은 또 다른 궁극목적이어야만 합니다. 그래야 그것을 달성하기 위해 행복이 그 수단이 될 테니까요. 하지만 그런 더이상의 궁극목적은 존재하지 않습니다. 행복 그 너머에, 혹은 좋은 삶 그 너머에, 행복이 수단으로써 쓰일 수 있는 건 아무것도 없습니다.

나는 여기서 "행복"이라는 말을 "잘 사는 것" 혹은 "좋은 삶"과 바꿔 쓸 수 있는 말로 사용했습니다. 그런데 그 말이 다른 의미로 사용될 때는, 여기서 행복에 대해 얘기된 내용은 명료하지 않습니다. 나는 "행복"이라는 말을 다른 의미로 사용하는 것은 피할 수 있습니다. 하지만 "행복한"

이라는 말을 많은 다른 의미들—상이한 방법으로 행복이라는 말과 관련된 의미들—로 사용하는 건 피할 수가 없습니다.

우리는 서로 "당신은 행복한 어린 시절을 보냈나요?" 하고 묻기도 하고, 또 서로 "지금 행복한가요?"라고 묻기도 합니다. 또 "행복한 휴가 보내세요"나 "행복한 새해를 맞이하시기를 기원합니다"와 같은 인사를 나누기도 합니다. 우리가 "행복한"이라는 말을 이런 식으로 사용할 경우, 우리는 우리가 바라던 어떤 것을 얻게 되었을 때 경험하는 즐거움이나 만족감에 대해 말하는 것입니다.

사람은 자기가 원하던 것을 갖게 되어 만족감을 느낄 때, 행복하다고 느낍니다. 행복한 시간이란 고통이 아닌 즐거움으로 채워진 시간, 불만족이 아닌 만족으로 채워진 시간입니다. 그런 까닭에, 우리는 오늘 행복하다가도 내일 불행할 수 있습니다. 한때는 행복한 시간을 갖다가도, 다른 때는 불행한 시간을 갖게 될 수도 있습니다.

서로 다른 사람들이 서로 다른 것을 원합니다. 사람들의 욕망은 같지 않습니다. 어떤 사람이 욕망하는 것을, 다른 사람은 피하고 싶어 합니다. 어떤 사람은 좋다고 여기는 것을, 다른 사람은 나쁘게 여길 수도 있습니다.

우리는 우리의 욕망에서 서로 다르며, 따라서 무엇을 좋음으로 여기는지에 대해서도 서로 다릅니다. 누군가를 행복하게 만드는 게 다른 누군가를 불행하게 만드는 것일 수 있습니다.

이렇게 서로 다른 사람들이 서로 다른 행위의 결과로서, 혹은 서로 다른 것을 얻게 된 결과로서 행복하다고 느끼는데, 어떻게 우리는 행복—잘 사는 것 혹은 좋은 삶—이 모든 인간이 추구해야 할 하나의 올바른 목표라고, 또는 궁극목적이라고 말할 수 있을까요?

아리스토텔레스는 우리 모두가 행복을 원한다고 우리를 설득할 수 있을 것입니다. 그는 우리 모두가 행복을, 그것 자체를 위해서만 원할 뿐 다른 어떤 것을 위해서도 원하지 않는다고 우리를 설득할 수 있을 것입니다. 하지만 그는, 행복을 그것 자체를 위해서만 원하는 우리 모두가, 정확히 동일한 것을 원한다고 어떻게 우리를 설득할 수 있을까요?

인간은 행복을 추구할 때 분명히 서로 다른 것을 추구하는 것으로 보입니다. 그것은 공통경험의 문제이며, 그 점을 아리스토텔레스도 망설임 없이 인정했습니다. 어떤 이는 행복의 성취가 많은 부(富)를 쌓는 데 있다고 생각하고, 어떤 이는 많은 권력을 손에 넣거나 명성을 얻거나 재미를 느끼는 데 있다고 생각한다는 사실을 공통경험을 통해 그도 알고 있었고, 우리도 역시 알고 있습니다.

만일 행복이—행복감을 느끼는 것처럼—당신이 원하던 것을 얻는 데서 오는 것이라면, 그리고 만일 서로 다른 사람들이 서로 다른 것을 원한다면, 성취되어야 할 행복은 사람들마다 각각 다를 수밖에 없습니다.

만일 그렇다면, 잘 살기 위한 유일한 올바른 계획이란 어떻게 존재할 수 있을까요? 모든 사람이 추구해야 할 하나의 궁극목적이란 어떻게 존재할 수 있을까요? 행복 혹은 잘 사는 것은 우리 모두가 추구해야 하는 궁극목적일 수 있지만, 과연 그것은 우리 모두에게 동일한 것일까요?

이 장의 앞부분에서 내가 했던 말을 기억해주기 바랍니다. 나는 우리 모두가 추구해야 하는 하나의 올바른 목적이 무엇인가라는 질문에 대하여 하나의 쉽지만 불완전한 대답이 있다고 말했습니다. 그 쉽지만 불완전한 대답은, 행복, 잘 사는 것, 혹은 전체로서의 좋은 삶입니다. 완전한 대답을 얻기 위해서는 우리는 아리스토텔레스가 과연 잘 사는 것, 좋은 삶, 혹은 행복이 우리 모두에게 동일한 것인지를 입증할 수 있는지를 지켜보아야만 합니다. 이에 대해서 다음 장에서 살펴봅시다.

11. 두 가지 욕망

욕망, 목적, 행복

우리는 개인의 욕망이 저마다 다르다는 것을 공통경험을 통해 알고 있습니다. 우리는 또 우리의 일상대화에서 "좋은"이라는 말을, 우리가 바람직한(바랄만한) 것으로 간주하는 어떤 것을 나타내는 표시로 사용한다는 것도 알고 있습니다.

우리가 어떤 것을 다른 것보다 더 바람직한 것으로 여긴다면, 우리는 그것을 더 좋은 것으로 간주하는 것입니다. 그리고 여러가지 바람직한 것들 중에서 우리가 가장 욕망하는 한 가지, 그것이 우리 눈에 비친 가장 좋은 것입니다.

이러한 공통경험 및 공통대화의 사실에 대한 성찰을 통해 아리스토텔레스는 좋음과 바랄만함이라는 두 개념이 서로 분리될 수 없이 연결되어 있다는 상식적인 결론을 얻었습니다. "좋은 것은 바랄만한 것이다"와 "바랄만한 것은 좋은 것이다"는 마치 유클리드의 "부분은 전체보다 작다"와 "전체는 부분보다 크다"처럼 공리(公理)와도 같은 것입니다.

앞 장의 끝부분에서 우리가 미해결 상태로 두었던 문제를 떠올려봅시다. 그 문제에서 우리는 다음과 같은 사실, 즉 인간들의 욕망의 차이로 인해 아리스토텔레스는 인간이 잘 사는 것, 좋은 삶, 그리고 행복을 지향할 때 그들이 마음속에 동일한 목적을 가지고 있다는 점을 우리에게 설득하기가 쉽지 않다는 사실을 확인할 수 있었습니다. 한 사람이 행복의 성취라고 여기는 것과 다른 사람이 좋은 삶을 구성하는 것이라고 생각하는 게 서로 매우 다를 수 있습니다. 이런 속에서, 아리스토텔레스는 잘 사는 것에 대한, 혹은 행복을 달성하는 것에 대한 삶의 계획이 오직 하나뿐이라는 자신의 견해를 어떻게 지탱할 수 있을까요?

아리스토텔레스가 그렇게 할 수 있기 위해서는, 인간의 욕망이 모두 같은 종류가 아니라는 것, 그리고 한 가지 종류의 욕망에는 적용되는 것이 다른 종류의 욕망에는 적용되지 않을 수 있다는 것을 우리에게 이해시켜야만 합니다.

자연적 욕망과 습득된 욕망

우리가 지금까지 살펴본 욕망은 개인적 욕망, 즉 개인의 삶과 경험의 과정에서 습득하게 된 욕망이었습니다. 개인들은 기질과 성향에서 저마다 다르고 그들이 영위하는 삶과 특수한 경험들에서도 저마다 다르기 때문에, 그들이 습득하게 되는 개인적 욕망도 제각각 다를 수밖에 없습니다.

각각의 인간은 독특한 삶과 독특한 경험을 가지는 독특한 개인이지만, 인간 종의 성원이라는 점에서 보면 모든 인간은 공통의 인간성을 공유하고 있습니다. 그 많고도 다양한 개인적 차이들은 모든 인간이 인간이라는 이유로 갖게 되는 그 공통의 특질과 속성 위에 놓이는 것입니다.

대부분의 경우, 이 차이는 정도에서의 차이입니다. 모든 인간이 눈과 귀를 가지고 있어서 모두가 보고 들을 수는 있지만, 어떤 개인의 시력이나 청력은 다른 개인보다 더 정확할 수 있습니다. 모든 인간이 이성적 능력을 가지고 있지만, 어떤 개인의 그 능력은 다른 개인보다 더 뛰어난 것일 수 있습니다. 모든 인간이 유지와 활력을 위해 음식을 필요로 하지만, 어떤 개인은 다른 개인보다 체구가 커서 영양분을 더 많이 필요로 할 수도 있습니다.

개인적 차이의 바탕에 깔려 있는 이 공통특질이 우리로 하여금 다른 종류의 욕망에 대해 주목하게 합니다. 그것은 습득된 욕망이 아닌 자연적 욕망입니다. 그것은 모든 인간에게 동일하며, 서로 다른 개인들 사이에서도 서로 다르지 않은 욕망입니다. 단지 정도의 차이만 있을 뿐입니다. 우리가 음식이 **필요하다**고 말할 때, 우리는 그것을 욕망한다고 말하는 것입니다. 마찬가지로, 우리가 새 자동차를 **원한다**고 말할 때도 우리는 그것을 욕망한다고 말하는 것입니다. "필요하다"와 "원한다"라는 이 두 단어가 둘 다 욕망을 나타냅니다. 그러나 그것은 같은 종류의 욕망은 아닙니다.

필요는 선천적인, 혹은 타고나는 욕망입니다. 그것이 우리 인간 본성에 내재된 욕망인 이유는 우리가 특정한 자연적 능력이나 성향을 가지고 있기 때문입니다. 그리고 그 능력 혹은 성향은 우리 모두에게 공통적입니다. 우리 모두가 동일한 인간본성을 가지고 있기 때문입니다. 우리는 모두 영양섭취를 위한 생물학적 능력을 가지고 있습니다. 모든 식물과 동물도 그 능력을 가지고 있습니다. 하지만 돌멩이는 그렇지 않습니다. 이것이 모든 생명체에게 음식이 필요한 이유입니다. 그 능력이 없으면 생명체는 죽습니다. 그 능력이 잘 발휘되어야 생명이 유지될 수 있습니다.

　개인은 음식에 대한 그 욕망을 살아가면서 혹은 그 자신의 특수한 경험의 결과로서 습득하는 게 아닙니다. 그는 스스로 그 사실을 알든 모르든 음식을 필요로 합니다. 심지어 자신이 그 필요를 느끼지 못할 때도, 배고픔의 고통을 느낄 때와 마찬가지로 음식을 필요로 합니다. 배고픔이란 단지, 항상 존재하며 누구에게도 존재하는 그 자연적 필요의 감정에 대한 경험에 지나지 않습니다.

　아시아, 아프리카, 유럽, 그리고 북아메리카에서 태어난 모든 개인들이 동일하게 음식과 음료에 대한 필요를 가지고 있습니다. 그리고 그 모두가 배고픔과 목마름을 경험을 통해 알고 있습니다. 그러나 서로 다른 환경에서 태어나 서로 다른 여건에서 자라기 때문에 그 개인들은 저마다 서로 다른 종류의 음식 및 음료에 대한 욕망을 습득하게 됩니다. 그들은 배고픔이나 목마름을 느끼면(이것이 그 자연적 필요를 알아채는 것입니다), 그 욕망을 해결하기 위해 저마다 서로 다른 종류의 먹을거리와 마실거리를 원하게 됩니다.

　그들은 다른 종류의 먹을거리와 마실거리를 **필요로 하는** 게 아닙니다. 단지 그렇게 **원하는** 것일 뿐입니다. 그들이 만약 자기가 원하는 종류의 음식이나 음료를 구할 수 없게 된다면, 그들의 필요는 그들이 원하지 않는 종류의 음식이나 음료로 채워질 수 있을 것입니다. 그들이 이 종류의 음식이나 음료를 원하지 않는 이유는 단지 아직 그것에 대한 욕망을 습득하지 않았기 때문일 뿐입니다.

　지금 우리가 살펴본 사례는 생물학적 필요입니다. 이것은 인간에게만 공통인 게 아니라 모든 생명체에 공통인 필요입니다. 이제 인간에게 특유한 필요에 대해 살펴봅시다. 그것은 인간에게만 공통되는데, 그 이유는 그것이 인간본성의 특수한 속성인 어떤 능력에서 생겨나는 것이라서 그렇습니다.

이 책의 앞부분에서 나는 인간이 자기 자신과 자기가 살고 있는 세계에 대한 지식을 습득하기 위해 질문을 던질 줄 아는 능력으로 인해 다른 동물과 구별된다고 말했습니다. 이 점을 너무나도 잘 아는 아리스토텔레스는 그의 가장 중요한 책 중의 하나《형이상학》를 이런 첫 문장으로 시작했습니다. "인간은 본성상 알기를 욕망한다."— 이 문장을 통해 그는, 지식에 대한 욕망은 음식에 대한 욕망만큼이나 자연적인 필요라고 말하고 있는 것입니다.

그런데 지식에 대한 필요와 음식에 대한 필요 사이에는 흥미로운 차이가 하나 있습니다. 음식이 결핍되었을 때 대부분의 인간은 배고픔의 고통으로 그 결핍을 의식하게 되지만, 지식이 결핍되었을 때는 모든 인간이 그 결핍을 의식하게 되는 건 아니라는 점입니다. 불행하게도, 우리는 배고픔의 고통은 잘 느끼면서도 무지의 고통은 잘 느끼지 못합니다.

모든 습득된 욕망은 우리가 그 욕망을 가질 때 그 사실을 의식하게 되는 욕망입니다. 그러나 자연적 필요는 꼭 그렇지는 않습니다. 어떤 것은, 음식과 음료에 대한 필요처럼, 우리에게 필요한 그것이 결핍되었을 때 그 사실을 우리가 의식하게 됩니다. 그러나 다른 자연적 필요는, 지식에 대한 필요처럼, 우리에게 필요한 그것이 결핍되어 있을 때에도 우리가 그 사실을 의식하지 못하는 경우가 있습니다.

우리는 우리가 자연적 필요를 의식하지 못한다고 해서, 우리가 알아차리지 못하는 그 필요가 존재하지 않는다고 생각하는 우를 범해서는 안 됩니다. 우리가 필요를 감지하는지 여부와 상관없이 그 필요는 존재합니다.

지금까지 자연적 필요의 몇 가지 예를 설명했습니다. 자연적 필요와 습득된 욕구가 어떻게 다른지 대조하여 살펴보고, 두 가지 욕망에 대한 아리스토텔레스의 구별이 무엇인지 설명하기 위해서였습니다. 인간이 자신의 특수한 본성에 내재된 잠재성, 능력, 그리고 성향을 공유하는 것처럼 모든 인간이 공통적으로 가지고 있는 그 자연적 필요의 목록을 여기에 일일이 다 거론할 필요는 없을 것입니다. 지금 나의 관심사는 아리스토텔레스가 그 두 가지 욕망의 구별로 다음의 사실, 즉 잘 살기 위해 우리 모두가 채택해야 하는 올바른 계획이 하나뿐이라는 그 사실을 우리에게 어떻게 설득할 수 있는지를 보여주는 일입니다.

　　그의 논증을 이해하기 위해서는 우리는 우리가 가끔 우리에게 필요치 않은 것을 원한다는 사실을 인식해야 합니다. 우리는 우리가 어떤 것을 원할 때에만 그것을 필요로 한다고 말하곤 하는데, 그건 잘못된 말입니다. 어느 누구도 철갑상어 알을 필요로 하는 건 아닙니다. 다만 그 맛을 습득한 사람이 그것을 원하면서 자신은 그것을 필요로 한다고 생각할 뿐인 것입니다.

　　당신이 원하는 것에 대해 당신이 범할 수 있는 실수가 또 있습니다. 당신은 당신에게 진정으로 좋은 것이 아닌 것을 원할 수도 있습니다. 어떤 사람들은 자신에게 해로운 마약이나 여타의 물질을 원합니다. 그 사람들은 마약에 대한 강력한 욕망을 습득하게 된 결과, 자기가 자기 자신에게 해를 끼치고 있다는 사실을 스스로 무시해버릴 정도로 강렬하게 그것을 원합니다. 그들은 자신에게 해가 되는 것을 원하는 것입니다. 그러나 그들이 그것을 원하기 때문에, 그들이 자신의 욕망을 채우기를 추구하는 그 시점에는 그것이 외견상 좋은 것으로 보이는 것입니다.

　　만약 그것이 그들에게 외견상 좋은 것으로 보이지 않는데도 그걸 바

란다면, 바랄만한 것은 좋은 것이라는 말은 틀린 말이 될 것입니다. 그들이 자신에게 실제로는 나쁜 것을 욕망할 때, 그들에게는 그것이 외견상 좋은 것으로 보입니다. 그들의 욕망 혹은 욕구는 잘못된 것 혹은 잘못 습득된 것입니다. 이것이 그들에게 외견상 좋은 것으로 보이는 것이 실제로는 나쁜 것인 이유입니다.

당신이 원하는 것들, 즉 당신이 원하는 시점에는 좋은 것으로 여겨졌지만 결국에는 좋음의 반대인 것으로 밝혀질 수도 있는 것들과 달리, 당신이 필요로 하는 것은 **항상** 당신에게 좋은 것입니다. 그것은 당신에게 진정으로 좋은 것이기 때문에, 한 때는 좋았다가 다른 때는 그 반대로 되는 일이 없습니다.

당신은 당신이 가령 철갑상어 알을 원할 때, 그것이 당신에게 필요한 것이라고 잘못 생각할 수 있습니다. 하지만 당신의 필요는, 당신의 욕구가 가끔 그러는 것처럼, 잘못되거나 잘못 습득되는 일이 없습니다. 당신은 잘못되거나 잘못 습득된 필요를 가질 수가 없습니다. 그리고 당신에게 필요한 것은 무엇이든 당신에게 좋은 것이며, 단순히 당신이 그것을 욕망한다고 해서 일시적으로만 좋은 것으로 여겨지는 그런 게 아닙니다.

진정으로 좋은 것과 외견상 좋은 것

이제 우리는 자연적 욕망(혹은 필요)과 습득된 욕구(혹은 원함) 사이의 아리스토텔레스의 구별이 그가 만든 또 다른 구별, 즉 진정으로 좋은 것과 외견상으로 좋은 것의 구별과 밀접히 연관되어 있음을 알게 되었습니다. 당신에게 진정으로 좋은 것은 당신의 자연적 필요를 충족시켜주는 것들입니다. 외견상으로만 좋은 것으로 여겨질 뿐 실제로는 좋은 것이 아닐 수도 있는 것은, 당신의 습득된 욕구를 충족시켜주는 것들입니다.

이러한 논지를 분명히 하는 다른 방법은, 외견상으로 좋은 것은 사실은 우리가 그 시점에 그것을 의식적으로 바라고 있기 때문에 좋은 것이라 부른다고 말하는 것입니다. 우리는 그것을 원합니다. 우리가 그것을 원하기 때문에 그것은 외견상 좋은 것으로 여겨지고 그것을 우리는 좋은 것이라 부르는 것입니다. 반대로, 진정으로 좋은 것은 우리가 그 필요를 의식하든 못하든 우리에게 필요한 것들입니다. 그것의 좋음은 인간 본성에 내재된 욕망을 충족시켜주는 데 있습니다.

동일한 논지를 분명히 하는 또 다른 방법이 있습니다. 그리고 이 방법은 아리스토텔레스의 논증에 대한 우리의 이해를 진전시킨다는 점에서 더욱 살펴볼 만합니다. 좋은 것은 바랄만한 것이고, 바랄만한 것은 좋은 것입니다. 그런데 어떤 것은, 그것이 "좋은"의 두 가지 의미에서 좋은 것일 수 있는 것처럼, "바랄만한"의 서로 다른 두 가지 의미에서 바랄만한 것일 수 있습니다. 우리는 어떤 주어진 시점에, 우리가 실제로 어떤 것을 욕망할 때, 그것을 바랄만하다고 말할 수 있습니다. 혹은 우리는 어떤 주어진 시점에, 우리가 그것을 실제로 욕망하든 안 하든 상관없이, 그것을 욕망해야 한다는 의무 때문에 그것을 바랄만하다고 말할 수 있습니다.

하나의 의미에서는 바랄만한 것이 다른 의미에서는 바랄만하지 않을 수 있습니다. 우리는 욕망하지 말아야 할 것을 사실상 욕망하기도 하고, 욕망해야 할 것을 사실상 욕망하지 못하기도 합니다. 우리에게 진정으로 좋은 것은 우리에게 필요한 것이라서 우리가 언제나 욕망해야 하는 것들입니다. 이 경우 우리가 잘못된 필요를 갖는 일은 있을 수 없습니다. 그러나 우리에게 외견상으로만 좋은 것은 우리가 욕망하기에 그릇된 것일 수 있으며, 설령 우리가 그것을 원하는 시점에 좋은 것으로 보일지라도 실제로는 우리에게 나쁜 것으로 밝혀질 수 있기 때문에 우리가 욕망해서는 안 되는 것일 수 있습니다.

아리스토텔레스에 따르면, 행복 혹은 좋은 삶을 이루기 위한 유일하게 올바른 계획은 바로 우리가 진정으로 좋은 모든 것들을 찾고 획득하도록 하는 계획입니다. 그것들은 우리가 살기 위해 필요할 뿐 아니라 잘 살기 위해서도 필요한 것들입니다. 우리가 우리 삶의 전체 과정에서 소유해야만 하는 모든 진정한 좋음들을 찾다 보면, 우리는 우리가 채택해야 하는 유일하게 올바른 삶의 계획에 따라 행복을 추구하고 있게 될 것입니다.

우리의 공통적인 인간적 능력 및 성향에 기반을 두는 자연적 필요가 모든 인간에게 동일하기 때문에, 어떤 이에게 진정으로 좋은 것은 다른 이에게도 진정으로 좋은 것이 됩니다. 이것이, 왜 인간의 행복이 모든 인간에게 동일한가에 대한 이유입니다. 행복은 자신에게 진정으로 좋은 모든 것을, 어느 한 시점에서가 아니라 전체 삶의 과정 동안 쌓아가며 소유하는 데 있습니다. 그리고 이것이, 잘 살기 위한 유일하게 올바른 계획이 왜 모든 인간에게 동일한가에 대한 이유입니다.

어떤 살아 있는 인간도 진정한 좋음이 완전히 결핍될 수는 없습니다. 왜냐하면 생물학적 수준에서 기본필요의 완전한 결핍은 살아 있는 것을 불가능하게 만들기 때문입니다. 음식, 음료, 옷, 주거지, 그리고 수면에 대한 생물학적 필요는 생명체의 생존을 위해 적어도 최소 정도가 충족되어야 합니다. 그러나 그 필요가 그 최소 정도까지만 충족될 뿐 그 이상 충족되지 않을 경우, 단순한 생존 혹은 근근한 연명은 잘 사는 것의 수단으로서 거의 기능하지 못합니다.

우리 인간의 모든 능력과 성향의 실현에 다가서기 위해서는 기본적인

생물학적 필요가 생명 자체를 유지하는 데 요구되는 최소수준 이상으로 충족되어야 할 뿐 아니라, 그 외의 많은 다른 인간적 필요도 충족되어야 합니다. 만일 행복이 그러한 완전한 실현에 있는 것이라면, 한 개인은 자신의 인간적 필요를 다른 개인보다 더 잘 충족하게 됨에 따라서, 그리고 그에게 진정으로 좋은 것들을 더 많이 소유하게 됨에 따라서, 그 행복의 달성에 더 가까이 다가서게 될 것입니다.

가장 좋은 계획

잘 살기 위한 하나의 계획은 당사자로 하여금 얼마나 자신의 능력을 더 완벽하게 실현하고 자신의 필요를 더 완벽하게 충족하도록 이끄는가에 따라, 다른 계획보다 나은 것일 수도 있고 그렇지 못한 것일 수도 있습니다. 그리고 그 계획들 중 우리가 채택해야 하는 가장 좋은 계획은, 우리로 하여금 모든 진정한 좋음을 올바른 순서와 정도에 따라 추구하도록 하면서도, 추가로, 우리의 필요를 충족하거나 우리의 능력을 실현할 수 있는 능력을 방해하지 않는 한, 우리에게 필요치 않더라도 우리가 원하는 것을 추구할 수 있도록 허용하는 그런 계획입니다.

모든 외견상의 좋음—우리에게 필요치 않지만 우리가 원하는 것—이 항상 우리에게 나쁜 것으로 밝혀지는 건 아닙니다. 어떤 것은 그것 자체로서는 해롭지 않으며, 또 어떤 것은 우리에게 필요한 것 혹은 우리에게 진정으로 좋은 것을 얻으려는 우리의 노력을 방해하거나 좌절시킨다는 의미에서의 불이익을 주지 않는 것일 수 있습니다. 그리고 어떤 사람의 행복 추구는 다른 사람의 행복 추구와 다를 수도 있습니다. 설령 두 사람 다 잘 살기 위한 하나의 올바른 계획을 따르고 있다고 하더라도 말입니다.

그러한 차이가 생기는 이유는 각 개인이 서로 다른 것들을 자신에게 필요한 것보다 더 많이 원하기 때문일 수 있습니다. 비록 한 사람에게 진정으로 좋은 것이 모두에게 동일하게 좋은 것이라 하더라도, 한 개인에게 좋음으로 보이는 것이 다른 개인에게 좋음으로 보이는 것과 매우 다를 수 있는 것입니다. 각 개인이 자신을 위해 원하는 것이 자신에게 해가 되지도 않고 자신의 행복 추구에도 방해가 되지 않는 그런 외견상의 좋음일 수 있다는 말입니다.

이제 당신은 행복에 대한 아리스토텔레스의 관점과 그것을 추구하는 방법에 대해 어느 정도의 이해를 갖게 되었습니다. 이제 당신은 아리스토텔레스가 행복이 모든 인간에게 동일하다고 생각한 이유와, 모두가 하나의 견실한 계획을 채택함을 통하여 그것을 성취하기 위해 노력해야 한다고 말한 이유를 알게 되었습니다. 그러나 다른 물음은 아직 대답되지 않은 채 남아 있습니다.

잘 살기 위하여, 혹은 좋은 삶을 살기 위하여 한 개인이 추구해야 하는 진정한 좋음이란 과연 무엇인가가 그것입니다. 우리는 그 일부에 대해서는 앞에서 이미 언급했습니다. 그러나 전부는 아니었습니다. 진정한 좋음의 나열은 완성될 수 있을까요?

그럴 수 있다 하더라도, 여전히 물음 하나가 남아 있습니다. 가장 중요한 질문입니다. 그 질문은 이것입니다. 우리에게 자연적으로 필요한 모든 것, 우리의 삶 속에서 우리가 가져야 할 모든 진정한 좋음을 소유하기 위해, 우리는 어떻게 노력해야 하는가? 우리가 마음속에 지닌 궁극목표를 성취하기 위해 필수적인 수단은 무엇인가?

이 물음에 대한 대답이 나와야 우리는 행복을 성취하기 위해 따라야 하는 삶의 계획을 온전하게 파악할 수 있게 될 것입니다.

12. 행복을 추구하는 법

의무와 권리

토머스 제퍼슨(Thomas Jefferson)은 《미국 독립선언문》을 기초할 때 아리스토텔레스의 행복에 대한 관점과 그 추구 방법을 알고 있었던 걸까요?

《미국 독립선언문》에는, 모든 인간은 본성상 평등하며, 생존과 자유 그리고 행복 추구를 위한 평등한 권리를 갖고 있다고 씌어 있습니다. 생존은, 우리가 살펴보았듯이 잘 사는 것의 수단입니다. 그리고 그 수단에는 자유도 포함됩니다.

원하거나 필요로 하는 것을 자유로이, 즉 어떤 강제나 간섭 없이 선택할 수 없다면, 그리고 그 선택을 자유롭게 실행에 옮길 수 없다면, 우리가 행복을 추구하는 건 불가능합니다. 우리와 관계된 모든 것이 이미 결정되어 있는 것이라면, 삶의 양식이 우리에게 강요되는 어떤 것이라면, 삶의 계획에 대한, 혹은 잘 살기 위한 계획의 채택에 대한 모든 논의는 아무 의미 없는 일이 될 것입니다.

잘 살기 위해서는 우선 살아 있는 것이 필요합니다. 그리고 잘 살기 위한 노력을 계획에 따라 해나가기 위해서는 자유가 필요합니다. 행복을 추구하기 위해 이것들이 필요하기 때문에, 우리에게는 그것들에 대한 권리가 있습니다. 그러나 우리는 행복을 추구하는 것이 필요한가요? 우리는 잘 사는 것이 필요한가요? 만일 아니라면, 모든 인간이 그의 본성에 내재된 권리로서 행복을 추구할 권리를 갖는다는 제퍼슨의 말은 근거가 무엇일까요?

그 물음에 대한 대답은 앞 장 여기저기에서 언급된 여러 요지들 속에 들어 있습니다. 우리는 잘 사는 것 혹은 행복이 우리가 이 삶에서 행하는 모든 행동의 궁극목적 혹은 최종목적임을, 즉 우리가 그것 자체 때문에 추구할 뿐, 그것 너머의 다른 어떤 것을 위해서도 추구하지 않는 목적임을 살펴보았습니다. 우리는 또 우리가 실제로 어떤 것을 욕망하며, 우리가 그렇게 할 때 그것은 우리에게 좋은 것으로 보인다는 점도 살펴보았습니다. 그리고 우리에게 진정으로 좋은 것들에 대해서는 그것이 해당 시점에 좋은 것으로 보이든 안 보이든 우리는 그것을 욕망해야 한다는 사실도 살펴보았습니다.

자, 만일 전체로서의 좋은 삶이 우리를 진정으로 좋은 모든 것을 소유하도록 하는 데 참여시키는 것이라면, 우리는 잘 살기를, 즉 행복 혹은 좋은 삶의 성취를 욕망하지 않으면 안 됩니다. 우리에게 진정으로 좋은 것은 무엇이든 우리가 욕망해야 하는 것들이므로, 진정한 좋음의 총합은 분명 우리가 욕망해야 하는 어떤 것이기 때문입니다.

"해야 한다"는 말은 의무나 책무의 개념을 나타냅니다. 우리는 우리가 해야 하는 일에 대한 의무나 책무를 가지고 있습니다. 우리가 행복을 우리 인생의 궁극목표로 추구해야 한다는 말은, 우리가 잘 살기 위해, 혹은 좋은 삶을 만들기 위해 노력할 의무나 책무가 있다는 말과 같습니다.

그 의무 혹은 책무를 다하기 위해 우리는 좋은 삶을 만드는 데 필수적인 것은 무엇이든 필요로 합니다. 다시 말해, 우리는 하나로 합쳐져 행복혹은 좋은 삶을 구성하거나 만들어내는 진정한 좋음들을 필요로 합니다. 이것이 왜 우리가 그것들에 대해 권리가 있다고 말하는가에 대한 이유입니다. 만일 우리에게 잘 살기 위해 노력할 의무가 없다면, 그리고 그렇게 하기 위한 특정한 것들을 필요로 하지 않는다면, 우리는 토머스 제퍼슨이 우리 모두가 가지고 있다고 확언한 그 권리를 갖지 못할 것입니다.

제퍼슨은, 모든 인간은 동일한 인간본성을 지니고 있기 때문에 동일한 자연권을 가지고 있다고 생각했습니다. 이 말은 곧 인간은 동일한 자연적 필요를 가지고 있다는 말과 같습니다. 누군가에게 진정한 좋음인것은 다른 모든 인간에게도 진정한 좋음인 것입니다. 이 점에 관한 한 제퍼슨은, 행복의 추구는 자신을 위한 동일한 종류의 진정한 좋음을 획득하려고 추구하고 노력하는 데 있다는 아리스토텔레스의 관점을 받아들인 것으로 보입니다.

좋은 삶을 위한 진정한 좋음들

우리 모두가 추구해야 한다고 아리스토텔레스가 생각한 진정한 좋음을 열거하기 전에 "행복을 추구하기 위해 나는 무엇을 해야 하는가?"라는 질문과 "의자나 그림 혹은 노래를 만들기 위해 나는 어떤 단계를 밟아야 하는가?"라는 질문의 차이를 짚고 넘어갑시다. 이 두 질문의 차이를 밝히는 건 만드는 것과 행하는 것의 차이, 혹은 잘 살기 위한 행동과 관련된 사고와 무엇인가를 잘 만드는 것과 관련된 사고의 차이를 해명하는 데 도움을 줄 것입니다.

의자나 그림 혹은 노래를 만들기 위해서는 당신은 만들어질 것에 대한 제작적 관념을 가지고 있어야 하고, 잘 만들어진 의자, 그림, 노래를 만드는 데 필요한 노하우나 기술을 가지고 있어야 합니다. 제작적 관념과 노하우가 그 목적에 대한 수단입니다. 그러나 이 경우, 당신은 그 목적에 대해서는 의무를 지고 있지는 않습니다. 단지 **만약** 당신이 그 특정한 의자, 그림, 악곡을 만들기로 정해진다면, 그때 당신은 그것을 만드는 데 필요한 수단을 강구하면 될 뿐입니다.

하지만 행복의 추구는 의자나 그림, 노래를 만드는 것과 다릅니다. 이 경우 당신은 "만약 내가 행복을 추구한다면, 이 일을 해야 한다"라고 말하면서 그 일을 시작하지는 않기 때문입니다. 즉, 이 경우에는 의자나 그림, 노래의 경우와 달리 **"만약"**이 없습니다. 당신은 특정한 의자를 만들기를 원하지 않아도 되고, 그것을 필요로 하지 않아도 괜찮습니다. 그러나 행복의 추구는 그럴 수 없습니다. 그래서 "만약"이 없는 것입니다.

당신은 행복을 추구해야만 합니다. 그런데 그렇게 하려면 어떻게 해야 할까요? 이것이 아직 대답되지 않은 질문입니다.

아리스토텔레스는 그 질문과 관련된 두 가지 대답을 우리에게 제시합니다. 첫 번째 대답은 우리 모두에게 필요한 진정한 좋음, 즉 행복 혹은 전체로서의 좋은 삶을 구성하는 그 좋음의 나열로 구성됩니다. 두 번째 대답은 우리가 살아가는 동안 우리에게 필요한 모든 진정한 좋음의 획득에 관한 그의 규정으로 구성됩니다. 첫 번째 대답이 두 번째 대답보다 더 쉬우므로, 그것에서 먼저 시작해봅시다.

우리는 본성상 질문하고 생각하고 알아가는 동물입니다. 동물로서 우리는 특정한 방식으로 유지될 필요가 있는 신체를 갖고 있습니다. 또 인간적 동물로서 우리는 특정한 방식으로 행사될 필요가 있는 마음도 가지고 있습니다. 우리가 필요로 하는 진정한 좋음의 일부를 가리켜 아리스토텔레스는 "신체적 좋음"이라고 불렀습니다. 건강, 활력, 원기 등이 그것입니다. 그리고 우리의 감각은 우리에게 신체적 쾌락과 고통의 경험을 전해주기 때문에 아리스토텔레스는 이 쾌락도 진정한 좋음에 포함시켰습니다. 우리가 신체적 쾌락은 취하려고 하고 신체적 고통은 가능한 한 피하려고 한다는 사실을 부인하는 사람은 아마 없을 것입니다.

이 신체적 좋음은 우리가 다른 동물과도 공유하는 좋음입니다. 즉, 그것이 우리에게 좋음인 이유는 우리가 동물이기 때문입니다. 우리가 일반 동물과 다른 점이 있다면 그것을 추구하는 방식에서뿐입니다. 예컨대 다른 동물은 본능적으로 신체적 고통을 피하려 하고 본능적으로 항상 신체적 쾌락을 누리려고 합니다. 반려 고양이나 강아지의 행동을 잘 살펴보면 그 점을 잘 알 수 있습니다. 그러나 인간은 자신이 생각할 때 더 바람직한 좋음이 있을 경우, 그것을 위해 신체적 쾌락을 포기하기도 하고 오히려 신체적 고통을 감내하기도 합니다. 심지어 우리는 다른 더 중요한 좋음을 위한 여지를 마련할 목적으로 신체적 쾌락의 향유를 스스로 제한하기도 합니다.

지금 언급하고 있는 신체적 좋음은 행복 혹은 좋은 삶이라는 궁극목적을 위한 수단입니다. 그러나 그것은 또한 그 자체가 목적이기도 해서, 다른 좋음이 그 수단으로 쓰이기도 합니다. 즉, 우리의 신체적 건강, 활력, 쾌락을 위해 우리는 음식, 음료, 주거지, 옷, 그리고 잠을 필요로 합니다.

아리스토텔레스는 이 모든 것을 묶어서 "외부적 좋음" 또는 "부(富)"라고 불렀습니다. 아리스토텔레스에 따르면 부는 신체적 건강, 활력, 그리고 쾌락을 위해 필요한 수단이기 때문에 진정한 좋음에 속합니다. 일정 정도의 부 없이는 우리는 건강, 활력, 혹은 쾌락을 향유할 수 없습니다. 그리고 이것들 없이는 우리는 잘 살 수 없습니다.

기아에 굶주리는 개인, 혹한과 혹서를 피하지 못하는 개인, 수면을 제대로 취하지 못하는 개인, 순간에서 순간으로 근근이 연명하느라 기력을 다 써버려야 하는 개인, 그리고 삶의 간단한 안락을 제공하는 외부적 좋음조차 결핍된 개인들은, 잘 살 수가 없습니다. 그들의 처지는 발목에 쇠사슬을 감고 노동하는 노예나 감옥에 갇힌 죄수보다 딱히 나을 게 없습니다. 일정한 양의 부의 결여는 일정한 양의 자유의 박탈만큼이나 잘 사는 것과 행복의 성취를 가로막습니다.

두 경우 모두에 대해 나는 아리스토텔레스가 말한 대로 "일정한 양"이라고 말했습니다. 그는 잘 사는 데에 무한정한 자유가 필요하다고 말하지 않았고, 무한정한 부가 필요하다고도 말하지 않았습니다. 한정을 두는 이유가 같지는 않습니다. 그러나 우리 자신의 궁극의 좋음을 위해 우리가 지나치게 원하게 될 수도 있는 신체적 쾌락이 유한정한 좋음인 것과 마찬가지로, 이 두 가지 모두 무한정이 아닌 유한정한 좋음입니다.

지금까지 언급한 두 가지 종류의 좋음, 즉 신체적 좋음과 외부적 좋음 혹은 부 외에, 아리스토텔레스는 세 번째 좋음을 추가했습니다. 이것을 그는 "정신의 좋음"이라 불렀습니다. 어쩌면 우리는 이것을 "심리적 좋음"이라 부르는 게 나을지도 모릅니다. 신체의 좋음을 신체적 좋음이라 부르는 게 나은 것처럼 말입니다.

이 심리적 좋음 중에서 가장 두드러지는 건, 노하우와 기술을 포함한 온갖 종류의 지식과 같은 마음의 좋음입니다. 우리 모두에게 가장 필요한 기술은 두말할 나위 없이 생각의 기술입니다. 우리에게는 잘 만들어진 어떤 것을 제작하기 위해서뿐만 아니라 잘 행동하고 잘 살기 위해서도 생각의 기술이 필요합니다.

그 다음으로 중요한 건 아마도 우리가 생각하는 동물일 뿐만 아니라 사회적 동물이기도 하기 때문에 필요로 하는 심리적 좋음일 것입니다. 우리는 완전한 고독 속에서 살 수 없습니다. 고독한 삶은 좋은 삶이 아닙니다. 그것은 노예의 삶이나 쇠사슬에 묶인 사람의 삶보다 특별히 낫다고 할 만한 게 없는 삶입니다.

우리는 지식을 획득하기를 자연적으로 욕망하는 것처럼, 다른 인간을 사랑하고 그로부터 사랑받기를 자연적으로 욕망합니다. 아무런 사랑이 없는 삶, 어떠한 종류의 친구도 없는 삶은 '매우 필요한 좋음'이 결핍된 삶입니다.

타인을 다양한 형태의 부와 마찬가지인 외부적 좋음으로 두었으면서도 아리스토텔레스는 우정은 외부적 좋음으로 두지 않았습니다. 그는 그것을 심리적 좋음, 정신의 좋음으로 다루었습니다. 즉, 우정은 우리의 신체적 필요를 만족시키는 것이 아니라 지식이나 기술에 더 가깝다는 뜻입니다. 우정은 심리적 필요를 충족시켜 주기 때문입니다.

신체적 쾌락만 있는 게 아니라 마음의 쾌락도 있습니다. 그 중에는 예컨대 무언가를 만드는 데서 오는 쾌락도 있고 예술작품, 즉 다른 사람에 의해 잘 만들어진 것의 향유에서 오는 쾌락도 있습니다. 그리고 지식을 얻을 때, 이런저런 기술을 갖게 될 때, 그리고 사랑할 때와 사랑을 받을 때 느끼게 되는 만족감도 있습니다.

인간은 사랑받기를 욕망합니다. 그는 또 자신의 감탄할 만한 혹은 매력적인 특성이 남들로부터 존중받게 되기를 바랍니다. 이 점을 인식하여 아리스토텔레스는 자부심과 명예도 좋은 삶에 기여하는 좋음에 포함시켰습니다. 그러나 그는 또, 합당한 이유 없이, 그만한 자격 없이 존경을 받는 것은 진정한 좋음이 아니라고 보았습니다. 어떤 개인은 명예가 아닌 명성을 추구합니다. 그들은 그럴 자격이 없으면서도 좋은 평판을 누리는 데서 만족감을 느낍니다.

좋은 삶을 위한 좋은 습관

이상에서 나는 아리스토텔레스가 전체로서의 좋은 삶을 구성하는 데 들어간다고 생각한 진정한 좋음들을 거의 대부분 열거했습니다. 그것들은 그 전체를 구성하는 부분들이며, 우리가 그 전체를 성취하려 할 때 사용해야 하는 수단들입니다. 이것이 행복의 추구에서 성공하는 방법에 관한 질문에 대해 아리스토텔레스가 내놓은 첫 번째 대답입니다. 여기에 제시된 진정한 좋음들을 획득하고 소유하는 정도가, 잘 살고자 하는 노력, 그리고 좋은 삶을 만들고자 하는 노력에서 우리가 성공을 거두는 정도라고 할 수 있습니다.

같은 질문에 대한 아리스토텔레스의 두 번째 대답은 우리가 따라야 할 다양한 종류의 규정과 관련됩니다. 그것은 좋은 도덕적 성격을 발달시키는 그런 방식에 따라 행동하도록 우리를 이끕니다. 우리가 지금까지 언급했던 여러 진정한 좋음 외에, 우리에게 필요한 좋음이 한 가지 더 있습니다. 그것은 바로 좋은 습관, 좀더 특정하여 말하면 좋은 선택의 습관입니다.

테니스를 잘 치는 기술을 발달시킨 사람은, 테니스를 규칙적으로 잘 칠 수 있게 해주는 좋은 습관을 지니고 있는 사람입니다. 기하학이나 대수학 문제를 잘 푸는 기술을 가진 사람은 그렇게 할 수 있는 좋은 습관을 지니고 있는 사람입니다. 마찬가지로, 과식이나 과음하는 일, 잠이나 놀이의 쾌락에 빠지는 일 등으로부터 규칙적으로 어려움 없이 스스로를 제어할 줄 아는 사람도, 그런 좋은 습관을 지니고 있는 사람입니다.

지금 말한 습관들은 모두 좋은 습관들입니다. 그런데 마지막에 언급한 습관은 나머지 습관들과 좀 다릅니다. 테니스 칠 때의 기술은 좋은 신체적 습관이고, 수학 문제를 쉽게 풀 때의 기술은 마음의 좋은 습관입니다. 이런 종류의 좋은 습관은 특정한 행동을 규칙적으로 그리고 문제없이 잘 수행할 수 있게 해줍니다. 이런 행동의 습관들과 달리, 마지막에 언급한 습관은 어떤 상황 속에서 우리로 하여금 규칙적으로, 어려움 없이 어떤 특정한 선택을 잘 할 수 있도록 해줍니다. 즉, 우리가 그런 상황에 놓일 때마다 특별히 결심을 한다거나 어떤 선택을 해야 할지 따로 결정을 내리는 과정을 거치지 않아도 되는 방식으로 말입니다.

과식이나 과음을 피하는 확고하고 단호한 기질을 획득한 사람들이 이런 종류의 습관을 지니고 있습니다. 그것은 **좋은** 습관입니다. 왜냐하면 음식과 술에 빠져들도록 유혹당할 때 스스로를 제어하도록 하는 결정은 **올바른** 결정이기 때문입니다.

음식과 음료는 진정한 좋음에 속하는 것이지만, 그것은 적정한 양일 때만 그렇습니다. 여러가지 진정한 좋음이나 즐거움이 지나친 경우가 있을 수 있습니다. 우리는 가끔 우리에게 좋은 것보다 더 많이, 우리에게 필요한 것보다 더 많이 그것을 원하곤 합니다. 이것이 아리스토텔레스가 우리에게 선택 혹은 결정의 좋은 습관이 필요하다고 말한 이유입니다. 다시 말해, 좋은 습관이 필요한 까닭은 우리가 진정한 좋음을 올바른 양만큼 추구하기 위해서이고, 올바른 순서와 그것들 상호간의 올바른 관계 속에서 그것을 추구하기 위해서입니다.

아리스토텔레스가 모든 좋은 습관을 지칭하여 사용한 그리스어를 가장 잘 번역한 단어는 "탁월함"(excellence)입니다. 그런데 그 그리스 단어는 라틴어 번역을 거친 형태로 우리에게 더 자주 전해졌고, 그래서 "덕"(virtue)이라는 단어가 좋은 습관을 가리키는 더 일상적인 말이 되었습니다.

위에서 이러저러한 기술로 예시된 종류의 좋은 습관은 마음의 덕, 혹은 지적인 덕입니다. 선택 혹은 결정에서의 단호한 기질로 예시된 종류의 좋은 습관은 한 사람의 성격을 옳게 구성하는 것이어서, 아리스토텔레스는 이를 도덕적 덕이라고 불렀습니다.

두 가지 종류의 덕 모두 좋은 삶을 위해 우리에게 필요한 진정한 좋음입니다. 그러나 도덕적 덕은 우리의 행복 추구에서 매우 특별한 역할을 수행하며, 그래서 아리스토텔레스는 좋은 삶이란 도덕적 덕에 의한 선택이나 결정으로 채워지는 삶이라고 말하기까지 했습니다.

아리스토텔레스가 그렇게 말한 바탕과 이유에 대해 다음 장에서 설명해보겠습니다.

13. 좋은 습관과 좋은 운

좋은 삶을 위해 요구되는 몇몇 진정한 좋음은 다른 좋음의 수단이 됩니다. 음식, 옷, 주거지와 같은 외부적 좋음은 건강, 활력, 원기를 위한 수단입니다. 우리는 잘 살기 위해 부를 필요로 하는데, 그 이유는 잘 살기 위해 건강이 필요하기 때문입니다.

마찬가지로, 우리는 또한 다른 좋음의 획득을 목적으로 활동하기 위해 건강, 활력, 원기를 필요로 합니다. 만일 우리가 잘 살기 위해 아무것도 할 필요가 없다면, 우리는 활동적으로 되기 위한 목적으로 활력과 원기를 필요로 하지 않을 것입니다.

좋음의 우선순위에서 상위 자리는 우리가 좋은 삶을 위해서뿐만 아니라 그것 자체를 목적으로도 욕망하게 되는 그런 좋음에게 돌아갑니다. 예를 들어 부(富)는 그것 자체 때문이 아니라 잘 살기 위한 수단으로써만 욕망하게 되지만, 우정이나 지식 같은 진정한 좋음은 좋은 삶을 위해서뿐 아니라 그것 자체를 목적으로도 욕망하게 됩니다.

어떤 진정한 좋음은 유한정의 좋음인 반면, 다른 좋음은 무한정의 좋음입니다. 가령 부와 신체적 쾌락은 유한정의 좋음입니다. 당신이 그것을 필요 정도보다 지나치게 많이 추구할 경우, 그것은 진정한 좋음이 아니게 됩니다. 그러나 지식, 기술, 마음의 쾌락은 무한정의 좋음입니다. 그것은 많으면 많을수록 좋습니다. 그것에 관해서는 지나치게 많다는 말이 성립되지 않습니다.

만약 당신에게 필요한 것보다 더 많이 원할 수 있는 유한정의 좋음이 없다면, **만약** 모든 진정한 좋음이 동등하게 중요해서 그 중 어떤 것도 다른 좋음을 위한 것으로 추구될 필요가 없다면, **만약** 외견상 좋은 것으로 보이는 어떤 것을 원하는 것이 진정한 좋음인 다른 것을 추구하는 것과 충돌하는 일이 없다면, **만약** 삶이 이런 방식으로 살아질 수 있다면, 그렇다면 좋은 삶을 사는 데 대해서는 어려움이 거의 혹은 전혀 없을 것입니다. 그리고 행복의 추구에 성공하기 위해 선택과 결정의 좋은 습관을 형성할 필요도 없게 될 것입니다.

그러나 실상은 그렇지 않음을 아리스토텔레스는 알고 있었습니다. 당신이 잠시 동안 당신 자신의 삶을 생각해보면 그가 옳다는 걸 알게 될 것입니다. 당신이 후회했던 어떤 일을 떠올려보십시오. 당신이 게을러서 당신에게 필요한 어떤 것을 마련하지 못해 유감이었던 때를 떠올려보십시오. 혹은 당신이 스스로에게 너무 많이 자거나 너무 많이 먹도록 허용했다가 나중에 그것을 후회했던 때를 기억해보십시오. 혹은 당신이 해야만 했던 일인데 그 일을 함으로써 겪게 될지도 모를 고통이 두려워 그 일을 하지 않았던 때를 기억해보십시오.

만약 당신이 그 경우마다 올바른 선택과 결정을 내렸더라면, 당신에게 후회란 없었을 것입니다. 당신에게 후회를 남기지 않는 선택과 결정이란, 진정한 좋음을 올바른 순서로 놓음을 통하여, 그것이 제한되어야 할 때는 그 양을 제한함을 통하여, 그리고 당신에게 필요한 것을 획득하는 데 방해가 되는 것이 있다면 그것을 옆으로 밀쳐놓음을 통하여, 당신의 행복의 추구에 기여하게 하는 그런 선택과 결정을 말합니다.

습관의 형성

아리스토텔레스에 따르면 도덕적 덕은 바로 이 올바른 선택을 하는 습관입니다. 수많은 잘못된 선택 중의 한두 번의 올바른 선택으로는 소용이 없습니다. 잘못된 선택이 올바른 선택보다 현저히 많을 경우, 당신은 점차 잘못된 방향, 즉 행복을 향하여 나아가는 게 아니라 그것으로부터 멀어지는 방향으로 가게 될 것입니다. 이것이, 왜 아리스토텔레스가 습관의 개념을 강조했는지에 대한 이유입니다.

당신은 습관이 어떻게 형성되는지 알고 있을 것입니다. 약속시각을 잘 지키는 습관을 들이려면 당신은 제 시각에 맞추기를 여러 번 반복하여 시도해야 합니다. 그러다보면 점차 시각을 맞추는 습관이 형성됩니다. 그 습관이 일단 만들어지면, 당신은 약속된 장소에 제때에 도착하는 어떤 기질 같은 것을 갖게 됩니다. 습관이 강하면 강할수록 그런 식으로 행동하기는 더 쉬워지며, 그 습관을 깨거나 반대의 경향으로 행동하기가 오히려 어렵게 됩니다.

당신에게 어떤 습관이 형성되고 그것이 잘 발휘될 때, 당신은 당신이 습관적으로 행하는 그 행위 속에서 즐거움을 얻게 됩니다. 그것은 당신이 그것을 손쉽게, 거의 아무런 힘도 들이지 않고 하게 되는 데서 오는 즐거움입니다. 그 습관에 반하여 행동하는 것이 오히려 불편하게 됩니다.

지금 내가 말한 것은 좋은 습관과 나쁜 습관 둘 다에 해당됩니다. 만약 당신이 늦잠 자는 습관을 갖게 되면, 일어나도록 정해진 시각이 되었는데도 알람을 꺼버리고 계속 자는 것이 당신에게는 쉽고도 즐거운 일이 됩니다. 정해진 시각에 일어나는 것이 힘들고 괴롭게 느껴집니다. 또 만일 당신이 특정한 쾌락에 빠지거나 특정한 고통을 감수하기를 회피하는 습관을 갖게 되면, 그렇게 하기를 멈추기가 힘들어집니다.

아리스토텔레스가 보기에 그런 습관은 나쁜 습관입니다. 왜냐하면 그 것이, 당신이 필요한 것을 얻기 위해 해야만 하는 일을 가로막기 때문입니다. 그 반대의 습관은 좋은 습관입니다. 왜냐하면 그것은 당신이 외견상 좋은 것으로 보일 뿐 결국에는 나쁜 것으로 밝혀질 것 대신 진정한 좋음을 획득하는 것을 가능케 하기 때문입니다.

좋은 습관, 혹은 도덕적 덕은 진정한 좋음과 외견상의 좋음 등 여러 좋음 중에서 올바른 선택을 하는 습관입니다. 아리스토텔레스가 "악"(vice)이라 부른 나쁜 습관은 그릇된 선택을 하는 습관입니다. 당신이 올바른 선택을 하고 그것에 따라 행동할 때마다, 당신은 좋은 삶이라고 하는 궁극목적을 향하여 움직이게 하는 어떤 행동을 하는 것입니다. 당신이 그릇된 선택을 하고 그것에 따라 행동할 때마다, 당신은 그 반대의 방향으로 움직이고 있는 것입니다. 덕 있는 사람이란 규칙적으로, 비록 매번 반드시 그럴 필요가 있는 것은 아니라고 할지라도, 때마다 거듭하여 올바른 선택을 하는 사람입니다.

이것이, 왜 아리스토텔레스가 행복의 추구에서 덕이 그토록 특별한 역할을 한다고 생각했는지에 대한 이유입니다. 그리고 이것이, 왜 그가 도덕적 덕을 행복의 가장 중요한 수단으로 여겼는지, 왜 진정으로 좋은 모든 것들 중 가장 중요한 것으로 여겼는지에 대한 이유입니다. 또 도덕적 덕은 무한정의 좋음입니다. 당신이 도덕적 덕을 지나치게 많이 지니는 경우란 있을 수 없습니다. 올바른 선택과 결정을 하는 습관이 지나치게 굳게 형성되는 경우란 있을 수 없습니다.

절제와 용기

아리스토텔레스는 도덕적 덕의 한 가지 양상을 절제라고 불렀습니다. 절제란 모든 종류의 쾌락에 빠지려는 유혹을, 혹은 부(富)와 유한정의 좋음을 우리에게 좋은 정도 이상으로 추구하려는 유혹을, 습관적으로 이겨내는 것을 말합니다. 우리가 신체적 쾌락의 유혹을 받는 한 가지 이유는 대개 우리가 그것을 즉시로 즐길 수 있기 때문입니다. 절제할 줄 알게 되면 우리는 장기적인 면에서 진정으로 좋은 것을 위해 단기적인 면에서 외견상 좋은 것으로 보이는 것을 이겨낼 수 있게 됩니다. 절제할 줄 알게 되면 또한 우리는 부를 올바른 양의 범위 안에서 추구할 수 있게 됩니다. 즉, 그것을 다른 좋음의 수단으로써만 추구하는 방식으로, 그리고 그것이 마치 그 자체로 목적인 것처럼, 또는 무한정의 좋음인 것처럼 추구하지 않는 방식으로 말입니다.

아리스토텔레스는 도덕적 덕의 또 다른 양상을 용기라고 불렀습니다. 쾌락의 탐닉으로 방해받게 될 더 중요한 좋음의 획득을 위해 그 쾌락의 유혹을 이겨내는 습관적 기질이 절제라면, 용기는 우리가 좋은 삶을 위해 해야만 하는 어떤 것을 행할 때 수반되는 고통을 감내해내는 습관적 기질입니다.

가령 우리는 지식의 획득과 특정 기술의 습득이 우리가 지녀야 할 지적 덕임을 압니다. 그러나 지식과 기술을 획득하는 일은 고통스러울 수 있습니다. 공부는 하기가 쉽지 않으며, 악기를 연주하는 법, 글 쓰는 법, 혹은 잘 생각하는 법을 배우는 것은 귀찮고 지루한 연습을 수반합니다.

그러나 고통스럽다는 이유로 힘들고 귀찮은 것을 회피하는 습관은 당신이 지녀야 할 진정한 좋음인 지식과 기술의 획득을 가로막습니다. 이 나쁜 습관을 아리스토텔레스는 비겁의 악이라 불렀습니다.

진정한 좋음의 획득을 위한 고통과 어려움을 감내하기를 습관적으로 회피하는 사람은 전장에서 부상이 두려워 도망가는 군인과 다를 바 없는 겁쟁이입니다. 좋은 명분의 승리를 위해 생명의 위험을 무릅쓰고 부상의 두려움을 이겨내는 군인은 용기가 있는 사람입니다. 마찬가지로, 자신에게 진정한 좋음인 어떤 것을 획득하기 위해 습관적으로 어려움을 감내하고 고난과 고통을 겪어낼 줄 아는 사람은 용기가 있는 사람입니다.

절제와 용기는 도덕적 덕의 양상으로서 차이가 있습니다. 절제는 신체적 쾌락의 유혹을 참아내고 유한정의 좋음에 대한 우리의 갈망을 제한하는 것과 관련됩니다. 용기는 고통과 어려움을 겪는 것과 관련됩니다. 그러나 이 둘은 한 가지 매우 중요한 점에서 유사합니다. 둘은 모두, 외견상으로 좋을 뿐인 것과 진정으로 좋은 것 사이에서 올바른 선택을 하는 습관입니다. 둘은 모두 오늘, 내일, 혹은 길어봐야 다음 주 정도까지의 단기간 동안만 진정으로 좋을 수 있는 것과 장기간 동안 혹은 전체로서의 우리의 생애 동안 진정으로 좋은 것 사이에서, 올바른 선택을 하는 습관입니다.

아리스토텔레스는 나이가 어리거나 경험이 적은 사람이 쾌락과 고통을 당장 눈앞에 둔 채 시선을 먼 미래에 둔다는 것이 결코 쉬운 일이 아니라는 걸 잘 알고 있었습니다. 물론 그것은 나이가 든 사람도 하기 어려운 일이라는 것도 그는 알고 있었습니다. 그러나 그는 또한, 전체로서의 삶을 멀리 내다보는 일의 그 어려움은 우리 모두가 도덕적 덕—지속적인 중요성을 가지는 좋음과 일시적인 쾌락 및 고통 사이에서 올바르게 선택하는 습관—을 획득하고자 노력할 때 반드시 극복해야만 하는 어려움이라는 사실 또한 옳게 지적했습니다.

그의 이러한 지적은 잘 살기 위해 노력하는 일이 우리 중 어느 누구에게도 결코 쉽지 않은 일이라는 사실에 주목하게 합니다. 그 사실이 목표의 달성을 덜 바람직한 것으로 만드는 게 아닙니다. 노력해야 한다는 우리의 의무를 면제해주는 것도 아닙니다. 반대로, 좋은 삶을 사는 일, 혹은 그렇게 살기 위해 노력하는 일의 성공에서 오는 만족감은 그 모든 어려움과 노력을 갚고도 남는다고 아리스토텔레스는 말했습니다.

행운

그런데, 기꺼이 그 어려움을 감내하고 노력을 기울이려는 마음만으로는 충분치 않습니다. 만약 한 개인이 잘 만들어진 무언가를 제작하는 데 필요한 기술과 노하우를 가지고 있고 그것을 만들 적절한 원료도 가지고 있다면, 그것을 제작하는 일은 전적으로 그 개인의 힘에 달려 있을 것입니다. 만약 그 개인이 실패한다면 잘못은 그에게 있을 것입니다. 불행하게도, 예술작품을 만드는 데는 적용되는 이 같은 일이 좋은 삶을 사는 데에는 잘 적용되지 않습니다.

그 모험에서의 성공은 전적으로 우리의 힘에 달려 있는 게 아닙니다. 우리의 잘못이 없어도 우리는 실패할 수 있습니다. 심지어 우리는 아리스토텔레스가 성공을 위한 필수요건이라고 생각한 도덕적 덕을 지니고 있는 경우에도, 실패할 수 있습니다. 좋은 선택의 습관은 성공의 필수요건이지만, 그것을 가지고 있다고 해서 성공이 보장되는 건 아닙니다.

일이 그렇게 되는 이유는, 우리가 잘 살기 위해 소유하고자 추구해야 하는 모든 진정한 좋음의 획득이 전적으로 우리의 힘에 달려 있는 게 아니라서 그렇습니다. 어떤 것, 가령 마음의 좋은 습관과 성격(지적 덕과 도덕적 덕) 같은 것의 소유는 다른 것, 가령 부와 건강, 혹은 심지어 자유와 우정의 경우보다 훨씬 더 우리 자신의 힘에 달려 있습니다. 그러나 지식과 기술의 획득이나 좋은 선택의 습관 역시 유익한 부모와 교사를 두는 것에 의존하는데, 이는 우리 자신의 힘이 미칠 수 없는 일입니다.

우리에게는 우리가 태어나고 길러지는 조건을 통제할 힘이 없습니다. 우리는 행운이 우리를 향해 미소를 짓게 만들 수 없습니다. 우리에게 일어나는 일 중에는 우리 자신의 선택에 의한 일보다 우연에 의한 일이 훨씬 많습니다.

우리 쪽에서의 노력이, 좋은 삶을 사는 데 필요한 외부적 좋음의 소유를 보증하지 않습니다. 우리 몸의 관리가, 우리의 건강과 활력의 보유를 보증하지도 않습니다. 우리 쪽에서의 가장 도덕적인 행위에도 불구하고 우리는 가난이나 불구의 질병, 그리고 자유와 우정의 상실을 맞게 될 수 있습니다.

좋은 삶을 사는 데 도덕적 덕이 아무리 중요하다 해도, 그것만으로는 충분하지 않습니다. 왜냐하면 행복의 추구에는 선택뿐만 아니라 우연도 역할을 하기 때문입니다. 따라서 좋은 삶을 사는 데는 좋은 습관뿐만 아니라 좋은 운도 필요합니다. 우리가 소유하게 되는 어떤 진정한 좋음은 상당 부분 행운이 주는 선물입니다. 하지만, 그것을 갖게 된 뒤에 그것을 어떻게 잘 사용하는가는 우리의 좋은 습관에 의해 좌우됩니다. 이 때문에, 도덕적 덕은 좋은 삶을 사는 일의 통제적 요인이 되는 것이라고 아리스토텔레스는 보았습니다.

이에 더하여, 좋은 습관은 그 사람이 불행 속에서도 꿋꿋함을 잃지 않게 해줍니다. 우리는 우리에게 우연히 일어나는 일을 통제할 순 없지만, 최소한 우리에게 주어진 좋은 것을 좋은 운의 결과로서 이용할 수는 있습니다. 우리는 또 불운에 의해 결여된 것을 만회하기 위해 가일층 매진하게 될 수도 있습니다. 결국 도덕적 덕은 우리가 운의 굴곡, 즉 좋은 운과 나쁜 운을 적절하게 다룰 수 있게 도와줍니다.

아리스토텔레스는 이상의 모든 것을 요약하여, 좋은 삶을 사는 일의 성공 여부는 두 가지에 의해 좌우된다고 말했습니다. 하나는 우리가 매일매일 올바른 선택을 할 수 있도록 해주는 도덕적 덕을 갖는 것이고, 또 하나는 좋은 운 또는 행운의 축복을 받는 것입니다. 도덕적 덕이 우리가 잘못된 방향으로 나아가는 것을 막아주고 진정한 좋음이 아닌 것을 선택하는 것을 막아준다면, 좋은 운은 선택을 통한 획득이 전적으로 우리 힘에 달려 있는 것이 아닌 진정한 좋음을 우리에게 제공해줍니다.

앞에서 말한 것처럼, 좋은 삶이란 그 사람이 욕망하는 모든 걸 누리는 삶입니다. 단, 그 사람이 잘못 욕망하지 않는다면 말입니다. 어떤 것도 잘못 욕망하지 않기 위해, 우리는 도덕적 덕을 지녀야 합니다. 그러나 우리는 또한 선택이 미칠 수 있는 범위 너머에 있는 좋음, 즉 좋은 선택의 습관을 통해 획득되는 좋음 이외에 행운이 우리에게 수여해주는 좋음도 가져야 합니다.

이러한 행운의 좋음에는 물질적 환경도 들어가며, 우리가 태어나고 자라고 살아가는 사회도 들어갑니다. 우리는 우리 자신이 물질적 유기체일 뿐 아니라 사회적 동물이기도 하다는 점을 잊어서는 안 됩니다. 좋은 가족을 구성하고 좋은 사회에서 사는 것이, 좋은 기후에서 살고 좋은 공기, 좋은 물, 기타 좋은 자원 등을 갖는 것만큼이나 중요합니다.

정의

자, 지금까지 우리는 행복의 추구가 마치 혼자만의 일인 것처럼, 즉 다른 사람에 대한 고려 없이 우리 각자가 홀로 할 수 있는 어떤 일인 것처럼 살펴보았습니다. 그러나 실제로는 거의 그렇지 않습니다. 우리는 완전한 고독 속에서는 살 수 없기 때문에, 다른 사람들과 함께 잘 살려면 어떻게 해야 하는지를 생각해야 합니다. 우리는 또한 좋은 삶을 이끌기 위한 우리의 노력에 대하여 다른 사람들은 무엇을 할 수 있고 해야만 하는지에 대해서도 생각해야 합니다.

자기 자신의 좋은 삶만을 지향할 뿐 다른 어느 누구의 좋은 삶에 대해서는 고려하지 않는 행복의 추구는 이기적입니다. 타인의 행복에 대한 고려 없이는 행복의 추구에서 성공할 수 없다는 사실을 인식할 때, 우리는 자기본위 사고의 문제점을 깨닫게 됩니다. 우리가 전적으로 이기적이면서 행복을 이루는 건 불가능합니다.

아리스토텔레스에 따르면, 이것이 왜 우리가 지금까지 살펴본 도덕적 덕의 두 가지 면만으로 충분치 않은가에 대한 이유입니다. 절제와 용기에, 정의가 더해집니다. 정의는 타인의 좋음과 관련됩니다. 그 타인에는 우리의 친구나 우리가 사랑하는 사람들만이 아니라 그 외의 사람들까지 모두 들어갑니다. 정의는 또 우리 모두를 포괄하는 사회, 국가라고 불리는 사회의 좋음과도 관련됩니다.

좋은 사회에서 사는 건 개인 자신의 행복을 추구하는 데 대단히 이롭습니다. 좋은 사회는 그 성원인 개인들을 정의롭게 대하는 사회이기 때문입니다. 좋은 사회는 또한 모두에게 다른 개인들에게도 공정하게 대할 것을 요구하며, 전체로서의 사회의 좋음을 위해 행동할 것을 요구합니다. 그 좋음은 사회의 모든 성원들이 함께 참여하는 좋음입니다.

절제력이 없고 용기가 없는 사람은 습관적으로 잘못된 선택을 함으로써 스스로를 해칩니다. 습관적으로 잘못된 선택을 하는 사람은 그가 사는 사회는 물론 타인에게도 정의롭지 못하며 해를 입힙니다. 이를 통해 우리는, 자신을 위해 진정으로 좋은 삶을 확고히 목표로 하는 사람은 그 목표를 실행하는 선택을 규칙적으로 내리려고 하는 사람이라고 판단할 수 있습니다. 그렇게 이끌어진 선택은 타인의 진정으로 좋은 삶도 목표로 삼게 될 것이며, 자신뿐 아니라 타인도 공유하는 사회의 복지에도 목표로 삼게 될 것입니다.

　예를 들어, 자신에게 진정으로 좋은 정도보다 더 많은 부를 원하는 사람, 혹은 신체적 즐거움을 위한 식욕에 지나치게 탐닉하는 사람, 혹은 어느 누구를 위해서도 진정으로 좋지 않은 어떤 것, 즉 다른 인간에 대한 지배력을 갈망하는 사람을 생각해보십시오. 그런 사람들은 분명 자기 자신의 삶을 망치게 될 것입니다. 또 그들은 잘못된 방향을 목표로 한 결과, 타인을 해치게 될 가능성도 높을 수밖에 없습니다. 그러나 자신의 삶의 방향을 진정으로 올바른 쪽으로 잡고 있는 사람이라면, 타인도 유익하게 하지 않을 수 없고 자신이 사는 사회도 유익하게 하지 않을 수 없습니다.

14. 사회에 대한 우리의 의무

한 인간이 다른 인간에 대해 갖는 관계에 대하여 아리스토텔레스는 두 가지를 말했는데, 내게는 이것도 그의 비범한 지혜의 하나로 보입니다. 그러나 한 번 이해하고 나면 이 또한 상식임을 알 수 있게 됩니다.

그는, 만약 모든 사람이 서로 친구라면 정의는 필요치 않을 것이라고 말했습니다. 그는 또 정의는 국가에서의 인간들의 유대라고 말했습니다.

이 두 말을 합쳐 보면, 우리는 우리가 속해 있는 가장 큰 조직사회인 국가의 성원이 모두가 서로 친구는 아니라는 결론을 얻게 됩니다. 만약 친구라면, 사람들은 우리가 국가라고 부르는 사회의 형태로 정의를 통해 서로 유대를 맺을 필요가 없을 것이기 때문입니다.

우리 대부분은 하나 이상의 사회나 조직집단에 속합니다. 우리는 부모로서, 혹은 자식으로서, 혹은 둘 다로서 한 가족의 성원이 됩니다. 우리는 또 학교, 동호회, 이러저러한 종류의 사업조직 등과 같은 다른 조직집단에 속하기도 합니다. 이 모든 것이, 인간이 어떤 공동의 목적을 위해

서로 결합하여 만든 사회 혹은 단체입니다.

이 단체들 중에서 두 가지 조직집단이 목적 면에서 나머지 모든 것들과 구별됩니다. 학교, 대학, 병원, 사업조직, 동호회 등의 단체는 모두 어떤 특정한 좋음에 이바지하는 것을 목표로 삼습니다. 가령 교육기관은 지식의 전파와 발전을, 병원은 건강의 관리를, 사업조직은 시장에서 팔릴 제품의 생산 및 유통을 목표로 삼습니다.

이와 달리, 가족은 그 성원의 삶을 유지하는 것을 목표로 삼는 사회이며, 국가는 그 삶을 더 풍요롭게 하고 개선하는 것을 목표로 삼는 사회입니다. 만일 국가라는 조직을 통해 추가적으로 취할 이익이 없었다면, 인간은 그보다 작은 가족사회나 혹은 가족의 집단으로 형성되는 약간 더 큰 조직인 부족 속에서 계속 사는 것에 만족했을 거라고 아리스토텔레스는 생각했습니다. 아리스토텔레스에 따르면, 사람들이 가족을 부족으로, 그리고 부족을 그보다 좀더 큰 사회로 조직하게 된 건 그 좀더 크고 좀더 포괄적인 단체로부터 취하게 될 유리함 때문입니다.

가족과 국가의 기원

앞서 살펴보았듯이, 인간으로서의 우리의 목표는 단순히 살아 있는 게 아니라 가능한 한 잘 사는 것입니다. 물론 살아 있는 것은 잘 사는 데 필수적입니다. 혼자 사는 동물이 아닌 사회적 동물로서 인간은 자신의 삶을 유지하고 보존하기 위해, 다음 세대를 세상에 내놓기 위해, 그리고 그들을 유아기간 동안 보살피고 보호하기 위해, 서로 협력해야 합니다.

아리스토텔레스에 따르면 가족과 부족은 본래 이런 목적에 이바지하기 위한 목적으로 만들어진 단체 혹은 사회입니다. 그것들은 지금은 더 이상 그렇게 하지 않을 수도 있고 그 정도에서 서로 다를 수도 있습니다.

하지만 아리스토텔레스는 우리에게 그것의 기원에 대해 생각해볼 것을 요구합니다. 무엇이 처음에 인간으로 하여금 이런 단체를 형성하게 했는가라고 말입니다.

이 질문에 우선 떠오르는 한 가지 대답은 "본능"입니다. 본능은 꿀벌로 하여금 벌집을 만들게 하고, 개미로 하여금 개미집을 짓게 합니다. 그것을 보면 인간이 가족, 부족, 그리고 국가를 형성한 것도 본능 때문인가 하고 생각하게 됩니다. 만일 그렇다면 이 사회들은 학교, 동호회, 사업조직 등의 단체와 달리 완전히 자연적인 것일 것입니다. 후자는 사람들이 자신이 종사하는 특정한 목적을 위해 이러한 단체를 형성하려고 자발적으로 결합한 것이지, 본능에 따라 만든 것이라고 보기 어려우니까요.

그러나 아리스토텔레스가 보기에는 가족, 부족, 국가도 학교, 동호회, 사업조직과 마찬가지로 본능의 산물이 아닙니다. 그것은 벌집이나 개미집과 다릅니다. 벌집이나 개미집은 언제 어느 곳에서든 항상 정확히 동일한 방식으로 조직됩니다. 그러나 인간은 동일한 종에 속하는데도 그들의 가족, 부족, 국가에서는 매우 다른 형태의 단체나 조직이 발견됩니다.

아리스토텔레스는 이것이, 이 사회들은 기원상 자발적이고 목적의식적으로 형성되었으며, 인간이 자신들을 위해 생각해낸 조직계획에 따라 형성한 것이라는 사실을 보여주는 거라고 생각했습니다. 이 점에서 그것은 인간이 자발적으로, 목적의식적으로, 그리고 사려 깊게 설립한 학교, 동호회, 사업조직과 유사합니다. 그러나 가족, 부족, 국가는 자발적일 뿐 아니라 자연적이기도 하다는 점에서, 학교나 동호회, 사업조직과 다릅니다.

정치적 동물

가족, 부족, 국가가 자발적이면서 자연적이라고 말했을 때, 아리스토 텔레스는 스스로 모순되는 것은 아닐까요? 만일 그가 가족, 부족, 국가가 벌집이나 개미집이 자연적이라고 할 때와 같은 의미로, 즉 본능의 산물 이라는 의미로 자연적이라고 말했던 것이라면, 그는 스스로 모순일 것 입니다. 그러나 아리스토텔레스에 따르면 사회가 자연적이라고 말할 수 있는 다른 방법이 있습니다. 즉, 사회는 어떤 자연적 필요, 즉 살아 있을 필요, 혹은 잘 살 필요에 이바지하기 위해 형성된 것이라는 의미에서 자 연적이라고 말할 수 있다는 것입니다.

이런 의미에서 사회는 자연적이라고 할 수 있으며, 또한 동시에 자발 적으로, 목적의식적으로, 그리고 사려 깊게, 다시 말해 사회를 자연적인 것으로 만들 필요 때문에 형성된 것이라고 할 수 있습니다.

아리스토텔레스에 따르면 가족은 생존하기 위한, 그리고 자손을 돌보 고 기르기 위한 인간의 필요에서 유래합니다. 좀더 크고 더 많은 인간들 이 함께 일하도록 참가시키는 가족의 집단 혹은 부족은 그 동일한 필요 에 더 효율적으로 이바지하기 위한 목적으로 생겨난 것입니다. 그보다 더 큰 조직—본래 가족 혹은 부족 연합에서 발전하여 커진 조직—인 국 가는 역시 그 동일한 필요에 더 효과적으로 이바지할 뿐 아니라, 모두는 아니라 할지라도 어떤 개인들이 잘 살도록 한다는 추가적인 목적에도 이바지했습니다. 삶 자체는 이제 안전해졌으므로, 주의와 노력은 삶을 개선하고 그것을 더 풍요롭게 더 나은 것으로 만드는 데로 돌려질 수 있 었습니다.

아리스토텔레스가 인간은 본성상 정치적 동물이라고 말했을 때, 그가 그 말로 더 의미하고자 했던 건 바로 인간은 사회적 동물이라는 점입니다. 사회적 동물에 인간만 있는 건 아닙니다. 꿀벌과 개미가 그렇고, 무리 지어 사냥하는 늑대나 가족을 형성해 사는 사자가 그렇습니다. 그러나 인간만이 자신의 사회를 자발적으로, 목적의식적으로, 그리고 사려 깊게 조직하며, 각 인간 사회마다 서로 다른 법률과 관습을 만들어나갑니다.

이것이 인간은 정치적 동물이라는 말의 한 가지 의미입니다. 즉 인간은 관습을 만들고 법률을 제정하는 동물이라는 의미입니다. 다른 의미도 있습니다. 아리스토텔레스가 인간은 본성상 정치적 동물이라고 선언했을 때, 이 말은 인간이 가족과 부족 안에서 함께 사는 것만으로는 잘살 수 없음을, 가장 좋은 종류의 삶을 성취할 수 없음을 또한 의미하는 것이었습니다. 잘 살기 위해서는 인간은 도시 혹은 국가 안에서 살아야한다고 아리스토텔레스는 생각했습니다.

도시나 국가를 의미하는 그리스어는 "폴리스"(polis)였는데, 이 말에서 영어의 "political"(정치적인)이라는 단어가 생겨났습니다. 도시나 국가를 의미하는 라틴어가 "civis"였는데, 이 말에서 영어 단어 "civil"(시민의)과 "civilized"(문명화된) 등이 생겨났습니다. 이렇듯 본성상 정치적이기 때문에 인간은 가능한 한 잘 살기 위해서는 국가 안에서 살아야 하는 것입니다.

사랑과 정의

이제 이 장의 서두에서 꺼냈던 진술로 돌아가봅시다. 모든 사람이 서로 친구라면, 정의는 필요치 않다고 했습니다. 국가의 성원이 모두가 서로에게 친구인 경우는 설령 있다 해도 극히 드물기 때문에, 그들을 가장 큰 인간 사회인 국가 속으로 평온하고 조화롭게 유대 맺도록 하기 위해서는 정의가 있어야 합니다.

당분간 가족의 성원은 모두 서로에게 친구라고, 즉, 친구라는 말의 가장 높은 의미에서 친구라고 가정해봅시다.

두 인간이 이 가장 높은 의미에서의 친구일 때, 그들은 서로 사랑합니다. 그 사랑은 각자에게 상대방의 좋음을 바라게 만듭니다. 즉 상대방이 유익하기를 바라고, 상대방의 삶을 개선하거나 풍요롭게 만드는 데 필요한 것이면 어떤 일이든 하게 만듭니다.

그러한 우정 혹은 사랑의 발로에서 각자는 상대의 행복 혹은 좋은 삶을 증진하기 위해 행동할 것입니다. 둘 중 누구도 상대의 행복 추구를 가로막거나 간섭함으로써 상대를 해치는 일은 어떤 일도 하지 않을 것입니다.

이것이 왜 가족 간에는, 즉 부모가 자녀를 사랑하고, 자녀가 부모를 사랑하며, 남편과 아내, 형제와 자매가 완벽하게 그리고 항상 사랑하는 가족 간에는 정의가 필요 없는가에 대한 이유입니다. 그러나 대부분의 가족에는 사랑이나 우정에 문제가 생기거나 또는 그 완전성이 부족해지는 때가 있습니다. 그럴 경우, 가족의 성원은 다른 성원에게 "당신은 내게 공정치 않아요" 또는 "당신의 요구는 부당해요" 또는 "나는 당신에게 이것 혹은 저것을 기대할 권리가 있어요"라고 말하게 될 수 있습니다.

그런 경우, 사랑은 더이상 가족의 성원들을 묶어주기를 그치게 되고, 대신 정의가 개입하게 됩니다. 그 개인이 기대할 권리가 있는 것을 얻었는지, 그 개인이 다른 이로부터 공정하게 다루어졌는지, 그 사람이 그들로부터 해를 입거나 상처 입는 것으로부터 보호되었는지 등을 확인하려 시도하는 그 정의 말입니다.

사랑에 문제가 생기거나 그 완전성이 부족해졌을 때 만일 정의가 개입하지 않는다면, 그 가족의 성원들은 함께 있지 못하게 되거나, 함께 있더라도 그들 모두에게 공통인 좋음의 향유를 서로 나누며 평온하고 화목하게 지내기 어렵게 될 것입니다. 그리고 지금 한 이 말은, 성원들이 대부분 우정이나 사랑으로 관계 맺고 있지 않는 국가의 경우, 더 타당한 얘기가 될 것입니다. 사랑이 부재한 곳인 국가에서 사람들을 유대 맺도록 하기 위해서는 정의가 개입해야 할 것입니다. 사람들이 타인과 평온하고 화목하게 살 수 있기 위해서, 그리고 공동의 목표를 위해 함께 행동하고 함께 일하게 하기 위해서 말입니다.

아리스토텔레스는 우정에도 몇 가지 종류가 있다는 걸 알고 있었습니다. 그는 그 중 오직 한 가지만이 완전한 우정이라고 생각했습니다. 서로 사랑하고, 오직 상대방에게 유익하기만을 바라는 사람들 사이에 존재하는 우정이 그것이었습니다.

아리스토텔레스는 또 그런 우정은 매우 드물다는 것도 알고 있었습니다. 보통 우리가 어떤 사람을 친구라고 말하는 경우는 그가 우리에게 뭔가 소용이 있거나 우리가 그에게서 어떤 유익함을 얻을 때인 경우가 더 많습니다. 그런 우정은 이기적입니다. 이런 경우, 우리가 친구라고 부르는 사람은 우리 자신의 어떤 이해에 이바지하는 사람이며, 오직 그럴 때에만 우리는 그를 친구로 간주합니다. 이와 반대로, 진정한 우정이나 사랑은 이기적이지 않습니다. 그것은 자애롭습니다. 그것은 상대방의 좋음에 기여하는 것을 목표로 삼습니다.

정의도 사랑처럼 다른 사람의 좋음과 관련됩니다. 그런데 정의와 사랑 사이에는 분명한 차이가 있습니다. 사랑을 이해하는 사람이라면 상대방에게 "나는 사랑받을 권리가 있어요. 당신은 나를 사랑해야만 해요"라고 말하지 않는다는 걸 알고 있습니다.

우리가 누군가를 진심으로 사랑할 때 우리는 그에게 어떤 권리를, 즉 우리에게 뭔가를 요구할 권리를 주는 게 아닙니다. 반대로 우리는 그들에게 그들의 권리 같은 것과는 전혀 상관없이, 아낌없고 사심 없는 마음으로 우리 자신을 내어줍니다.

때로 우리는 우리를 사랑하지 않는 사람조차도 사랑하는 경우가 있습니다. 우리는 상대로부터 사랑을 돌려받을 것을 조건으로 그를 사랑하는 게 아닙니다. 그러나 우리가, 상대가 가진 기대의 권리에 합당한 것을 주면서 상대에 대해 정의적으로 행동할 때는, 우리는 그들로부터 정의를 돌려받기를 원하며, 그 점에서 우리는 이기적입니다. 상대가 우리에게 해주는 만큼 우리가 상대에게 해주어야 한다고 말하는 것은 이런 의미에서 이기적인 것입니다.

정의와 법률

타인은 우리에게 무엇을 기대할 권리가 있을까요? 여러 가지가 있습니다. 그들에게 했던 약속을 이행하는 일, 그들에게 거짓을 말할 경우 그들이 어떤 식으로든 상처를 입게 될 때 진실을 말하는 일, 돌려주기로 약속하고 빌린 것을 돌려주는 일, 그들에게 진 채무를 갚는 일, 그들에게 속한 것을 훔치지 않는 일, 그들의 건강을 해치거나 그들의 신체에 상해를 입히거나 그들의 생명을 빼앗지 않는 일, 그들의 행위가 우리에게 해가 되지 않을 때 그들의 행동의 자유를 침해하지 않는 일, 그들의 명성을 더럽히거나 그들에게 나쁜 낙인을 주게 될지 모르는 어떠한 잘못된 진술도 하지 않는 일 등등입니다.

이 모든 것, 그리고 이와 같은 종류의 더 많은 것들을 요약하자면, 타인은 우리가 그들의 행복 추구에 간섭하거나 방해할 어떤 일도 하지 않기를, 그들 자신을 위한 좋은 삶을 만드는 데 필요한 진정한 좋음의 획득 및 소유에 우리가 개입하거나 방해할 어떠한 일도 하지 않기를 기대할 권리가 있다고 할 수 있습니다. 그들에게 그 권리를 주는 것은 이 진정한 좋음에 대한 그들의 필요이며, 우리가 그것을 존중할 것을 기대하는 것은 그들의 권리입니다.

우리는 항상 정의롭지 못할 수 있습니다. 혹은 적어도 완벽하게 정의롭지 않을 수 있습니다. 어떤 사람은 정의와는 정반대인 사람도 있습니다. 그들은 타인의 권리를 존중하는 습관을 갖기는커녕 습관적으로 그 반대 방향으로 기울곤 하며, 자신이 원하는 걸 얻기 위해 타인의 권리를 함부로 짓밟곤 합니다.

이것이, 국가의 성원들이 해야 할 일과 하지 말아야 할 일을 미리 규정함으로써 서로가 서로를 정의롭게 대할 수 있도록 하기 위해 법률을 만든 이유입니다. 만일 모든 사람이 타인을 공정하게 다루는 습관을 가지고 있다면, 국가에 의한 그런 법률의 제정 및 집행은 필요치 않을 것입니다. 하지만 완전히 공정한 개인은 없기 때문에, 그리고 습관적으로 불공정한 성향을 보이는 사람들이 있기 때문에, 다른 개인에 의한 그의 권리 침해를 방지하기 위해 공정한 행동을 미리 규정한 법률이 국가에 의해 집행될 필요가 있는 것입니다.

국가의 목적은 구성원의 행복

타인은 우리에게 자신들의 행복 추구를 돕기 위해 능동적으로 행동할 것을 기대할 권리도 갖고 있을까요? 자신들에게 필요한 진정한 좋음을 획득 또는 소유하기 위한 그들의 노력에 개입하거나 간섭하거나 방해하지 않는 것과, 그들의 그런 노력을 돕는 것은 별개의 문제입니다. 그들은 우리에게 그런 도움을 요청할 권리가 있을까요?

사랑과 정의의 차이에 대한 아리스토텔레스의 이해에 따르면, 그 대답은 아니오입니다. 어떤 개인으로 하여금 타인이 진정한 좋음을 획득 또는 소유하는 것을 돕도록 하는 것은 정의의 의무가 아니라 사랑의 자애로움입니다. 이것이 왜, 국가가 집행하는 법률은 개인들에게 타인에 의한 행복의 추구를 증진하기 위한 능동적 행동을 취함으로써 서로 도울 것을 요구하지 않는가에 대한 이유입니다.

그런데, 국가는 개인들에게 전체로서의 공동체의 복지를 위해서는 적극적으로 행동할 것을 요구하는 법률을 제정하고 집행합니다. 공동체의 복지는 그 성원들에 의한 행복의 추구에 상당한 영향을 미칩니다. 좋은 사회, 즉 사람들의 공동선이 제공되고 발전되는 사회는 개인들의 좋은 삶에 기여합니다. 아리스토텔레스는, 좋은 국가가 이바지해야 하는 목적은 국가를 구성하는 개인들의 행복이라고 반복하여 말했습니다. 즉, 국가는 개인의 행복 추구를 증진할 의무가 있다는 것입니다.

그러므로 개인으로서 우리가 전체로서의 공동체의 복지를 위해 행동하도록 이끄는 법률에 따르는 것은, 우리와 함께 살아가는 동료 인간들의 행복 추구의 증진을 간접적으로 돕는 일이 됩니다. 우리는 우리가 사랑의 발로에서 몇몇 타인을 위해 직접적으로 행하는 그 일을, 그 나머지 모두를 위해서는 그들과 우리가 더불어 살아가는 공동체의 복지를 위해 행동할 것을 요구하는 법률에 따름으로써, 간접적으로 행합니다.

15. 국가에 대한 우리의 권리

"네 이웃을 네 몸처럼 사랑하라!"

"남이 네게 해주기를 바라는 대로 남에게 대하라!"

이 두 가지 친숙한 격언은 당신을 타인과 결부시킵니다. 두 가지 격언 모두 당신의 행동의 중심축을 타인에게 향하도록 만드는 것처럼 보입니다. 당신 자신을 사랑하라, 또 당신이 당신 자신을 사랑하는 것과 동일한 방식 동일한 정도로 당신의 이웃을 사랑하라. 타인이 당신에게 어떻게 행동하기를 원하는지 생각하고, 그 방식대로 그들에게 행동하라, 고 두 격언은 말하고 있습니다.

우리가 앞 장에서 '타인이 우리에게 기대할 권리'를 먼저 다루고 이번 장에서 '우리가 타인에게 기대할 권리'를 다루는 것은, 위에서 말한 순서를 바꾼 것처럼 보입니다. 그보다, '우리'를 앞에 두고 '타인'을 뒤에 두는 그 순서를 넘었다고 말하는 편이 더 정확할 것입니다.

모든 권리는 똑같습니다. 만일 어떤 인간이 다른 모든 인간과 공유하는 필요에 기반을 둔 권리를 지니고 있다면, 다른 모든 타인도 역시 동일한 권리를 갖고 있을 것입니다. 이때는, 당신이 자신의 권리를 먼저 생각하든 타인의 권리를 먼저 생각하든 아무런 차이가 없습니다.

그런데, 어떤 의미에서는 당신이 먼저인 게 맞습니다. 생각의 순서에서 첫째는 당신이 무엇을 해야 하는가입니다. 당신의 모든 실천적 사고와 선택과 행동이 제어해야 할 궁극목적은 당신을 위한 좋은 삶입니다. 당신은 인간적으로 잘 살 의무를 가지고 있을 뿐 아니라, 생애의 과정 동안 당신에게 진정으로 좋은 모든 것들을 획득하고 소유해야 할 의무도 함께 가지고 있습니다.

우리가 살펴본 바와 같이, 정의는 당신에게 적극적인 행동을 통해 타인의 행복을 증진할 것을 요구하지 않습니다. 정의는 단지 타인이 행복을 추구하는 것을 방해하거나 좌절시키지 말 것을 요구할 뿐입니다. 만일 당신이 그 이상을 넘어 그들의 행복 추구를 돕는 데까지 나아간다면, 그것은 당신이 그들을 당신 자신만큼 사랑하기 때문에 그렇게 하는 것입니다.

정의와 관련된 당신의 권리와 타인의 권리는, 인간 본성에 내재된 필요를 충족시키는, 모든 인간에게 진정으로 좋은 것들을 기반으로 합니다. 좋은 것, 특히 진정으로 좋은 것에 대한 사고가 권리에 대한 사고에 선행합니다. 예컨대, 만약 당신이 일정한 양의 부를 갖는 것, 만족할 만한 정도의 건강을 유지하는 것, 그리고 자유를 갖는 것이 당신에게 진정으로 좋은 것이라고 생각하지 않는다면, 당신은 모든 사람이 살기 위한 수단으로뿐 아니라 잘 살기 위한 수단으로서 이것들에 대한 권리가 있다고 말하지 않게 될 것입니다.

그러므로 당신이 타인에게 기대할 권리가 있는 것은 타인이 당신에게 기대할 권리가 있는 것과 동일한 것입니다. 그 권리가 동일한 이유는 모든 사람의 권리가 동일하기 때문이며, 당신에게 진정으로 좋은 것은 모든 다른 인간에게도 좋은 것이기 때문입니다. 그리고 그렇게 되는 까닭은 우리 모두가 인간이고, 우리 모두가 동일한 인간 본성을 가지고 있으며, 그 본성 속에 충족되기를 요구하는 동일한 근본적 필요를 가지고 있기 때문입니다.

이 필요에는 다른 인간과의 협동 속에서 살 필요도 들어갑니다. 우리는 홀로 살 수 있는 동물이 아닙니다. 앞서 살펴본 것처럼 가족, 부족, 국가와 같은 사회가 이 필요의 충족을 위해 만들어졌습니다. 그러나 그 사회는 다른 필요, 즉 삶 자체의 보존이 달려 있는 좋음에 대한 필요, 좋은 삶의 영위가 달려 있는 더 높은 좋음에 대한 필요의 충족에도 또한 도움이 됩니다.

사회 자체는 우리가 다른 인간들과 협동하여 사는 데 필요하기 때문에 좋은 것이지만, 만약 그 사회의 조직 방식이나 작동 방식이 그 성원인 개인들이 진정으로 좋은 것들을 획득하고 소유하려는 노력을 돕는 데 실패하거나 오히려 그것을 능동적으로 방해한다면, 그 사회는 좋은 사회가 아닙니다.

예컨대, 자유의 권리가 있는 아이들에게 자유를 주지 않는 가족, 아이들의 건강을 돌보지 않는 가족, 아이들이 마땅히 잘 자랄 수 있도록 도와주지 않는 가족은 좋은 가족이 아닙니다. 가족 자체가 나쁘다는 게 아닙니다. 가족 없이는 아이들은 자신의 생명을 보존하지도 못하고 자랄 수도 없기 때문입니다. 그것은 단지 그 아이들이 가족에게 기대할 권리가 있는 것을 가족이 해 주지 못할 때, 그 가족은 좋은 가족이 아니라는 것을 의미할 뿐입니다.

좋은 사회와 나쁜 사회

좋은 것과 나쁜 것에 대한 그의 관심에서, 아리스토텔레스는 좋은 인간과 나쁜 인간, 좋은 삶과 나쁜 삶뿐 아니라, 좋은 사회와 나쁜 사회에 대해서도 관심을 가졌습니다. 앞에서 언급한, 사회 자체는 좋은 것이라는 말은 그에게는 단순한 상식적 확인입니다. 우리는 사회 속에서 살지 않고서는 결코 잘 지낼 수가 없습니다.

그 점에서 시작하면서, 아리스토텔레스는 무엇이 어떤 사회를 좋게 만드는지에 대해, 혹은 무엇이 한 사회를 다른 사회보다 더 낮게 만드는지에 대해 살폈습니다. 그리고 인간의 삶에 대한 그의 궁극적 질문이 우리 각자가 영위할 수 있는 최선의 삶에 대한 것이었던 것처럼, 사회에 대한 그의 궁극적 질문 역시 우리가 영위할 수 있고 행복을 추구할 수 있는 최선의 사회에 대한 것이었습니다.

아리스토텔레스는 모든 인간사회 중에서 국가 혹은 정치사회가 우리의 좋은 삶 혹은 문명화된 삶을 가장 잘 가능하게 하는 사회라고 보았습니다. 그러니, 좋은 국가와 최선의 국가에 대한 질문에 대한 그의 대답에 집중하도록 해봅시다.

그에게는, 좋은 국가란 좋은 정부가 있는 국가라는 점이 명백했습니다. 아리스토텔레스에게 그 점은, 좋은 삶이란 잘 살아지는 삶이라는 말만큼이나 명백했습니다. 그가 보기에, 국가는 정부 없이는 존재할 수 없습니다. 인간은 정부 없이는 함께 평화롭고 화목하게 살 수 없습니다.

만약 모든 인간이 서로 친구이고 서로 사랑한다면, 그 말은 틀린 말일 것입니다. 만일 모든 인간이 완전하게 공정해서 한 개인이 다른 개인에게 해를 입히는 걸 방지할 목적으로 법률을 집행할 필요가 없다면, 그 말은 역시 틀린 말일 것입니다. 그러나 아리스토텔레스는 모든 인간이 사랑이나 우정으로 유대를 맺고 있지 않다는 것을, 대부분의 인간이 완전히 공정한 것은 아니라는 것을, 그리고 일부는 그들의 이기심으로 인해 상당히 불공정하다는 것을, 공통경험을 통해 알고 있었습니다.

이것이, 왜 국가 혹은 정치사회가 존재하기 위해서는 정부가 필요하다는 말이 그의 상식적 결론인지에 대한 이유입니다.

필요하기 때문에 사회 자체는 좋은 것이듯이, 필요하기 때문에 정부 자체는 좋은 것입니다. 그런데 우리가 살펴보았듯이, 어떤 특정한 사회는 나쁠 수 있고, 혹은 마땅히 그래야 하는 수준보다 좋지 않을 수 있습니다. 마찬가지로, 어떤 특정한 정부형태는 나쁠 수 있고, 혹은 마땅히 그래야 하는 수준보다 좋지 않을 수 있습니다.

아리스토텔레스가 가졌던 상식이 결여된 어떤 사람들은, 정부는 전혀 필요치 않다고 주장해왔습니다. 그들은, 법률을 집행하고 결정을 내릴 힘을 가진 정부 아래에서 살지 않으면 인간—누가 바라는 대로 사는 존재가 아닌, 현재대로 사는 존재—은 더불어 평온하게 살거나 공동의 목적을 위해 더불어 행동하지 못한다는 사실을 보지 못한 것입니다. 그리고, 제재되어야 하는 사람들은 범죄자들만이 아닙니다. 많은 개인들을 공동의 목적을 위해 함께 행동하도록 하기 위해서도, 그들의 단합된 행동을 요구하는 결정을 내리기 위한 기구가 있어야 합니다.

또 어떤 사람들은, 정부가 필요하다고는 해도 그것은 필요악일 뿐이라고 주장해왔습니다. 그 이유는, 정부는 강제적인 힘(법률의 집행 과정에서 사용하는 힘)의 행사와 개인의 자유에 대한 제한을 포함하기 때문이라는 것입니다. 이렇게 말하는 사람들은, 법률의 집행과 사회 속 개인의 자유에 대한 제한에 대하여 아리스토텔레스가 밝힌 중요한 점을 보지 못한 것입니다.

아리스토텔레스에 따르면, 좋은 인간—공정한, 덕이 있는 인간—이 공정한 법률을 준수하는 건 그가 덕이 있기 때문이지, 법률의 위반이나 치안의 방해로 인해 받게 될지도 모를 처벌을 두려워해서가 아닙니다. 그가 법률을 준수하고 치안을 지키는 건 자발적인 것이지, 법률 집행의 강제 때문이 아닙니다. 그는 정부에 의해 강제되는 것이 아니며, 따라서 그에게 정부는 나쁜 인간에게처럼 악이 아닙니다.

좋은 인간은 그의 자유가 정부에 의해 제한된다고 느끼지도 않습니다. 그는 타인을 해치지 않는 범위 이상의 자유를 원하지 않습니다. 오직 나쁜 인간만이 그 이상의 자유를 원하며, 그래서 그만이, 타인에 대한 배려 없이 하고 싶은 대로 할 그의 자유가 정부에 의해 제한된다고 느끼는 것입니다.

좋은 정부란?

정부 자체는 필요한 것이며 좋은 것이라는 사실이, 모든 정부 형태를 좋은 것으로, 혹은 마땅히 그래야 하는 수준만큼 좋은 것으로 만드는 건 아닙니다. 아리스토텔레스가 보기에, 나쁜 정부형태로부터 좋은 정부형태를 나누는 선은 다음과 같은 질문에 대한 대답에 의해 결정됩니다.

첫째, 정부가 통치되는 사람들의 공동선에 기여하는가, 아니면 정부의 권력을 휘두르는 사람들의 이기적 이해에 기여하는가? 지배자의 사리사욕에 기여하는 정부는 폭군적 정부입니다. 지배되는 사람들의 좋은 삶을 증진하는 정부만이 좋은 정부입니다.

둘째, 정부가 피지배자들의 참여와 동의의 방식으로 제정된 법률에 기초하는가, 아니면 단순히 지배자의 처분에 달려 있을 뿐인 힘에 기초하는가? 오로지 세력이나 폭력에만 기초하는 정부는, 그 힘이 한 명의 손에 있든 여러 명의 손에 있든 상관없이, 전제적 정부입니다. 설령 그것이 폭군적 정부보다는 다소간 인자하고 호의적이라 하더라도 말입니다. 좋은 정부가 되기 위해 정부가 가져야 할 것은, 피지배자들이 두려워하고 또 그 두려움 때문에 복종하는 힘이나 폭력이 아니라, 그들이 기꺼이 승인하고 수용하는 합당한 권위입니다.

이런 방식의 좋은 정부를 아리스토텔레스는 입헌적 정부 또는 정치적 정부라고 불렀습니다. 그가 이 정부를 정치적이라고 부른 데에는, 이것을 국가 혹은 정치사회에 적합한 유일한 정부 형태로 제시하고자 하는 의도가 들어 있습니다.

이것이 우리를 세 번째 질문에 이르게 합니다. 그것은 폭군적 정부나 전제적 정부가 아닌 입헌적 정부, 법률에 기반하며 통치자도 그 법률에 의해 지배되는 정부에 적용되는 질문입니다. 그런 정부에 대해 우리는 묻습니다. 그 헌법—정부 그 자체가 기반을 둔 근본적 법률—은 공정한 헌법인가? 그리고 그 정부에 의해 만들어진 법률은 공정한 법률인가?

폭군적 정부가 **아닌** 어떠한 정부도 **그 정도만큼** 좋은 정부입니다. 폭군적 정부가 아닌 것 중에서 입헌적 정부가 전제적 정부보다 좋습니다. 그리고 입헌적 정부 중에서 가장 좋은 정부는 공정한 헌법과 공정한 법률을 가진 정부입니다.

입헌적 정부를 예찬하면서 아리스토텔레스는 그것을, 자유롭고 동등한 인간들의 정부, 시민이 지배하고 시민이 지배되는 정부형태라고 말했습니다.

전제군주에 의해 지배되는 자는, 자기 자신의 정부 안에 일정한 발언권을 갖는 시민이 아닌, 신하입니다. 폭군에 의해 지배되는 자는 노예보다 나을 것이 없습니다. 두 경우 모두, 그들은 동등한 자가 아닌 열등한 자로서 지배됩니다. 오직 시민만이, 일정 기간 동안 공직을 맡도록 그들이 선출한 다른 시민에 의해, 동등한 자로서, 그리고 자유로운 사람으로 지배되어야 하는 자로서, 지배됩니다.

아리스토텔레스의 실수

그의 사고의 이 부분에서, 아리스토텔레스는 심각한 실수를 범했습니다. 일부 인간이 노예의 신분으로 태어나 노예로 취급받는 그런 시대와 그런 사회, 그리고 여성이 열등한 존재로 취급받는 그런 사회에서 살았기 때문에, 그는 많은 사람들이 열등한 본성을 지녔다고 생각하는 실수를 범했습니다. 그는 열등해 보이는 사람들이 그렇게 보이는 이유는 그들이 그렇게 취급받았기 때문이지, 결코 부적절하게 타고난 자질 때문이 아니라는 사실을 깨닫지 못했습니다.

이런 실수 속에서, 그는 인간을 두 집단으로 나누었습니다. 한 쪽 편에, 그는 시민으로 지배되기에 적합한 자—즉, 자유롭고 동등한 자, 그들 자신의 정부 안에 발언권을 가지는 자를 두었습니다. 다른 쪽 편에, 그는 전제적으로만 지배되기에 적합한 자—즉, 신하 혹은 노예로 적합한 자, 자신의 정부에 발언권을 갖지 않으며, 자유롭지도 동등하지도 않은 자를 두었습니다.

우리는 아리스토텔레스 같은 실수를 하면 어느 누구도 용서되지 않는 그런 시대와 사회 속에서 살고 있습니다. 그의 실수를 바로잡으면서 우리는, 모든 인간은 자기 자신의 정부 안에 발언권을 가지며, 따라서 자유롭고 동등하게 지배되어야 할 시민으로서 통치되어야 한다는 결론에 이르게 됩니다. 여기서 **모든**의 유일한 예외는 아직 유아기에 있는 사람들과 정신장애인들뿐입니다.

방금 말한 결론에 이르면서 우리는, 입헌적 정부는 그 헌법이 모든 인간에게 성(性), 인종, 신념, 피부색, 혹은 재산과 관계없이 동등한 시민의 지위를 줄 때에만 비로소 공정한 정부라는 점도 확인하게 됩니다. 그렇게 하면서 입헌적 정부는 또 그들에게 그들이 가질 권리가 있는 자유, 즉 그들이 노예나 신하로서가 아니라 시민으로서 지배될 자유를 줍니다.

한 인간은 다른 인간보다 더하지도 덜하지도 않은 인간입니다. 설령 그가 타고난 자질이나 획득한 특성의 차이의 결과로 다른 인간보다 여러 면에서 우월하거나 혹은 열등하다고 하더라도 말입니다. 공직을 맡길 사람의 선출에는 이런 불균등함이 분명 고려되어야 할 것입니다. 그러나 사람들의 시민 자격을 논할 때는 어느 누구도 완전히 무시되어서는 안 됩니다.

모든 인간은 인간으로서 평등합니다. 인간으로서 평등하기 때문에, 그들은 그들의 공통의 인간본성에 내재된 필요로부터 나오는 권리에서 평등합니다. 만일 평등한 것을 평등하게 다루지 않는다면, 헌법은 공정하지 않은 것입니다. 그리고 만일 모두의 자유에 대한 권리, 즉 인간으로서 지배될 자유, 노예나 신하가 아닌 시민으로서 지배될 자유를 평등하게 인정하지 않아도, 그것은 공정하지 않은 것입니다.

국가와 정부의 역할

이제 우리는, 우리가 그 속에서 사는 국가와 우리가 그 아래서 사는 정부에 대하여 무엇을 기대할 권리가 있는가라는 질문에 대한 한 가지 대답에 도달했습니다. 우리는 우리가 동의를 부여하고 우리에게 그 속에 우리의 발언권을 갖도록 허락한 그 정부 아래서, 시민으로서 지배될 권리가 있습니다.

그런데 이것이 우리가 가진 기대할 권리의 전부일까요? 비록 아리스토텔레스가, 오직 일부의 인간들만이 시민으로 지배될 권리가 있다고 생각하는 우를 범하기는 했지만, 그는 그 인간들에게 자신이 사는 국가에 대하여 더 기대할 권리가 있다고 생각했습니다. 아리스토텔레스가 보기에 가장 좋은 국가는 시민에 의한 행복의 추구를 증진하기 위해 할 수 있는 모든 일을 하는 국가였습니다. 그것은 일부의 인간들만이 시민이어야 하는가 아니면 모두가 시민이어야 하는가와 상관없이, 진실입니다.

시민에 의한 행복의 추구를 증진하기 위해 국가는 무엇을 할 수 있나요? 국가는 그들이 필요로 하고 가질 권리가 있는 모든 진정한 좋음을 획득 및 소유하도록 도울 수 있습니다. 이것을 이해하기 위해, 우리는 앞 장에서 정리했던 내용을 떠올려야 합니다.

잘 살기 위해 우리가 가져야만 하는 모든 진정한 좋음 중의 일부는 그 획득 및 소유가 많든 적든 우리의 힘의 범위 안에 있습니다. 도덕적 덕이나 지식과 같은 일부는 우리 자신의 선택에 달려 있고, 부와 건강과 같은 일부는 상당 정도 좋은 운에, 또는 좋은 행운에 의한 축복에 달려 있습니다.

좋은 국가와 좋은 정부가 개인들의 행복의 추구에서 도움을 줄 수 있는 중요한 방법은, 그 개인들이 그들 자신의 실수의 결과가 아닌, 나쁜 운이나 불행의 결과로 겪게 되는 결핍을 극복할 수 있도록 가능한 모든 조치를 수행하는 것입니다. 즉, 국가와 정부는 개인들이 자신을 위해 선택이나 노력으로는 할 수 없었던 일을 해주어야 합니다. 이 방향에서 할 수 있는 최대한의 역할을 하는 것이 가장 좋은 국가요, 가장 좋은 정부입니다.

아무리 좋은 국가, 좋은 정부라 하더라도 그 시민을 도덕적으로 덕 있게 만들지는 못합니다. 시민이 도덕적 덕을 획득하느냐 못 하느냐는 거의 전적으로 그들 각각이 행하는 선택에 달려 있습니다. 그러므로 가장 좋은 국가, 가장 좋은 정부는 오직 그 시민들에게 그들이 잘 살기 위해 노력하는 것이 가능하게 하고 그것을 북돋아주는 외적 조건만을 만들어줄 수 있을 뿐입니다. 국가와 정부는 이 주어진 조건 속에서 시민들이 모두 성공한다고 보장하지는 못합니다. 그들의 성공 혹은 실패는 궁극적으로 그들이 사는 그 좋은 조건을 어떻게 이용하느냐에 달려 있기 때문입니다.

제 4 부

아는 자, 인간
MAN THE KNOWER

"예나 지금이나 사람들은 어떤 것에 놀라 의아하게 생각함(thaumazein, 경이롭게 여김)을 통해 지혜를 추구하기(철학하기) 시작했다. 처음에는 주변에서 벌어지는 일들에 대해 경이롭게 여겼지만, 차츰 거기서 벗어나 더 큰 현상들에 대해, 가령 달의 모양의 변화라든가 해와 별들의 주변 현상들, 나아가 우주 자체의 생성 등에 대해 경이롭게 생각함으로써(……) 철학하기 시작했다."

아리스토텔레스, 《형이상학》

16. 마음으로 들어오는 것과 마음에서 나가는 것

감각과 감각작용

앞 장들은 생각하는 것과 알아가는 것에 대해 다루었지만, 생각하고 알아가는 그 마음 자체에 대해서는 다루지 않았습니다.

2부에서 우리는 제작적 사고, 즉 사물을 제작하는 것과 관련된 사고를 살펴보았습니다. 거기서 우리는 또 제작에 필요한 지식, 다시 말해 우리가 기술 혹은 노하우라고 부른 것에 대해 살펴보았습니다.

3부에서는 실천적 사고와 실천적 지식, 즉 인간 행동의 목적과 수단에 대한 사고와, 우리 삶의 운영에서 우리가 추구하기에 좋은 것과 나쁜 것, 혹은 우리가 행하기에 옳은 것과 그른 것에 대한 지식을 검토했습니다.

이제 4부에서는 이론적 사고, 즉 제작이나 행동이 아닌, 아는 것 자체를 목적으로 하는 사고를 다룰 것입니다. 그리고 우리는 지식 그 자체에 대하여, 즉 우리가 해야 할 것과 하지 말아야 할 것에 관한 지식뿐만 아니라 사물의 존재방식에 대한 지식에 대해서도 다룰 것입니다. 여기서 우리는 처음으로, 생각하고 알아가는 마음에 대해 우리가 아는 것을 살

퍼보게 될 것입니다.

인간의 생각과 앎에서 언어는 지대한 역할을 수행합니다. 아리스토텔레스에 따르면, 우리가 사용하는 단어는 우리가 생각의 도구로 사용하는 관념(idea)을 표현합니다. 그리고 우리가 발화(發話)하는 서술적 문장이나 우리가 만드는 진술은 우리가 긍정하거나 부정하는 의견, 참이거나 거짓인 의견을 표현합니다.

우리가 했던 어떤 진술이 참일 경우, 그것은 지식을 표현합니다. 만일 그 진술이 거짓이라면, 우리가 잘못 생각한 것입니다. 우리가 어떤 것에 대해 잘못 생각하고 있는 채로 그것에 대한 지식을 갖는 것은 불가능합니다. 의견은 참일 수도 거짓일 수도 있고, 정확할 수도 오류일 수도 있습니다. 하지만 부정확한, 오류인, 혹은 거짓인 지식이란 있을 수 없습니다. 그것은 둥근 사각형이 있을 수 없는 것과 마찬가지입니다.

우리가 생각의 도구로 사용하는 관념은 어디에서 온 것일까요? 아리스토텔레스에게는 우리가 그것을 마음속에 가지고 태어나지 않는다는 것, 그것은 어떤 식으로든 우리의 경험을 통해 만들어지는 것이라는 사실이 명백했습니다. 이것이, 왜 인간의 생각과 앎에 대한 설명에서 아리스토텔레스는 제일 먼저 감각(sense)과 그 감각의 작용에서 생겨나는 경험으로 향했는가에 대한 이유입니다.

감각과 지각

감각은 마음의 창(窓) 또는 현관입니다. 외부 세계에서 마음으로 들어오는 것은 무엇이든 이 감각을 통과합니다. 마음으로 들어오는 것은 타인이 발화한 단어나 문장일 수 있습니다. 주지하는 것처럼, 학교교육을 받기 시작하는 순간부터 우리는 그 방법으로 많은 것을 배웁니다. 그러나 배움은 학교교육에서 시작되는 게 아닙니다. 우리의 모든 배움이—심지어 학교교육을 마친 뒤에도—타인의 진술을 필요로 하는 것도 아닙니다. 모든 세대의 인간 유아들, 나아가 인류 전체를 놓고 보더라도, 배움은 배우는 자가 자신이 배운 것을 표현하기 위해 단어를 사용하기 전에 이미, 감각경험과 함께 시작되는 것임을 알 수 있습니다.

아리스토텔레스 시대에는 우리가 시각, 청각, 촉각, 후각, 그리고 미각의 다섯 가지 외부감각을 가지고 있다고 널리 생각되었습니다. 아리스토텔레스가 이를 외부감각이라 부른 이유는 그 각각이 우리 신체의 표면에 있는 감각기관과 관련되며 그곳에서 외부세계에 의한 작용이 일어나기 때문이었습니다. 즉, 시각은 우리 외부의 것이 우리 눈에 작용한 결과이고, 청각은 외부의 것이 우리 귀에 작용한 결과이며, 촉각은 외부의 것이 우리 피부에, 후각은 외부의 것이 우리 코에, 그리고 미각은 외부의 것이 우리 혀와 입에 작용한 결과이기 때문이었습니다.

현대의 과학적 연구에 따르면 우리의 감각 및 감각기관은 이 다섯 가지가 다가 아닙니다. 가령 우리 체내에는 배고픔이나 갈증을 느끼는 감각기관도 있고, 팔다리의 움직임이나 몸의 평형을 감지하는 감각기관도 있습니다. 그러나 감각이나 감각기관의 정확한 개수가, 우리의 생각과 앎에 대해 일으키는 감각 및 감각경험의 기여에 대한 아리스토텔레스의 설명에 영향을 미치는 건 아닙니다.

각 감각은 해당 감각기관이 외부 세계의 무언가에 의해 물리적으로 작용을 받을 때만 감각작용{sensation}을 일으킵니다. 감각은 외부에 의해서만 작동되는 수동적인 수신기와도 같습니다. 우리의 각 감각은 잘 특화된 수신기입니다. 우리는 눈으로는 맛을 보거나 냄새를 맡을 수 없으며, 혀나 입으로는 듣거나 보지 못합니다. 우리는 눈으로 색깔을 감지하며, 귀로 소리를, 코로 향기를 각각 감지할 뿐입니다.

우리를 둘러싼 세계의 어떤 양상을 우리는 하나 이상의 방법으로 감지할 수 있습니다. 물체의 크기나 모양을 우리는 촉각으로 느낄 뿐 아니라 시각으로 보기도 합니다. 우리는 한 곳에서 다른 곳으로의 물체의 움직임을 볼 수도 있고 들을 수도 있으며, 그 움직임이 느린지 빠른지도 분간할 수 있습니다.

지금 언급한 여러 종류의 감각작용들이 우리의 감각경험으로 형성되는 원료가 됩니다. 비록 이 원료들은 외부로부터 서로 다른 감각기관의 채널을 통해 따로따로 들어오지만, 우리의 감각경험 안에서는 그것들이 분리된 채로 혹은 서로 떨어진 채로 있지 않습니다. 우리가 우리의 감각을 통해 경험하는 세계는 물체의 세계이며, 그 속에서 물체는 다양한 크기와 모양을 가지고 움직이거나 정지해 있으며, 공간 안에서 다양한 방법으로 서로 연관되어 있습니다. 이 물체의 세계에 대한 우리의 경험에는 또한 물체가 가진 색깔, 그것들이 내는 소리, 그것들 표면의 거칠음과 부드러움 등 매우 다양한 질도 포함됩니다.

아리스토텔레스에 따르면, 우리의 감각경험은 우리 쪽에서 보면 지각(perception)의 생성입니다. 우리는 감각기관을 통해 수동적으로 받아들이는 감각작용을 원료로 삼아 이를 잘 직조함으로써 매끈한 원단과도 같은 감각경험을 생성해내는 것입니다. 그 직조과정에서 우리는 수동적이지 않고 능동적입니다.

감각작용은 외부로부터의 입력에 의한 것입니다. 그러나 그 외부세계에 대한 지각에서 발생하는 감각경험에는 우리 쪽에서의 기억과 상상이 결부됩니다. 감각경험은 우리의 다양한 감각이 받아들인 것 속에 그 기원을 두면서도 전체를 구성하도록 하나로 합쳐지는 방식으로 변형된 요소들로 구성되며, 그렇게 이루어진 그 전체가 바로 우리가 지각하는 세계인 것입니다.

감각과 관념

우리가 어떤 전형적인 지각경험을 말로 묘사하면, 그 경험 속에는 감각작용의 원료보다 훨씬 더 많은 것이 존재한다는 것을 우리는 즉시 알 수 있습니다. 예컨대 당신이, 커다란 검정색 개 한 마리가 길을 따라 내려가고 있는 호랑이무늬의 노란색 고양이 한 마리를 컹컹 짖으며 뒤쫓고 있는데, 그 고양이는 끼익 하는 소리를 내며 갑자기 멈추는 파란색 자동차 앞을 지나 날쌔게 달려가고 있는 장면을 지각한다고 해봅시다. 이 감각경험의 묘사에서는 몇 개의 단어들만이 눈과 귀로 보거나 들을 수 있는 특성, 즉 색과 소리를 가리키고 있습니다. 개, 고양이, 자동차, 길, 뒤쫓다, 달리다, 갑자기 멈추다—당신이 지각하는 이런 것들은 외부에서 수용되는 감각작용보다 훨씬 더 많은 것들과 결부되는 것들입니다.

당신이 개와 고양이라 불리는 대상을 지각할 때, 혹은 뒤쫓거나 달리는 행동을 지각할 때, 그 지각에는 당신의 기억과 상상이 관여됩니다. 만일, 당신이 지각하는 그 고양이는 전에 주변에서 봤던 동물이라 낯이 익지만 개는 처음 보는 것이라 낯선 것이라면, 더욱 그렇습니다. 이 지각에는 또 당신의 이해 역시 관여됩니다. 당신은 개라는 동물과 다른, 고양이라는 동물에 대해 일정한 이해를 가지고 있습니다. 당신은 호랑이와 비슷한 어떤 것, 당신의 지각에 의해 호랑이처럼 줄무늬가 쳐진 고양이라고 당신의 지각이 가리키는 것에 대해 일정한 이해를 갖고 있습니다. 당신은 걷는 것과 달리는 것의 차이, 빨리 가는 것과 속도를 줄이는 것의 차이에 대해서도 이해하고 있습니다. 만일 당신이 이 모든 것을 이해하지 못하고 있었다면, 당신은 위에 묘사된 지각경험을 갖지 못했을 것입니다.

아리스토텔레스에 따르면, 우리가 가진 이 다양한 이해는 우리의 감각의 활동에서가 아니라 우리 마음의 활동에서 비롯됩니다. 우리의 마음이 개와 고양이라는 관념, 달리고 뒤쫓는다는 관념을 형성하는 것입니다. 관념은 우리 감각이 외부로부터 수신한 정보에 기반을 두긴 하지만, 관념 그 자체는 외부로부터 수신되는 게 아닙니다. 아리스토텔레스에 따르면, 관념은 우리가 우리의 감각을 통해 겪게 되는 세계를 이해하려는 마음의 활동의 산물입니다.

사물이 감각될 수 있는 것이어서 우리가 그것을 감각할 수 있는 것처럼, 사물은 이해될 수 있는 것이어서 우리가 그것을 이해할 수 있는 것입니다. 만약 짖는 개와 끼익 하는 소리가 볼 수 없고 들을 수 없는 것이라면, 우리가 그것을 보거나 듣는 것은 불가능할 것입니다. 마찬가지로, 만약 개와 고양이가 서로 다른 사물로서 이해될 수 없는 것이라면, 우리가 그것들을 서로 다른 유형의 어떤 것으로 이해하는 것은 불가능할 것입니다. 아리스토텔레스가 보기에, 우리가 우리 눈으로 수신한 시각적 감각작용을 통해 개의 검은색임과 자동차의 파란색임을 파악하게 되는 것처럼, 우리는 고양이란 무엇이고 개란 무엇인가에 대한 관념 혹은 이해를 통해 개와 고양이라는 유형을 파악하게 되는 것입니다.

목수가 의자를 만들기 시작할 때, 그는 그가 만들고자 하는 의자의 관념을 마음속에 갖고 있어야 합니다. 그는 의자 일반의 관념뿐만 아니라 그가 만들고자 하는 특정한 의자에 관한 더욱 세부적인 관념도 가지고 있어야 합니다. 이 관념과 몇 개의 목재를 가지고 작업을 하면서 목수는 그 몇 조각의 나무의 모양을 다듬고 그것을 결합하여 그것이 의자의 형상을 갖게 만듭니다. 이렇게 제작자의 마음속 관념은 그가 작업하는 재료의 형상이 됩니다.

고양이는 특정한 형상을 가진 살아 있는 물체입니다. 개는 그것과 다른 형상을 가진 살아 있는 물체입니다. 아이들이 고양이와 개를 분간하기를 배우고 그것들을 실제로 보았을 때 그것들을 알아보기를 배우는 과정에서, 고양이와 개에 대한 아이들의 지각은 이 두 종류의 동물의 특수한 유형에 대한 이해와 결부됩니다. 그 이해는, 그들이 가진 고양이라는 관념과 개라는 관념으로 구성되는 것입니다.

질료, 형상, 관념

아리스토텔레스는, 고양이에 대한 관념을 갖게 되는 건 그 사람의 마음에 모든 고양이에게 공통되는 형상을 갖게 되는 것에 해당하며, 이것이 각각의 고양이를 그 종류의 동물이 되게 하는 것이라고 보았습니다. 그래서 아리스토텔레스는, 손이 도구들의 도구(우리가 다른 기구를 사용할 때 쓰는 기구)이듯이, 마음은 형상들의 형상이라고 말했습니다. 이 말을 달리 표현하는 방법은, 마음은 사물 속에 있던 형상이 그것에 관한 우리의 관념으로 되는 장소라고 말하는 것입니다.

마음은 사물의 형상을 포착하여 그것을 사물의 질료로부터 분리함으로써 관념으로 형성해냅니다. 즉, 관념의 생성은 사물의 제작과 정반대입니다. 사물의 제작에서는, 우리는 우리 관념에 따라 질료를 변형함으로써 우리가 마음속에 가지고 있던 관념을 사물 속으로 집어넣습니다. 하지만 관념의 생성에서는 우리 마음은 사물로부터 형상을 포착하여 그것을 관념으로 바꾸며, 이 관념으로 이러저러한 형태를 가진 사물의 본성을 이해하게 되는 것입니다.

관념의 획득 또는 생성은 무엇인가를 먹는 것과도 대조될 필요가 있습니다. 우리가 사과를 먹을 때 우리는 그것의 질료와 형상 둘 다를 우리 몸속으로 받아들입니다. 형상은 질료 없이는 우리의 양분이 되지 못합니다. 질료는 형상 없이는 사과가 될 수 없었을 것입니다. 그러나 우리가 사과의 관념을 획득할 때에는 우리는 사과의 질료로부터 형상을 떼어냅니다. 마음의 그와 같은 작용이 사과의 형상을 사과라는 종류의 과일이라는 관념으로 바꾸어내는 것입니다.

지금까지 언급한 관념 혹은 이해는 우리가 지각하는 대상에 대한 관념 혹은 이해였습니다. 그 대상은 우리의 감각경험 안에 있는 종류의 것들이었습니다. 그러나 그 대상은 또한 그것이 부재할 때 우리가 기억에 떠올릴 수 있는 종류의 것일 수도 있으며, 우리가 상상하여 떠올릴 수 있는 종류의 것일 수도 있습니다. 우리가 지각한 적이 없는 고양이나 개를 상상할 때, 혹은 괴이한 모양과 색의 어떤 것을 꿈꿀 때처럼 말입니다.

그러나, 마음이 관념의 생성을 감각경험을 토대로 시작은 하지만, 그 생성은 단지 우리가 지각하고 기억하고 상상할 수 있는 물체를 이해할 수 있게 하는 그런 관념에서 멈추는 건 아닙니다. 우리는 좋은 것과 나쁜 것, 옳은 것과 그른 것, 자유, 그리고 정의와 같이 우리가 감각으로 지각할 수 없는 수많은 사고의 대상들까지를 이해할 수 있습니다. 만약 우리에게 그런 이해가 없었다면, 만약 우리가 그것에 대한 관념을 형성해놓고 있지 않았다면, 우리는 이 책의 앞 장들에서 다루었던 그 대상들에 대한 논의를 하나도 이해하지 못했을 것입니다.

관념과 사고

사고는 우리의 감각에 의해 받아들여진 정보에 의거하는 관념의 형성에서 시작됩니다. 말하자면, 감각작용은 마음이 외부세계로부터 받아들이는 입력에 해당하는 것이고, 관념은 마음이 받아들인 것의 결과로서 생성해내는 출력에 해당하는 것입니다.

사고는 거기서 더 나아갑니다. 사고는 그것을 만들어낸 관념들을 서로 연관시킵니다. 사고는 관념들을 서로 결합하기도 하고, 분리하기도 하고, 대조하기도 합니다. 사고의 이러한 심화된 활동을 통해 마음은 지식을 만들어냅니다. 우리가 지각하고 기억하고 상상할 수 있는 대상들에 관한 지식뿐만 아니라, 우리의 감각경험이 미치지 않는 범위의 대상들에 관한 지식까지 말입니다. 연산, 대수학, 기하학 등이 그런 지식의 좋은 예입니다.

감각작용은 참도 아니고 거짓도 아닙니다. 당신은 개의 검은색임이나 자동차의 파란색임을 감각할 때, 그것을 단지 지닐 뿐입니다. 당신의 감각이 당신을 속일 때조차—가끔 그러듯이—감각작용 자체는 참도 아니고 거짓도 아닙니다. 예컨대 그 개는 그늘에 있어서 검게 보이는 것일 뿐, 밝은 곳에서 보면 검은색이 아니라 회색일 수도 있습니다. 개가 그늘에 있을 때 당신이 그것을 검게 감각한 것은 거짓이 아닙니다. 그러나 당신이 그것을 검은색**이다**라고 **생각한** 그 정보만 놓고 보면, 당신은 오류일 수 있습니다. 그 오류는 당신의 생각에 있는 것이지, 당신의 감각에 있는 게 아닙니다.

우리 언어에서 모든 보통명사와 거의 모든 형용사 및 동사는 사고의 대상, 즉 우리가 그것에 관한 관념을 형성했기 때문에 그것에 대하여 생각할 수 있는 대상을 지칭합니다. 우리가 생각할 수 있는 대상이 우리가 지각하거나 기억하거나 혹은 상상할 수 있는 대상인 것만은 아닙니다. 예컨대 개와 고양이는 우리가 지각할 수 있는 대상이지만, 우리는 주변에 우리의 감각을 통해 지각할 개와 고양이가 없어도 그것들에 대해 생각할 수 있습니다. 뿐만 아니라 우리는 원자 내부의 극소 미립자에 대해서도 생각할 수 있습니다. 우리의 감각으로는 아무리 성능 좋은 현미경의 도움을 받을지라도 그렇게 작은 것은 볼 수 없는데도 말입니다.

감각작용과 마찬가지로, 관념 역시 참도 아니고 거짓도 아닙니다. 당신과 내가 서로 대화하는 중이라고 할 때, 가령 내가 "개"라는 한 마디, 혹은 "고양이"라는 한 마디를 말한다면, 당신은 그 말에 어떤 긍정이나 부정의 반응을 할 수 없을 것입니다. 현재 당신과 내가 이 말들에 대해 동일한 이해를 가지고 있다고 가정해봅시다. 그러면 그 말들은 우리 둘 다에게 동일한 관념을 표현할 것이므로, 그 말들이 내게 의미하는 바는 당신에게 의미하는 바와 똑같을 것입니다. 내가 "개"라고 말할 때, 당신과 나는 동일한 대상을 생각할 것입니다. 내가 "고양이"라고 말할 때도 역시 마찬가지입니다.

이제, 방 안에서 멍멍 짖기 시작한 어떤 동물을 내가 고갯짓이나 손짓으로 가리키며 "고양이"라고 말했다고 가정해봅시다. 그러면 당신은 즉시 "아닙니다. 저것은 고양이가 아니라 개입니다"라고 말할 것입니다. 우리 둘 다에게 지각된 한 동물을 내가 고갯짓이나 손짓으로 가리키며 "고양이"라고 발화한 것을 문장으로 표현한다면, "저기 있는 저 동물은 고양이입니다"가 될 것입니다. 당신이 아니라고 한 말도 문장으로 표현한다면, "만일 당신이 저 동물을 고양이라고 생각한다면, 당신은 오류입니다. 당신이 방금 한 진술은 거짓입니다"가 될 수 있을 것입니다.

우리가 방금 고양이인지 개인지에 대해 생각한 것이 오류가 아닐 수 없는 것은, 우리가 그늘에 서 있는 개를 회색이 아닌 검은색이라고 생각한 것이 오류가 아닌 것과 마찬가지입니다. "저 개는 검은색**이다**"처럼 어떤 주장을 할 때에만, 우리가 말하거나 생각한 것이 참인지 거짓인지 여부에 대한 물음이 생길 수 있습니다. "이다"라는 그 단어가 우리의 사고 속으로 들어와야, 그에 따라서 "아니다"라는 다른 단어도 함께 움직이게 되는 것입니다. "이다"와 "아니다"가 우리 사고 속으로 들어올 때, 우리는 관념을 단순히 지니고 있는 단계를 벗어나 관념을 서로 결합하고 분리하는 단계로 넘어가게 됩니다. 그러면 우리는 참이거나 거짓일 수 있는 의견을 형성하는 단계에 이르게 되는 것입니다.

사고의 더 높은 단계에 이르면 "그리고", "만일" 및 "그러면", "왜냐하면" 및 "따라서", "이것 아니면 저것", "둘 다는 아닌"과 같은 다른 말들이 우리의 사고 속으로 들어옵니다. 이 단계는 우리가 어떤 진술을 통해 다른 것을 긍정하거나 또는 거짓인 것으로 부정하게 되는 단계입니다.

관념, 판단, 추론

아리스토텔레스는 사고의 이 세 가지 단계 중에서, 지식을 만들어내기 위한 마음의 작동방법에 대한 설명을 중요하게 다루었습니다. 마음은 감각경험의 원료들로부터 관념을 형성해내며, 다시 이 관념을 원료 삼아 거기서 무엇인가를 긍정하거나 부정하는 판단을 형성해냅니다. 대화에서 단일 관념은 단일 단어나 구(句)로 표현되듯이, 판단은 문장으로, 즉 "이다"나 "아니다"가 들어가는 서술문으로 표현됩니다.

세 번째 단계를 아리스토텔레스는 추리 혹은 추론이라고 불렀습니다. 하나의 진술이 다른 진술에 대한 옹호 혹은 부정의 근거가 될 때에만, 마음은 사고의 이 세 번째 단계로 옮겨갑니다. 이 단계에서 사고는 우리가 생각하는 것에 대한 이유를 제시하는 것과 관련됩니다. 이 단계에서 우리가 생각하는 것은 참이거나 거짓일 수 있게 되고, 논리적이거나 혹은 비논리적일 수 있게 됩니다.

아리스토텔레스는 대단한 논리학자였습니다. 그는 논리과학의 기초를 만들었으며, 논리학을 주제로 한 최초의 책을 쓰기도 했습니다. 그의 논리학 책은 오랜 세기 동안 표준교과서로 통용되었고, 지금까지도 상당한 영향력을 행사하고 있습니다. 다음 장에서 우리는 우리의 사고를 논리적 방법으로 전개하는 데 필요한 그의 기본적인 규칙들을 살펴보게 될 것입니다.

논리적 사고가 비논리적 사고보다 낫기는 하지만, 논리적 사고라고 해서 반드시 참인 결론에 이르게 되는 건 아닙니다. 아리스토텔레스는 마음이 논리적 방법을 통하지 않고도 참인 의견을 지니는 것이 가능하며, 논리적 사고라 할지라도 거짓 결론에 이르게 될 수도 있음을 옳게 지적했습니다. 따라서 우리는 사고를 논리적 혹은 비논리적으로 만드는 것에 대해 주목한 뒤에, 사고를 참 혹은 거짓으로 만드는 것에 대해 살펴보아야 합니다.

17. 논리학의 작은 단어들

모순율

중력의 법칙이 뉴턴의 이름과 연결되어 있듯이, 모순의 법칙〔모순율〕[3]도 아리스토텔레스의 이름과 연결되어 있습니다. 또 상대성 이론이 아인슈타인의 이름과 연결되어 있듯이, 삼단논법 이론도 아리스토텔레스의 이름과 연결되어 있습니다. 모순의 법칙의 핵심에 두 개의 단어가 있습니다. "이다"와 "아니다"가 그것입니다. 삼단논법 이론, 즉 정확한 추론과 부정확한 추론에 대한 아리스토텔레스의 설명의 중심에 두 쌍의 단어가 있습니다. "만일" 및 "그러면"과 "왜냐하면" 및 "따라서"가 그것입니다.

사고의 규칙으로서 모순의 법칙은 주로 우리가 하지 **말아야** 할 것을 지시합니다. 그것은 모순에 **대항하는** 법칙이며, 말하거나 생각할 때 우

---

3 동일률〔同一律〕, 배중률〔排中律〕과 더불어, 아리스토텔레스에 의해 확립된 형식논리학의 3대 기본원리 중 하나. 어떤 명제와 그 명제의 부정이 동시에 참일 수 없다는 원리이다. 한편, 동일률은 어떤 명제가 참이면 그 명제는 참이라는 원리이며, 배중률은 어떤 명제와 그것의 부정 가운데 하나는 반드시 참이라는 원리이다.

리 스스로가 모순됨을 **피할 것**을 명하는 법칙입니다. 그것은 우리에게 하나의 동일한 질문에 예와 아니오 둘 다로 대답해서는 안 된다고 지시합니다. 다시 말해, 그것은 단일한 명제를 긍정도 하고 부정도 해서는 안 된다고 지시합니다. 만일 내가 플라톤은 아리스토텔레스의 스승**이었다**라고 말하거나 생각했다면, 나는 플라톤은 아리스토텔레스의 스승**이 아니었다**라고 말하거나 생각해서는 안 됩니다. 그렇게 말하거나 생각하는 것은 내가 긍정한 것을 부정하는 것이 되니까요.

당신은 왜 이 사고규칙이 그렇게 기본적이고 건전한 법칙인지 물을 수 있습니다. 아리스토텔레스는 그 물음에 대해, 모순의 법칙은 사고의 규칙일 뿐 아니라 세계 그 자체에 대한 진술, 우리가 생각하려 시도하는 실재에 대한 진술이기도 하기 때문이라고 대답했습니다.

실재에 대한 진술로서 모순의 법칙은 상식에 비추어볼 때 직접적으로 명백한 것을 지시합니다. 그것이 무엇이든 간에 그 어떤 것도, 존재하면서 동시에 존재하지 않을 수는 없습니다. 그것은 존재하든 안 하든 둘 중 하나이지, 동시에 둘 다일 수는 없습니다. 어떤 것이 특정한 속성을 갖고 있으면서 동시에 그것을 갖고 있지 않을 수는 없습니다. 내가 손에 들고 있는 사과가 지금 이 순간 붉은색이면서 동시에 붉은색이 아닐 수는 없습니다.

모순의 법칙은 너무나 분명해서, 아리스토텔레스는 이 법칙을 일컬어 자명한 법칙이라고 불렀습니다. 그가 보기에 이 법칙의 자명성은 곧 부정불가능성을 의미했습니다. 사과가 붉은색이면서 동시에 붉은색이 아닌 것이 불가능한 것은, 어떤 부분이 그것이 속한 전체보다 크다고 생각하는 것이 불가능한 것과 마찬가지입니다. 당신이 펜스 너머로 친 테니스공이 그 너머의 어딘가에 있을 거라고 생각하면서, 동시에 그곳에 없을 거라고 생각하는 것은 불가능합니다.

모순과 반대

실재 그 자체에 대한 진술로서 모순의 법칙은 사고의 규칙으로서 모순의 법칙의 바탕을 이룹니다. 실재에 대한 진술로서 모순의 법칙은, 사물의 있는 그대로의 방식을 **묘사**합니다. 사고의 규칙으로서 모순의 법칙은, 우리가 사물의 있는 그대로의 방식에 합치되게 생각하기를 원한다면 반드시 준수해야만 하는 사고의 방식을 **규정**합니다.

한 쌍의 진술이 동시에 둘 다 참이거나 둘 다 거짓일 수 없을 때, 그 두 진술을 서로 모순(contradictory)이라고 합니다. 서로 모순인 두 진술은, 둘 중 하나는 참이고 다른 하나는 거짓일 수밖에 없습니다. 플라톤은 아리스토텔레스의 스승이었거나 혹은 아니었거나입니다. 모든 고니는 흰색이거나 혹은 어떤 것은 아니거나입니다. 그런데 만일 내가, 모든 고니가 흰색이라는 진술에 모순되는 진술로 어떤 고니는 흰색이 아니라고 말하지 않고, 어떠한 고니도 흰색이 아니라고 말한다면, 그 두 진술 사이에는 모순이 생기지 않습니다. 모순 진술과 반대 진술에 대한 아리스토텔레스의 구별에 익숙하지 않은 사람은 이 점이 다소 혼란스러울 수 있습니다.[4]

---

4 이를 전칭긍정명제(A), 전칭부정명제(E), 특칭긍정명제(I), 특칭부정명제(O) 사이의 다음과 같은 관계 도식으로 이해하면 도움이 된다. 이 도식을 대립의 사각형(대당對當사각형)이라 부른다.

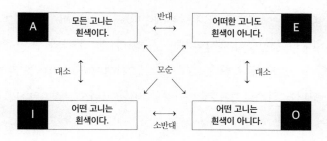

이 두 가지 진술, 즉 "모든 고니는 흰색이다"와 "어떠한 고니도 흰색이 아니다"의 경우, 둘 다 참일 수는 없지만 둘 다 거짓일 수는 있습니다. 어떤 고니는 흰색이고 어떤 고니는 검은색인 경우, "모든 고니는 흰색이다"도 거짓이고, "어떠한 고니도 흰색이 아니다"도 거짓이기 때문입니다. 둘 다 참일 수 없지만 둘 다 거짓일 수는 있을 때, 이러한 쌍의 진술을 아리스토텔레스는 반대(contrary)라고 불렀습니다.

그럼 둘 다 참일 수는 있고 둘 다 거짓일 수는 없는 쌍의 서술이 있을까요? 그렇습니다. 아리스토텔레스에 따르면, "어떤 고니는 흰색이다"와 "어떤 고니는 흰색이 아니다"는 둘 다 참일 수 있으면서 둘 다 거짓일 수는 없습니다. 고니는 흰색이거나 흰색이 아니어야 하고, 따라서 어떤 것이 흰색이라면 어떤 것은 흰색이 아니어야 합니다. 아리스토텔레스는 이러한 쌍의 진술을 소반대(subcontrary)라고 불렀습니다.

"어떤 고니는 흰색이다"와 "어떤 고니는 흰색이 아니다"라고 말하는 대신, 내가 "어떤 고니는 흰색이다"와 "어떤 고니는 검은색이다"라고 말했다고 해봅시다. 이 쌍의 진술은 소반대—즉 둘 다 거짓일 수는 없을까요? 그렇지 않습니다. 왜냐하면 어떤 고니는 회색이거나 녹색, 노란색, 파란색일 수 있기 때문입니다. **흰색**과 **검은색**은 배타적인 선택항이 아닙니다. 어떠한 관찰가능한 대상이 모두 흰색 아니면 검은색이어야 한다는 말은 맞지 않습니다.

그렇기 때문에, "모든 고니는 흰색이다"의 반대로서 "모든 고니는 검은색이다"라는 진술이 제시되지는 않습니다. 둘 다 참일 수 없고, 둘 다 거짓일 수 있기 때문입니다. "모든 고니는 흰색이다"의 반대를 말하려면, "모든 고니는 검은색이다"가 아니라 "어떠한 고니도 흰색이 아니다"라고 말해야 합니다.

"검은색"과 "흰색"과 달리, 서로 반대되는 어떤 쌍의 용어들은 다른 선택항이 없는 경우가 있습니다. 가령 모든 정수는 홀수 아니면 짝수입니다. 거기에는 제3의 가능성이 없습니다. 이처럼 우리가 배타적 선택항인 용어를 사용할 때는 "이다"와 "아니다"를 사용하지 않고도 모순을 진술하는 것이 가능합니다. 어떤 주어진 정수가 홀수라는 서술은 그 수가 짝수라는 서술과 모순됩니다. 왜냐하면, 만일 그것이 홀수라면 그것은 짝수가 아닌 것이고, 만일 그것이 짝수라면 그것은 홀수가 아닌 것이며, 그 외의 다른 가능성은 없기 때문입니다.

논리규칙들과 삼단논법

모순, 반대, 소반대인 진술들은 서로 공존할 수 없는 관계입니다. 아리스토텔레스가 말한 이 규칙의 중요성은 아무리 강조해도 지나치지 않을 것입니다. 이 규칙을 지키면 우리는 우리 자신의 진술에서 불일치를 피할 수 있고, 다른 사람의 진술에서 불일치를 찾아내 그가 말한 것에 대해 이의를 제기할 수 있게 해주기 때문입니다.

우리와 대화를 나누는 어떤 사람이 스스로 모순되거나 반대되는 진술을 한다면, 우리는 그의 말을 멈추고 이렇게 말하는 게 너무나 당연합니다. "당신은 그 두 가지를 둘 다 진술할 수 없습니다. 둘 다 참일 수는 없습니다. 그 둘 중에 당신이 정말 의미하는 건 무엇입니까? 어떤 것이 참이라고 주장하는 건가요?"라고 말입니다.

"모든"이라는 단어를 포함하는 일반화 진술은 단 하나의 부정 예(例)만으로도 반박될 수 있다는 점에 유의하는 것은 특히 중요합니다. 일반화 진술인 "모든 고니는 흰색이다"를 반박하기 위해서는 우리는 단지 흰색이 아닌 고니 한 마리를 제시하는 것으로 충분합니다. 그 하나의 부정 예로써 일반화 진술의 거짓임이 입증됩니다.

흔히 말하는 과학적 일반화가 바로 이런 방법으로 테스트됩니다. 그 일반화가 참이라는 주장은 그것을 반증하는 부정 예가 발견되기 전까지만 참인 것으로 지지될 수 있습니다. 부정 예에 대한 탐색은 끝날 수가 없는 것이기 때문에, 모든 과학적 일반화는 최종적으로 혹은 완전하게 확증된 것으로 간주될 수 없습니다.

인간에게는 일반화하는 경향이 있는데, 특히 성별, 인종, 혹은 종교가 자기와 다른 인간에 대해 생각할 때 더욱 그렇습니다. 남자 중에는, 모든 여자는 다 어떠하다고 말하는 사람이 있습니다. 백인 중에는, 모든 흑인은 다 어떠하다고 말하는 사람이 있습니다. 그리고 개신교도 중에는, 모든 가톨릭 신자는 다 어떠하다고 말하는 사람이 있습니다. 이 모든 경우를 놓고 볼 때, 그런 일반화가 틀렸음을 입증하는 데는 각각 단 하나의 부정 예를 드는 것으로 충분합니다. 그리고 우리가 들 수 있는 부정 예가 많으면 많을수록, 그 일반화가 틀린 것임을 입증하기는 그만큼 더 쉬워집니다.

"검은색"과 "흰색" 혹은 "홀수"와 "짝수" 같은 반대 용어의 사용에는 우리의 사고를 특정한 규칙에 따라 제어하는 다른 단어의 세트가 함께 쓰입니다. "이것 아니면 저것[either-or]"와 "둘 다는 아닌[not both]"이 그것입니다. 예컨대 우리가 무엇인가를 결정하기 위해 동전 던지기를 할 때, 우리는 동전이 앞면 아니면 뒷면이 나오지, 동시에 둘 다 나오지는 않을 것임을 알고 있습니다. 그것은 강한 선언판단[disjunction][5]입니다. 그런데

---

5 "A 혹은 B" 형식의 판단을 선언[選言]판단이라 한다. 이때, A와 B 둘 다일 수는 없는 경우를 강한 선언[다른 말로, 배타적 선언], A이면서 B일 수도 있는 경우를 약한 선언[다른 말로, 포괄적 선언]이라고 한다.

약한 선언판단도 있습니다. 그것은, 어떤 것이 이것일 수도 있고 저것일 수도 있으며, 비록 동일한 양상이나 동일한 시간에는 아닐지라도 둘 다일 수 있는 경우입니다. 토마토를 예로 들면, 우리는 하나의 동일한 토마토가 녹색일 수도 있고 붉은색일 수도 있다고 말하는 것이 가능합니다. 단, 서로 다른 시간에 말입니다.

선언판단은, 특히 강한 선언판단의 경우, 간단한 직접추론이 가능합니다. 만일 우리가 어떤 정수가 홀수가 아님을 안다면, 우리는 그것이 짝수임을 즉시 추론할 수 있습니다. 마찬가지로, 만일 우리가 어떤 정수가 소수〔素數〕가 아님을 안다면, 우리는 그것이 1과 그 자신의 수 외의 다른 수로도 나누어질 수 있음을 즉시 추론할 수 있습니다. 우리가 동전 던지기를 한 결과 앞면이 나왔다면, 뒷면에 걸었던 사람은 내기에서 졌다는 사실을 우리는 즉시 알 수 있습니다. 우리는 그 사실을 확인하기 위해 굳이 동전을 뒤집어볼 필요가 없습니다.

이런 종류의 추론을 아리스토텔레스는 직접추론이라고 불렀습니다. 그 이유는 하나의 서술의 참 혹은 거짓으로부터 다른 서술의 참 혹은 거짓이 바로 확인되기 때문입니다. 여기에는 아무런 추론과정이 포함되지 않습니다. 만일 우리가 모든 고니는 흰색이라는 말이 참이라는 사실을 알게 되었다면, 우리는 어떤 고니는 흰색이라는 사실도 직접적으로 알수 있으며, 최소한 어떤 흰 것은 고니라는 사실 또한 알 수 있게 됩니다.

그런데 우리는 이 간단한 추론과정에서 실수할 수 있습니다. 그리고 실제로 그런 실수가 자주 일어납니다. 예컨대, 모든 고니는 흰색이라는 사실로부터 어떤 흰 것은 고니라고 추론하는 건 정확하지만, 모든 흰 것이 고니라고 추론하는 건 매우 부정확합니다.

그런 부정확한 추론을 아리스토텔레스는 부당환위[illicit conversion][6]라고 불렀습니다. 흰색인 것의 집합은 고니의 집합보다 더 넓습니다. 고니는 단지 세상의 흰색인 것들 중 일부일 뿐입니다. 그렇게 생각하는 실수의 이유가 고니가 흰색이기 때문임을 분명히 하기 위해 우리는 또한, 모든 흰색인 것이 고니라는 것은 동연[同延][7]이 아닌 두 집합을 동연인 것으로 다루는 것이라고도 말할 수 있습니다.

두 쌍의 단어가 직접추론에서뿐만 아니라 더 복잡한 추론과정에서도 작동합니다. 그것은 "만일" 및 "그러면"과, "왜냐하면" 및 "따라서"입니다. 직접추론(모든 고니는 흰색이라는 사실로부터 이끌어낸, 어떤 고니는 흰색이라는 추론)의 논리적 정확성을 표현하기 위해, 우리는 **"만일** 모든 고니가 흰색이라면, **그러면** 결론적으로 어떤 고니는 흰색이다"라고 말합니다. 부당환위의 논리적 부정확성을 표현하기 위해서는 **"만일** 모든 고니가 흰색이라면, **그러면** 결론적으로 모든 흰색인 것은 고니이다"라고 말합니다.

이 두 종류의 "만일-그러면" 진술은 논리적으로 정확한 진술과 논리적으로 부정확한 진술들입니다. 여기서 강조해두어야 할 중요한 요지는, 논리적으로 정확한 추론과 논리적으로 부정확한 추론에 관한 이 "만일-그러면" 진술들의 참은 "만일"과 "그러면"으로 연결된 진술들의 참에 전혀 의존하지 않는다는 점입니다.

모든 고니가 흰색이라는 진술은 사실은 거짓일 수 있습니다. 그럼에도 불구하고, 어떤 고니는 흰색이라고 추론하는 것은 논리적으로 타당

---

6 환위[換位]는 정언명제의 주어와 술어의 자리를 바꾸는 것을 말한다. 이 환위에서 오류가 발생할 때, 이를 부당환위의 오류라고 한다. 예컨대, "모든 동물은 생물이다"를 단순 환위하여 "모든 생물은 동물이다"로 만드는 경우가 이에 해당한다.

7 동연[同延]은 '등각삼각형과 등변삼각형'처럼 외연은 같지만 내포는 다른 경우를 가리킨다.

합니다. **만약**—오직 만약일 때만—모든 고니가 그렇다면 말입니다. 모든 흰 것이 고니라는 진술이 사실은 거짓이 아니라 참이라고 하더라도, 모든 고니는 흰색이라는 사실로부터 모든 흰 것이 고니라고 추론하는 것은 논리적으로는 여전히 부정확한 것입니다.

"만일"과 "그러면"의 사용에 대해서는 이쯤 해두고, 정확한 추론과 부정확한 추론에 대한 우리의 인식으로 넘어가봅시다. "왜냐하면"과 "따라서"는 어떤가요? 우리가 "만일"과 "그러면"을 "왜냐하면"과 "따라서"로 대체할 때, 우리는 사실은 "만일"과 "그러면"만을 사용할 때는 만들지 않았던 추론을 만드는 것입니다.

우리가 사용했던 동일한 사례에 머물기 위하여 나는 고니 혹은 흰색인 것들에 관해 만든 모든 "만일-그러면" 진술에서 아무런 실제적 추론도 하지 않았습니다. 그러나 내가 "**왜냐하면** 모든 고니는 흰색이므로, **따라서** 어떤 고니는 흰색이다"라고 말할 때에는, 실제적 추론을 한 것입니다. 모든 고니가 흰색이라는 나의 주장이, 어떤 고니는 흰색이라는 주장을 할 수 있게 한 것입니다.

내가 "왜냐하면"과 "따라서"로 연결된 이런 종류의 주장을 내놓을 때만, 나의 첫 번째 진술의 참 혹은 거짓이 두 번째 진술의 참 혹은 거짓에 영향을 미칩니다. 나의 추론이 논리적으로 타당하더라도 그 실제적 추론의 결론은 실제로는 거짓일 수 있습니다. 그렇게 되는 이유는 "왜냐하면"으로 시작된 처음의 진술이 사실은 거짓이기 때문입니다. 사실은 어떠한 고니도 흰색이 아닐 수 있으며, 그래서 일부가 그렇다는 결론은 거짓인 것입니다.

내가 "만일 모든 고니가 흰색이라면……"이라고 말할 때, 나는 "만일 모든 ~가"라고 말했지, "만일 그 모든 ~가"라고 말하지 않았습니다. 그러나 내가 "왜냐하면 모든 고니가 흰색이므로……"라고 말할 때에는 나는 "그 모두가"라고 말했습니다. 내가 그 주장을 만들 때 옳게 했더라면, 어떤 고니는 흰색이라고 주장하는 것도 옳았을 것입니다.

지금까지 했던 아리스토텔레스의 직접추론의 규칙에 대한 이야기가, 그의 삼단논법 이론을 구성하는 추론의 규칙에 대해 간단히 요약할 수 있도록 도움을 줍니다. 전형적인 삼단논법은 다음과 같습니다.

대전제 : 모든 동물은 죽는다.
소전제 : 모든 사람은 동물이다.
결 론 : 모든 사람은 죽는다.

아래에서 추론의 두 가지 사례를 삼단논법 식으로, 즉 하나의 대전제와 하나의 소전제로부터 결론에 이르는 방식으로 살펴봅시다. 첫 번째 사례는, 추론은 논리적으로 타당하지만 소전제가 거짓이어서 결론이 거짓이 되는 경우입니다.

대전제 : 천사는 남자도 아니고 여자도 아니다.
소전제 : 어떤 사람은 천사이다.
결 론 : 어떤 사람은 남자도 아니고 여자도 아니다.

그리고 이것은 두 가지의 참인 전제로부터 참인 결론에 논리적으로 이르게 되는 경우입니다.

대전제 : 포유류는 알을 낳지 않는다.

소전제 : 인간은 포유류이다.

결 론 : 인간은 알을 낳지 않는다.

위의 세 가지 서로 다른 추론 사례를 보면, 우리는 삼단논법 추론이 직접추론보다 더 복잡하다는 것을 한 눈에 확인할 수 있습니다. 직접추론에서는 하나의 진술에서 곧바로 다른 하나의 진술로 넘어가며, 두 진술은 같은 명사(名辭)[8]를 갖습니다. 삼단논법 추론에서는 세 개의 서로 다른 명사가 들어간 두 개의 서술로부터, 그 세 명사 중 두 개의 명사가 들어간 결론으로 넘어갑니다.[9]

위의 첫 번째 예에서 대전제와 소전제의 세 명사는 "동물", "사람", 그리고 "죽는다"입니다. 그리고 결론의 두 명사는 "사람"(소전제의 명사)과 "죽는다"(대전제의 명사)입니다. 삼단논법 추론에서 이것은 항상 나타나는 경우이며, 두 전제에 들어 있던 세 번째 명사("동물")가 결론에서 빠진다는 점 역시 항상 그렇습니다.

아리스토텔레스는 대전제와 소전제에 공통인 명사를 중명사라고 불렀습니다. 그것은 결론에서 빠지게 되는데, 그 이유는 추론과정에서 자신의 역할을 다했기 때문입니다. 그 역할이란 다른 두 명사를 서로 연결시키는 것입니다. 즉, 중명사는 그 둘을 매개합니다. 이것이 아리스토텔

---

8 논리학에서 명제의 구성요소가 되는 것을 말한다. 주어(subject)와 술어(predicate)로 나뉘는데, 주어는 명제의 주체에 해당하는 요소, 술어는 주어를 규정하는 요소이다.

9 삼단논법에서, 결론의 주어를 '소명사(minor term)', 결론의 술어를 '대명사(major term)'라 한다. 대명사를 포함하는 전제가 대전제, 소명사를 포함하는 전제가 소전제이다. 두 전제에는 대·소명사와는 다른 제3의 명사가 포함되는데, 이는 두 전제를 결부시켜 결론으로 이끄는 매개 작용을 하는 것으로 '중명사(middle term)' 혹은 '매개명사'라 한다. 중명사는 두 전제에서만 나타나고 결론에서는 나타나지 않는다(대명사, 소명사, 중명사를 각각 '대개념', '소개념', '매개념'이라 부르기도 한다).

레스가 삼단논법적 추론을 직접추론과 달리 매개된 추론이라고 부른 이유입니다. 직접추론에서는 매개 자체가 필요 없기 때문에 중명사가 필요 없습니다.

앞에서 제시한 삼단논법 추론의 세 가지 사례에서 중명사가 각각 어떻게 기능하는지를 여기서 일일이 설명하지는 않겠습니다. 당신이 직접 해보기 바랍니다. 당신이 기억해야 할 추가적인 규칙 두 가지만 언급하겠습니다. 첫째는, 만일 대전제 혹은 소전제가 부정일 경우(즉, "이다"가 아닌 "아니다", "모든"이 아닌 "어떠한 ~도"를 포함할 경우)는 결론도 역시 부정이어야 한다는 것입니다. 두 전제 중 하나가 부정일 경우, 당신은 긍정의 결론을 도출할 수 없습니다.

두 번째는, 중명사가 연결기능을 해야 한다는 것입니다. 중명사가 그 기능을 하지 않는 경우의 사례는 다음과 같습니다.

대전제 : 어떠한 인간도 본성상 짐 나르는 짐승이 아니다.
소전제 : 어떠한 노새도 본성상 인간이 아니다.
결 론 : 어떠한 노새도 본성상 짐 나르는 짐승이 아니다.

결론이 실제로 거짓일 뿐 아니라 논리적으로도 부당한 결론입니다. 두 개의 긍정 전제로부터 긍정의 결론이 도출되어야지, 두 개의 부정 전제로부터는 어떠한 결론도 타당하게 도출될 수 없습니다. 그 이유는 대전제의 부정이 본성상 짐 나르는 짐승의 집합으로부터 모든 인간을 배제하며, 소전제의 부정이 인간의 집합으로부터 모든 노새를 배제하기 때문입니다. 그렇기 때문에 우리는 노새의 집합과 본성상 짐 나르는 짐승의 집합 사이의 관계에 대해 어떠한 추론도 할 수 없는 것입니다.

대전제와 소전제 모두 참이지만 그것으로부터 비논리적으로 끌어낸 결론은 거짓인 방금의 사례는 흥미롭습니다. 두 전제가 실제로 거짓이면 그것들로부터 논리적으로 끌어낸 결론은 거짓이 되는 경우도 있습니다. 가령 다음과 같은 경우입니다.

대전제 : 어떠한 아버지도 딸을 갖고 있지 않다.
소전제 : 모든 결혼한 사람은 아버지이다.
결 론 : 어떠한 결혼한 사람도 딸을 갖고 있지 않다.

이 모든 사례들(그리고 우리가 살펴보았던 다른 사례들)이 우리에게 보여주는 것은 이미 지적한 바와 같습니다. 그리고 아마 반복해서 말할 필요가 있을 것입니다. 즉, 전제와 결론이 실제로 참인지 거짓인지와 상관없이 추론 자체는 논리적으로 타당할 수 있다는 것, 그리고 두 전제가 모두 실제로 참일 때만 거기에서 도출된 결론도 실제로 참일 수 있다는 것입니다.

만일 둘 중 하나의 전제가 거짓이라면, 그러면 거기에서 논리적으로 끌어낸 결론은 참일 수도 있고 거짓일 수도 있습니다. 반면, 특정 전제로부터 논리적으로 끌어낸 결론이 사실상 거짓이라면, 그러면 우리는 그 결론이 도출된 전제의 하나 **혹은** 둘 다 역시 거짓일 수밖에 없다고 추론할 수 있습니다.

이것이 아리스토텔레스가 지적한, 추론의 추가적인 중요한 규칙으로 우리를 이끕니다. 직접추론에서와 마찬가지로 삼단논법 추론에서 그 추론의 타당성은 "만일"과 "그러면"에 의해 표현됩니다. 우리는 삼단논법 추론에서 **만약** 두 개의 전제가 참이라면, **그러면** 거기에서 논리적으로 도출된 결론도 참이라고 말합니다. 우리는 아직 전제들의 참에 대해서는 주장하지 않았습니다. 우리는 다만 전제에서 결론으로의 추론의 타당성만을 주장했습니다. "만약"을 "때문에"로 대체함으로써 전제들의 참을 주장할 때에만, 우리는 "그러면"을 "따라서"로 대체하고 결론의 참도 주장할 수 있습니다.

우리가 여기서 관심을 두고 있는 규칙은 두 부분을 가지고 있습니다. 한 편으로 그것은, 만약 우리가 전제의 참을 주장하면 우리는 결론의 참을 주장할 권리가 있음을 말해줍니다. 다른 한 편으로 그것은, 만약 우리가 결론의 참을 부정하면 우리는 전제들의 참을 문제 삼을 권리가 있음을 말해줍니다. 나는 "전제들의 참을 부정할"이라고 말하지 않고 "전제들의 참을 문제 삼을"이라고 말했습니다. 그 이유는 결론의 참을 부정할 때, 우리는 전제들 중의 하나가 거짓이거나 혹은 둘 다가 거짓임은 알 수 있지만, 둘 중 어떤 것이 거짓인지는 알 수 없기 때문입니다.

지금 말한 양날의 규칙은 특히 아리스토텔레스가 가언(조건)추론이라고 부른 추론에 적용할 수 있습니다. 그것은 대개 세 개가 아닌 네 개의 명사를 포함합니다.

알렉산더 해밀턴(Alexander Hamilton)은 《연방주의자》[10]의 한 논설에서 "만약 인간이 천사라면, 정부는 필요 없을 것이다"라고 말했습니다. 만약 해밀턴이 이렇게 말하고 나서 '인간이 천사라면'을 부정하고자 했다면, 아무런 결론도 도출되지 않았을 것입니다. 우리가 가언추론에서 전건[前

---

10 1787~1788년에 뉴욕 주 유권자들이 헌법 비준을 지지하도록 설득하기 위해 알렉산더 해밀턴, 제임스 매디슨(James Madison), 존 제이(John Jay) 등이 발행한 논설. 신생 미국에 강력한 정부가 수립되어야 함을 역설했다.

件)이라 불리는 조건절을 부정하면 후건(後件)이라 불리는 결론절을 부정해서는 안 되는 규칙(전건부정의 오류)이 있기 때문입니다.

하지만 해밀턴은 인간사회에 정부가 의심의 여지없이 필요하다고 생각했습니다. 따라서 그는 인간이 천사임을 주저 없이 부정했습니다. 그가 그럴 수 있었던 건 가언추론에서 후건의 부정은 전건의 부정을 허용하기 때문입니다.

해밀턴의 말은 추론를 드러내기보다 숨기는 단일한 복합문으로도 표현될 수 있습니다. 그 복합문은 이렇습니다. "인간은 천사가 아니기 때문에, 인간사회에는 정부가 필요하다." 이 진술에는 인간과 천사의 차이에 관한 부분과, 인간사회에 정부가 필요하게 만드는 인간의 특징에 관한 내용이 생략되어 있습니다. 필수적 전제를 빠뜨리거나 드러내지 않는 이런 종류의 압축된 논증을 아리스토텔레스는 생략삼단논법이라고 불렀습니다.

18. 진실 말하기와 진실 생각하기

참과 거짓

"참"이라는 말이 앞의 두 장에서 여러 번 사용되었습니다. 마음의 작동방법에 대해, 그리고 사고와 앎에 대해 다루다보니 자연히 참과 거짓에 대한 언급이 빈번했습니다. 우리가 무엇인가를 안다고 할 때, 우리가 아는 것은 그것에 관한 진실입니다. 우리가 타당하고 건전하게 생각하고자할 때, 우리의 노력은 바로 그 진실에 이르기 위한 것입니다.

나는 "진실"과 "허위"(혹은 "참"과 "거짓")라는 말을, 그 의미를 설명하지 않고도 사용할 수 있다고 생각합니다. 왜냐하면 모든 사람이 그 의미를 알고 있을 것이기 때문입니다. 그것은 공통개념이고, 공통적으로 쓰이는 말입니다. "진실이란 무엇인가?"라는 질문은 대답하기 어렵지 않습니다. 앞으로 보게 되겠지만, 이렇게 진실이 무엇인지 이해한 뒤에 당신이 맞이하게 되는 어려운 질문은, 어떤 진술이 참인지 거짓인지 어떻게 구별할 수 있는가 하는 것입니다.

내가 모든 사람이 상식으로서 진실과 허위를 이해하고 있다고 말한 이유는, 모든 사람이 거짓말 하는 법을 알고 있기 때문입니다. 우리 모두가 한두 번쯤 거짓말을 한 적이 있습니다. 그리고 거짓말을 하는 것과 진실을 말하는 것의 차이도 모두가 이해하고 있습니다.

내가 어떤 식당이 일요일에 문을 닫는다는 사실을 알고 있다고 해봅시다. 어느 일요일 아침, 당신이 내게 그 식당이 오늘 저녁에 문을 여는지 묻습니다. 나는 그렇다고 대답합니다. 내가 당신에게 거짓말을 하는 이유에 대해서는 상관하지 말기로 합니다. 나의 거짓말은 내가 나의 생각과 반대되는 것을 말하는 데 있습니다. 나는 그 식당이 저녁에 문을 **열지 않는다**고 생각하면서도 **연다**고 말합니다.

"아니다"라고 생각하면서 "이다"라고 말하는 것, 혹은 반대로 "이다"라고 생각하면서 "아니다"라고 말하는 것, 이것이 거짓말입니다. 그리고 진실을 말하는 것은 그 정반대입니다. "이다"라고 생각할 때 "이다"라고 말하고 "아니다"라고 생각할 때 "아니다"라고 말하는 것, 이것이 진실을 말하는 것입니다.

예전에 하버드 대학에서 철학을 가르친 어떤 교수는, "거짓말하는 사람은 존재론적 술어를 의도적으로 잘못 놓는 사람"이라고 위트 있게 말한 적이 있습니다. "이다"와 "아니다"가 바로 그 존재론적 술어입니다. 즉, 거짓말하는 사람은 달리 말해 고의적으로 "아니다"의 자리에 "이다"를, 혹은 "이다"의 자리에 "아니다"를 놓는 사람입니다. 요컨대, 거짓말을 하는 건 생각과 반대되는 것을 말하는 것이고, 진실을 말한다는 건 생각과 일치되게 말하는 것입니다.

생각과 말의 일치, 마음과 실재의 조응

좀 전에 말한 것처럼, 모든 사람이 이 점을 이해하고 있습니다. 내가 한 것은 모든 사람이 이해하고 있는 그것을 가능한 한 분명하게 드러냈을 뿐입니다. 내가 그렇게 한 것은, 우리의 사고를 참 혹은 거짓으로 만드는 것에 관한 질문에 대해 아리스토텔레스가 제시한 간단하고 분명하고 상식적인 대답에 대해 준비하기 위해서였습니다.

그의 대답은 이렇습니다. 다른 사람에게 진실을 말한다는 것이 자신의 생각과 말을 일치시키는 것이듯이, 진실된 사고를 한다는 것은 생각하는 것과 생각되는 것을 일치시키는 것이라고 말입니다. 가령 크리스토퍼 콜럼버스가 스페인 사람이었는지 이탈리아 사람이었는지 질문을 받았을 때, 만일 내가 그는 이탈리아 사람이었다고 생각한다면 그것은 옳게 생각한 것입니다. 반대로 이탈리아인이 아니었다고 생각한다면 그것은 잘못 생각한 것이죠.

우리의 사고를 참 혹은 거짓으로 만드는 것에 관한 아리스토텔레스의 설명의 이해를 위해서는 이 사례 하나로 충분할 것입니다. 그런 것을 그렇다고 생각하고 아닌 것을 아니라고 생각할 때, 우리는 진실되게 생각하는 것이고, 우리 마음에 진실을 가지고 있는 것입니다. 그런 것을 아니라고 생각하고 아닌 것을 그렇다고 생각할 때, 우리는 거짓되게 생각하는 것입니다.

다른 사람에게 진실을 말할 때, 그 일치는 우리가 실제로 생각하는 것과 그에게 말하는 것의 일치입니다. 진실을 생각할 때, 그 일치는 있는 그대로의 사실과 우리가 생각하는 것의 일치입니다. 즉, 진실은 마음과 실재의 조응 여부에 달려 있습니다.

우리는 혼잣말할 때든 누군가에게 말할 때든, 혹은 글로 적을 때든, 생각의 대부분을 단어로 표현합니다. 말로 표현한 생각만이 참 혹은 거짓인 건 아닙니다. 아리스토텔레스는, 의문문은 참도 아니고 거짓도 아니라고 옳게 지적했습니다. 청유문이나 명령문도 마찬가지입니다. 오직 서술문, 즉 "이다"나 "아니다" 혹은 그 말을 포함한 것으로 바꾸어 사용할 수 있는 단어 형태를 포함한 문장만이 참이거나 거짓일 수 있습니다.

이 점은, 어떤 진술이 참이 되게 하는 것은 그 진술과 사실의 일치에 있다는 아리스토텔레스의 이해를 고려할 때, 지극히 당연합니다. 서술적 진술은 사실—사물의 있는 그대로의 방식—을 묘사하려 시도하는 유일한 형태의 진술입니다. 서술적 진술만이 사실의 묘사에서 성공하거나 실패하거나 할 수 있습니다. 그 시도가 성공하면 그 진술은 참이고, 실패하면 거짓인 것입니다.

그렇다면, **묘사적** 진술이 아닌 **규정적** 진술은 어떻게 참 혹은 거짓이 될 수 있을까요? 그것은 참이나 거짓이 될 수 없는 걸까요? 규정적 진술이란 당신이나 내가 이러이러한 일을 마땅히 해야 한다고 규정하는 진술입니다. 만약 진술의 진실 혹은 허위가 우리가 주장하거나 부정하는 것과 사물의 존재방식 사이의 일치에 있는 것이라면, 내가 노는 시간을 줄이고 독서시간을 늘려야만 한다고 말하는 진술은 어떻게 참 혹은 거짓이 될 수 있는 걸까요?

그 질문에 답할 수 있게 되는 건 매우 중요한 일입니다. 만약 그 대답이 없다면, 우리가 삶에서 견지해야 할 목표에 대한 진술과, 그 목표에 도달하기 위해 강구해야 할 수단들에 대한 진술이 참도 아니고 거짓도 아니게 될 것이기 때문입니다.

우리가 행복의 추구에 관하여 아리스토텔레스로부터 배운 모든 것(이 책의 3부)이, 이 문제에 대한 아리스토텔레스의 의견의 표현으로 여전히 우리의 주목을 끕니다. 그러나 거기에서 그는 우리의 도덕적 의무인 좋은 삶의 달성을 위해 우리가 해야만 하는 일에 대한 자신의 추천이 반드시 옳은 것이라고 주장할 수 없었고, 나 역시 그렇게 주장할 수 없었습니다.

아리스토텔레스는 좋은 삶과 그것의 달성 방법에 대한 자신의 가르침이 옳다고 분명하게 생각했습니다. 따라서 그는 "해야 한다" 또는 "해서는 안 된다"는 단어를 포함하는 진술의 진실성에 대한 질문에 대한 대답을 분명 가지고 있었습니다. 그는 **묘사적** 진술이 실재와 일치 또는 조응할 때 진실인 것처럼, **규정적** 진술은 올바른 욕망과 일치 또는 조응할 때 진실이라고 말했습니다.

올바른 욕망이 무엇인가요? 우리가 욕망해야만 하는 것을 욕망하는 것입니다. 우리가 욕망해야만 하는 것이 무엇인가요? 인간에게 진정으로 좋은 모든 것입니다. 인간에게 진정으로 좋은 것이 무엇인가요? 인간의 필요를 충족시켜주는 모든 것입니다.

사람은 무엇이든 자신에게 진정으로 좋은 것을 욕망해야 한다는 진술이 자명한 것은, 부분은 그것이 속한 유한한 전체보다 작다는 진술이 자명한 것과 같습니다. 부분이 그것이 속한 전체보다 크다고 생각한다거나 혹은 전체가 그것의 어떠한 부분보다 작다고 생각할 수 없는 것처럼, 우리는 우리에게 **진정으로 좋은** 것을 욕망**해서는 안 된다**거나 혹은 우리에게 **진정으로 나쁜** 것을 욕망**해야 한다**고 말할 수는 없는 것입니다.

우리의 인간적 필요 중에는 지식에 대한 필요도 있습니다. 지식은 인간이 지니기에 진정으로 좋은 것입니다. 올바른 욕망이란 우리가 욕망해야 하는 것을 욕망하는 것이므로, 우리가 지식을 욕망해야 한다는 진술은 올바른 욕망에 조응합니다. 그것은 올바른 욕망에 조응하기 때문에 참인 것이라고, 규정적 진술을 참으로 만드는 것에 관한 아리스토텔레스의 이론은 말하고 있습니다.

참과 거짓의 구별

방금 우리는 어떤 진술이 참인지 거짓인지 분간하는 방법에 대한 대답으로 나아가는 가장 중요한 한 걸음을 내딛었습니다. "유한한 전체는 그것의 어떠한 부분보다도 크다"와 같은 진술은 그것의 진실임이 바로 표면에 드러납니다. 우리가 그 진술을 구성하는 말들—"전체", "부분", 그리고 "~보다 크다"—을 이해하는 순간, 우리는 바로 그 진술이 참이라는 사실을 압니다. 전체가 무엇인지, 부분이 무엇인지, **더 크다**는 관계가 무엇인지에 대해 아는 것은, 전체가 그것의 어떠한 부분보다 크다는 사실을 동시에 알고 있지 않는 한, 불가능합니다.

우리가 이런 식으로 자명한 것으로 만들 수 있는 진술이 많은 것은 아닙니다. 진정으로 좋은 것이 욕망되어야 한다는 진술은 그 중 하나입니다. 그러나 그것의 진실성은 전체와 부분에 관한 진실성만큼 뚜렷하지는 않습니다. 그 이유는, 우리가 전체와 부분을 이해하는 것은 쉽지만, 진정한 좋음과 외견상 좋음의 구별, 그리고 욕망되어야 할 것과 사실상 욕망되는 것 사이의 구별은 그보다 어렵기 때문입니다.

때때로 우리는 자명하지 않은 진술을 자명한 것으로 말하곤 합니다. 우리가 그렇게 할 때, 대개 우리는 그것을 보편적으로 받아들일 만한 진실로서, 즉 추가적인 논쟁 없이 받아들일 만한 진실로서 제시하고 싶어 합니다. 그것이 토머스 제퍼슨이 《미국 독립선언문》에 "우리는, 모든 인간은 평등하게 태어났다는 것, 모든 인간은 창조주로부터 남에게 양도할 수 없는 권리를 부여받았다는 것을 자명한 것으로 받아들인다"라고 썼을 때 했던 일입니다. 이 진술은 선언문의 서명자들과 지지자들로부터 참된 것으로 받아들여졌지만, 그것의 진실성을 확고하게 정립하기 위해서는 더 확장된 논증이 필수적이었습니다.

방금 내가 말한 것이, 우리가 어떤 진술이 참인지 거짓인지 분간할 수 있는 또 다른 방법을 가리킵니다. 즉, 만약 그것이 자명하게 참인 것이 아니라면, 그것의 진실성은 논증이나 추론를 통해 확립될 수 있는 것입니다. 아리스토텔레스에 따르면, 어떤 진술의 진실됨은 이 방식으로 입증될 수 있습니다. 어떤 진술의 입증 또는 증명을 위해 두 가지 요건이 충족되어야 합니다. 하나는 추론에 사용되는 전제의 진실성이고, 다른 하나는 추론 자체의 정확성 혹은 타당성입니다.

"미합중국은 뉴욕 주보다 크다"는 진술이 있다고 해봅시다. 이 진술의 진실성을 확립하기 위해서는 두 가지 전제가 요구됩니다. 하나는 "전체는 그것의 어떠한 부분보다 크다"이고, 다른 하나는 "미합중국은 전체이고, 뉴욕 주는 그것의 한 부분이다"입니다. 이 두 가지 진술로부터 미합중국은 뉴욕 주보다 크다는 결론이 나옵니다. 전제가 참이고, 그것으로부터 나온 결론도 참입니다.

매우 적은 진술들만이 우리에게 자명한 것으로 보일 수 있는 것처럼, 참인 전제들로부터 타당한 추론을 거쳐 우리에게 참인 것으로 보일 수 있는 것도 매우 적습니다. 우리가 생각하는 것을 표현하는 진술의 진위 여부는 그렇게 쉽게 결정되지 않습니다. 대부분의 경우 우리는 어떤 진술이 참인지 거짓인지 확신이 안 서는 채로 남게 됩니다. 우리의 감각경험에 의해 우리에게 제공되는 증거에 호소할 때, 우리는 그 불확실함을 해소할 수 있습니다.

예컨대, 우리가 어떤 건물이 12층 건물인지 13층 건물인지 확신이 안 선다면, 그 불확실함을 해소하는 방법은 건물을 보면서 직접 세어보는 것입니다. 단 한 번의 비교적 간단한 관찰로 우리는 그 건물의 높이에 대한 진술이 참인지 거짓인지 알 수 있습니다.

관찰에 호소하는 것은 우리가 감각으로 지각할 수 있는 것에 관한 진술의 진실과 허위를 결정하는 방법입니다. 당신은 우리가 그 감각을 신뢰할 수 있는 것인지 물을 수 있습니다. 물론 항상 신뢰할 수 있는 것은 아닙니다. 그러나 우리 자신의 관찰을 통해 확인하는 것은 다른 사람이 관찰한 것을 확인 혹은 확증되게 만드는 방법임에는 틀림없습니다.

예컨대 나는 나 자신이 관찰한 결과로, 벽에 부딪친 어떤 자동차가 과속운전 중이었다고 진술할 수 있습니다. 자동차가 실제로 그랬는지 여부를 가리기 위해서는 다른 목격자들의 증언도 참조해야 할 것입니다. 만일 그들도 나와 동일한 내용을 증언한다면, 벽에 부딪친 그 자동차가 과속운전 중이었다는 말은 아마도 참일 것입니다. 같은 증언을 하는 목격자들이 많을수록, 그 개연성은 더 높아질 것입니다.

개연적으로만 참인 진술은 우리가 확실히 참이라고 간주하는 진술이 갖는 것과 동일한 진실성을 갖고 있습니다. 자동차는 과속운전 중이었을 수도 있고 아니었을 수도 있습니다. 그것의 속도에 대한 진술은 참일 수도 있고 거짓일 수도 있습니다. 어떤 진술이 개연적으로만 참이라고 말할 때, 우리는 그것의 진실성의 정도를 재는 것이 아니라, 그것이 참이라고 주장하는 우리 자신의 확신의 정도를 평가하는 것입니다.

개연성의 정도는 진술의 진실성의 척도가 아닙니다. 단지 우리가 그것이 진실인지 여부를 가릴 수 있는 확신의 척도일 뿐입니다. 전체와 부분에 관한 진실처럼 우리가 확신을 가지고 긍정할 수 있는 진실이, 벽에 부딪친 자동차의 속도에 관한 진실처럼 개연적으로만 참이라고 여기는 진실보다 그 진실의 정도가 더 강한 건 아닙니다.

어떤 것은 진술의 진실성을 가리는 데 도움이 되는 관찰로서 자격이 있을 수도 있고, 어떤 것은 그렇지 않을 수도 있습니다. 예컨대 나는 나 자신의 관찰의 결과로서 내 손가락에 끼인 반지가 금반지라고 말할 수 있습니다. 그런데 그것은 금으로 보일 뿐 사실은 금도금일 수도 있습니다. 육안 관찰만으로는 분간하기가—불가능하지는 않겠지만—어렵습니다. 숙련된 보석세공사라 할지라도 이것을 한 번 보거나 만져보는 것만으로 당신에게 정확한 소견을 말해주지는 않을 것입니다. 보석세공인들은 금처럼 보이는 물체들의 진짜 성분을 알아내는 방법이 있다는 걸 알고 있습니다. 숙련된 증언자라고 할 수 있는 보석세공인은 당신의 반지로 적절한 테스트를 하고 그 결과를 봄으로써, 반지에 대한 나의 처음 진술이 참인지 거짓인지 말해줄 수 있을 것입니다.

참·거짓을 알 수 있는 두 가지 방법

지금까지 우리는 특정한 대상, 즉 특정한 건물의 높이, 자동차의 속도, 반지의 성분에 대한 진술을 살펴보았습니다. 그런 진술의 진실성은 관찰을 통해 확인할 수 있습니다. 우리는 우리 자신의 관찰이든 타인의 관찰이든 그 관찰의 결과로서 때로는 비교적 확신할 수도 있고 때로는 확신하지 못하는 상태에 머물 수도 있습니다.

관찰은 우리가 자명하게 참인 진술 혹은 타당한 추론를 통해 참인 것으로 확립될 수 있는 진술에 대해 갖는 그런 확실성을, 거의 주지 못합니다. 나는 "결코"라고 하지 않고 "거의"라고 말했습니다. 그 이유는, 아리스토텔레스가 말했듯이, 관찰 가능한 대상에 관한 어떤 간단한 진술은 어떤 일반 진술이 자명하게 참인 것만큼이나 명백하게 참인 경우가 있기 때문입니다. 지금 내가 이 문장을 쓰고 있는 타자기에 종이 한 장이

끼워져 있다는 사실은 나에게 직접적으로 명백합니다. 나는 이 관찰 가능한 사실에 관한 진술의 진실성을 확신하기 위해 다른 증인의 확인을 필요로 하지 않습니다. 내가 그것의 진실성에 대해 갖는 확신은 전체와 부분에 관한 진술에 대해 갖는 확신과 같습니다.

우리에게는 "모든 고니는 흰색이다"나 "모든 에스키모 인들은 키가 작다"와 같은, 우리가 경험의 일반화라고 부르는 진술들의 집합이 남아 있습니다. 우리를 포함한 세상 어느 누구도 **모든** 고니의 색이나 **모든** 에스키모 인들의 키를 관찰하는 것은 불가능하기 때문에, 관찰 그 자체로는 이러한 일반화의 진실성을 확립할 수 없습니다.

좀더 많은 관찰이라면 그 일반화가 어쩌면 참일 수 있다고 우리를 설득할 수 있을 것입니다. 그 수가 많으면 많을수록 우리는 더 많이 설득될 것입니다. 그러나 그 수치의 증가는 개연성만을 증가시킬 뿐입니다. 그것은 결코 그 일반화가 참이라는 확신을 주지는 못합니다.

그런데 우리는 그 일반화가 참이라고 확신하는 것은 불가능하지만, 그것이 거짓이라는 점을 확신하는 것은 가능합니다. 앞 장에서 나는 "어떤 고니는 검은색이다" 혹은 "내가 관찰하고 있는 이 고니는 검은색이다"라는 진술이 "모든 고니는 흰색이다"라는 진술과 모순됨을 지적한 바 있습니다. 서로 모순인 두 진술은 둘 다 참일 수 없습니다. 이 한 마리의 고니가 검은색이라는 나의 관찰의 진실성이, 모든 고니가 흰색이라는 일반화가 거짓임을 입증합니다. 그 하나의 관찰의 빛을 통하여 나는 그 일반화가 거짓임을 확실하게 알게 됩니다.

어떤 진술이 참인지 거짓인지 우리가 어떻게 알 수 있는가라는 질문에 대한 아리스토텔레스의 대답을 요약하자면, 우리는 한 편으로는 경험을 통해, 또 한 편으로는 추론을 통해 알 수 있다고 말할 수 있습니다.

감각적 지각이 문제가 되는 진술의 참과 거짓을 확인하는 한 가지 방법을 우리에게 제공해줍니다. 그리고 우리는 우리 자신의 마음을 구성하기 전에 항상 다른 사람들의 의견, 즉 대부분의 사람들, 극소수 전문가들, 그리고 지혜로운 사람들의 의견을 고려할 것을 아리스토텔레스는 추천합니다.

19. 합리적 의심 너머

지식과 의견

미국 법정에서는 배심원의 평결에 관한 두 가지 기준이 정해져 있습니다. 때로는 법정이 제출한 사실의 쟁점에 대하여 배심원은 그것이 더 이상의 합리적 의심〔이성을 가진 사람이라면 당연히 품을 의심〕이 더 이상 없는지에 대해 답변할 것을 요구받습니다. 하지만 때로는 어느 한 쪽이 증거의 우월에 의해 지지되는 것으로 생각한다는 배심원의 답변이 있으면 그것으로 족한 경우도 있습니다.

아리스토텔레스는 다양한 질문에 대한 대답들을 이와 유사한 방식으로 구별했습니다. 우리는 때로는 어떤 질문에 대해 지식의 지위를 갖는 진술로써 대답할 수 있습니다. 이는 더 이상의 합리적 의심의 여지가 없다고 보는 배심원의 답변과 비슷합니다. 반면, 지식으로 이루어져 있지 않은 대답도 있을 수 있습니다. 아리스토텔레스는 이것을 의견이라 불렀는데, 이는 증거의 우월에 의해 지지된다고 보는 답변과 비슷합니다. 의견은 자기 쪽에 쌓이는 증거의 무게가 무거울수록 지식에 가까워집니다. 저울의 그 반대쪽에는 증거에 의한 지지가 전혀 없는 의견이 놓이게 됩니다.

지식과 의견에 대한 아리스토텔레스의 구별은 아주 분명했습니다. 그 구별은 너무 분명해서, 우리가 조건 없이 받아들이기에는 무리가 따를 정도입니다. 그가 보기에, 우리가 지식을 갖고 있을 때 우리가 아는 그것은 필연적 진실로 구성되어 있습니다. 우리는 그런 진실을 확신을 가지고 긍정합니다. 왜냐하면 그것은 합리적 의심의 여지가 없는 것이기 때문입니다. 예컨대, 우리는 유한한 전체는 그것의 어떠한 부분보다 크다는 사실을 의심할 수 없습니다. 어떤 것이 유한한 전체라면, 그것은 그것의 어떠한 부분들보다 클 수밖에 없습니다. 그렇지 않으리라고 생각하는 것은 불가능합니다.

그러한 자명한 진실이 아리스토텔레스가 지식이라고 부른 것의 하나의 예가 됩니다. 지식의 또 다른 예는 그 자명하게 참인 전제들에 의해 타당하게 입증될 수 있는 결론들입니다. 우리가 그런 결론들을 긍정할 때, 우리는 그것이 주장하는 바가 진실이라는 **사실**을 알 뿐만 아니라, 그것이 주장하는 바가 진실인 **이유**도 함께 압니다. 그것이 주장하는 바가 진실인 이유를 알기 때문에, 우리는 그것이 주장하는 바가 달리 될 수가 없다는 사실도 압니다. 이 경우 우리는 마찬가지로 필연적 진실의 소유에 이르게 됩니다.

아리스토텔레스 당시에는 수학, 특히 기하학이 그런 고급지식의 전형이라고 생각되었습니다. 수학에 대한 오늘날의 관점에서는 아리스토텔레스의 이런 관점을 선뜻 수긍하기는 어렵지만, 그럼에도 불구하고 아리스토텔레스가 말한 지식의 전형에 수학이 다른 어떤 과학보다 가까운 건 사실입니다.

기하학에서 말하는 참을 살펴보면, 우리는 아리스토텔레스가 말한 지식과 의견의 또 다른 차이를 이해할 수 있습니다. 기하학적 증명의 결론을 긍정하는 데에도 두 가지 경우가 있다고 그는 말합니다. 증명을 이해하는 교사들은 결론의 증명에 들어 있는 전제들에 비추어 그 결론을 긍정합니다. 그 교사들은 지식을 가지고 있습니다. 반면, 증명을 이해하지 못한 채 단순히 교사가 참이라고 하는 이유로 결론을 긍정하는 학생들은, 지식을 가지고 있지 않습니다. 진실 자체가 필연적 진실이긴 하지만, 다른 누군가의 권위에 의거해서 그것을 긍정하는 것은 그것을 진실로서가 아니라 의견으로 지니고 있는 것일 뿐입니다. 우리 대부분의 경우, 우리가 잘 안다고 생각하는 과학적 진실이란 사실 우리 자신이 지니고 있는 지식이라기보다 과학자들의 권위에 따른 의견들입니다.

　우리는 지식과 의견을 구별하는 이러한 방법을 더 수용할 만한 것으로, 나아가 더 유용한 것으로 생각할 수 있습니다. 우리에게는 단지 아주 적은 진술들만이 필요한데, 왜냐하면 그것들은 자명하게 참이며 그 반대는 불가능하기 때문입니다. 다른 모든 진술들은 참일 수도 있고 아닐 수도 있는 의견을 표현합니다. 아리스토텔레스는 이런 종류의 진술을 모두 지식이 아닌 의견이라고 불렀습니다. 하지만, 우리는 의견을 두 그룹으로 나누어서 그 중 하나는 아리스토텔레스가 지식이라고 부른 것과 유사한 점이 있는지 살펴볼 필요가 있습니다.

의견과 논거

　우리가 지닌 의견 중에는 추론과 관찰에 의해 지지를 받는 것도 있고, 그러한 지지를 받지 못하는 것도 있습니다. 예컨대, 만일 내가 누군가의 말만 믿고 어떤 의견을 참이라고 생각할 뿐 나 자신은 그것이 참이라는 다른 이유는 전혀 갖고 있지 않다면, 그렇다면 그것은 내 쪽에서는 **순전한** 의견일 뿐입니다. 그 진술은 실제로 참일 수 있습니다. 그러나 그렇다고 해서 그것을 순전한 의견이 아니게 만드는 건 아닙니다. 그것을 긍정하는 일에 관한 한, 나에게는 그 누군가의 권위 외에는 그것을 참이라고 생각할 다른 근거가 없기 때문입니다.

또 우리 각자는 많은 개인적 선입견, 즉 단순히 그렇다고 믿고 싶어서 참이라고 여기는 의견도 가지고 있습니다. 이 경우, 그렇다고 생각할 이성적인 근거는 하나도 없습니다. 단지 그것에 감정적으로 매달려 있을 뿐입니다. 예컨대 어떤 사람은 자기 나라가 세상에서 가장 좋은 나라라고 생각합니다. 그 생각은 참일 수도 있고 아닐 수도 있습니다. 어쩌면 이러저러한 증거를 인용한다거나 이유를 댐으로써 그 생각이 참이라는 사실을 주장할 수 있을지도 모릅니다. 하지만 그렇게 믿는 사람들은 대개 증거를 인용하지도 않으며 이유를 제시하지도 않습니다. 그들은 단지 그렇게 믿기를 원할 뿐입니다.

사람들이 그런 소망에 의거하여 감정적으로 매달려 있을 뿐인 진술은 순전한 의견입니다. 다른 사람들은 그 정반대의 의견에 역시 감정적으로 매달려 있을 수 있습니다. 이쪽 의견이나 반대쪽 의견이나 이유 혹은 증거가 없기는 매한가지이기 때문에, 큰 차이는 사실상 없습니다.

순전한 의견의 경우 사람들에게는 자신이 감정적으로 매달려 있는 의견을 선호할 저마다의 이유가 있습니다. 그런 의견에 대해서는 이성적인 논쟁이 있을 수 없습니다. 이런 종류의 의견은 마치 음식이나 음료에 대한 개인적 취향을 표현하는 것과 비슷합니다. 당신은 파인애플 주스보다 오렌지 주스를 좋아할 수 있고, 나는 오렌지 주스보다 파일애플 주스를 선호할 수 있습니다. 당신은 당신이 좋아하는 것에 대해 권리가 있고, 나는 내가 좋아하는 것에 대해 권리가 있습니다. 이 경우, 어떤 게 나은지 논쟁하는 건 아무런 의미가 없습니다.

의견의 차이는, 우리의 서로 다른 의견이 방금 말한 의미에서의 순전한 의견이 아닐 때, 즉 단순한 개인적 선입견, 취향의 표현, 혹은 우리가 믿기를 원하는 것 등이 아닐 때, 비로소 논쟁의 여지가 있게 됩니다.

예컨대, 나는 석탄이나 석유 같은 화석연료의 소진 이후에는 태양에너지의 이용이 우리에게 충분한 에너지원이 될 것이라고 생각하는 충분한 이유를 가지고 있고, 당신은 태양에너지로는 그 문제를 풀 수 없을 것이라고 생각하는 충분한 이유를 가지고 있다고 해봅시다. 그리고 우리는 둘 다 에너지원에 관한 주의 깊은 연구의 결과로 나온 통계자료 등을 인용할 수 있다고 해봅시다. 이 경우, 우리 둘 중 누구도 상대방을 설득시키지 못할지도 모릅니다. 하지만 당신과 내가 가지고 있는 의견, 서로 다르고 서로 논쟁하는 그 의견은, 우리로서는 순전한 의견이 **아닙니다**.

우리 중 누구도 에너지 문제를 연구한 적이 없다고 해봅시다. 우리는 단지 그 주제에 대해 다른 사람이 쓴 것을 읽었다고 해봅시다. 우리가 가진 반대의견은 다른 사람의 권위에 기반하고 있습니다. 계속해서, 당신이 이 분야의 대부분의 권위자들을 당신 편으로 가지고 있다고 해봅시다. 혹은 많은 권위자들 중 대부분의 전문가들을 당신 편으로 가지고 있다고 해도 상관없습니다. 이 경우, 아리스토텔레스는 당신이 더 강한 논거를 가지고 있다고 말할 것입니다. 그가 보기에 유지하기가 더 나은 것으로 판명될 가능성이 높은 의견은 대부분의 사람들이 지지하는 것이고, 그보다 더 가능성이 높은 의견은 대부분의 전문가들이 지지하는 것이며, 그보다 더 가능성이 높은 의견은 전문가들 중에서도 최상의 전문가들이 지지하는 의견입니다.

과학적 추론

우리는 아리스토텔레스가 말한 지식의 의미에 더 가까이 접근했습니다. 이제 순전한 의견에서 과학적 증거 및 과학적 추론에 바탕을 둔 의견으로 넘어가봅시다. 우리 시대의 과학자들은 증거의 우월과 가장 건전한 추론에 의해 지지되는 의견을 지식으로 간주합니다.

그것은 아리스토텔레스의 의미에서는 지식이 아닙니다. 왜냐하면 우리가 안다고 주장하는 것은, 더 심화된 과학적 연구의 결과로 반대쪽 의견에 더 많은 증거가 발견되거나 혹은 더 심화된 과학적 사고의 결과로 반대쪽 의견을 지지할 더 나은 이유가 발견될 경우, 그 두 개의 반대의견 중 더 나은 것으로 판명되지 않을 수도 있기 때문입니다. 어떠한 과학적 결론도 우리에 의해 최종적으로 혹은 궁극적으로 참인 것—심화된 조사와 심화된 사고의 결과로 수정이나 거절될 가능성 너머의 참인 것으로 간주될 수 없습니다.

우리가 과학적 결론으로서 보유하고 있는 어떠한 의견도 그 반대의 것이 항상 가능한 것으로 남아 있습니다. 그 이유는 어떠한 과학적 결론도 그 자체로는 필연적 진실이 아니기 때문입니다. 그럼에도 불구하고 수많은 과학적 결론들이 수 세기 동안 증거의 우월과 도전받지 않는 이유들에 의해 지지되어왔습니다. 새로운 발견들로 인해 저울추가 이 결론의 반대쪽으로 기울 수도 있다는 사실, 혹은 이 결론을 옹호하던 근거들이 이 주제에 관한 새로운 사고에 의해 심각한 도전에 직면하게 될 수도 있다는 사실이, 우리가 그 결론을 잘 확립된 지식으로 간주하는 것을 가로막지는 않고 있습니다. 하지만 그것은 **당분간** 그런 것입니다.

증거의 우월과 당대에 이용 가능한 최상의 추론에 의해 지지되는 과학적 결론이 우리가 지식으로 간주할 수 있는 유일한 의견일까요? 그렇지 않습니다. 우리는 철학적 결론도 지식으로 간주할 수 있습니다. 왜냐하면 그것은 건전한 논증에 의해, 그리고 반대쪽이 아닌 자기 쪽에 우호적인 증거의 무게에 의해 지지되고 있기 때문입니다.

철학적 추론

철학적 사고의 결론은 과학적 조사의 결론과 어떻게 다른가요? 그 대답은 "사고"와 "조사"라는 단어에 있습니다. 과학적 결론은, 실험실 안에서든 밖에서든 과학자들에 의해 수행되는 탐구에 바탕을 둡니다. 과학자들이 이 결론에 도달하기 위해 행하는 사고는 그 자체로는 결코 충분하지 않습니다. 그런 사고의 관심은 늘, 주의 깊게 계획되고 주의 깊게 실행되는 조사 및 탐구의 관찰이나 발견에 있습니다.

반면, 철학적 사고는 공통경험을 바탕으로 결론에 도달합니다. 그 경험은 어떠한 조사 없이 우리 모두가 매일 겪는 그런 종류의 경험이며, 주의 깊게 계획되고 주의 깊게 실행되는 탐구와는 관계없는 경험입니다. 철학자들은 조사를 하지 않습니다. 그들은 실험을 고안하지도 않고 검사를 수행하지도 않습니다.

공통경험에 대한 철학적 사고는 대부분의 사람들이 갖고 있는 상식적인 의견에서 출발합니다. 그리고 철학적 사고는 대부분의 사람들보다 더 성찰적이고 분석적으로 됨으로써 그런 상식적인 의견을 더 낫게 만듭니다. 이 문제에 관한 내 자신의 견해로 볼 때 철학적 사고는 내가 아리스토텔레스의 비범한 상식이라고 부른 것에서 최고의 그리고 가장 정제된 결론에 도달합니다.

과학적 혹은 철학적 결론들은 대개 경험으로부터 일반화된 것입니다. 조사나 검사에서 비롯되는 특수한 경험이든 아니면 조사나 검사와 관계

없는, 우리 모두가 가진 공통경험이든 말입니다. 우리가 앞 장에서 보았 듯이, 어떠한 일반화도 단 한 건의 부정적 관찰에 의해 반증될 수 있습니다. 그 점은 과학적 일반화뿐 아니라 철학적 일반화에도 해당됩니다. 어떤 일반화가 반증되지 않고 통용되는 기간이 길면 길수록, 우리는 그것을 그만큼 더 확립된 지식으로 간주할 수 있습니다. 그것을 수정이나 거절의 가능성 너머의, 최종적 혹은 궁극적으로 참인 것으로 간주하는 것은 불가능하더라도 말입니다.

철학적 결론은 특수경험이 아닌 공통경험에 기초합니다. 그리고 조사나 검사 결과의 영향도 받지 않습니다. 아리스토텔레스가 도달했던 그런 철학적 결론들이 2,400년이나 된 오늘날에도 여전히 철학적 지식의 지위를 당당하게 요구할 수 있는 건 바로 그 이유 때문입니다. 그의 시대 이래로 우리의 공통경험 속 그 무엇도 아리스토텔레스의 철학적 결론들을 반증한 것이 없었습니다.

반면, 아리스토텔레스 시대에 널리 통용되던 과학적 결론들은 그동안 대부분 거부되거나 수정되어왔습니다. 어떤 것은 후대의 발견에 의해 잘못된 것으로 밝혀지기도 했고, 어떤 것은 더 나은 관찰과 더 철저한 검사, 그리고 더 나은 사고에 의해 수정되고 개선되기도 했습니다.

확립된 지식으로 간주될 수 있는 모든 의견들이 경험의 과학적 혹은 철학적 일반화의 형태를 띠는 건 아닙니다. 역사학적 검사 혹은 조사 역시, 어떤 사건이 일어난 날짜라든가 어떤 개인이 지배자가 된 과정, 전쟁의 발발로 이어지게 된 제반 환경 등 특정한 사실의 문제에 대한 결론에 이를 수 있습니다.

역사학에서도 과학의 경우처럼 조사활동을 통해 역사학자들이 생각하는 증거를 축적하며, 역사학자들이 증거의 우월과 좋은 이유들에 의해 지지되는 것으로 간주하는 결론이 그 역사가들의 사고의 빛 속에서 진전됩니다. 그들이 이런 식으로 도달했을 때, 역사학적 결론은 확립된 지식으로 간주될 수 있습니다. 더 심화된 조사활동의 결과로 그 문제에 대한 관점을 바꾸게 되더라도 그렇습니다.

이제 우리는 최소한 다섯 종류의 서로 다른 지식이 있음을 알게 되었습니다. 그러나 그 중 아리스토텔레스가 지식이라는 이름을 붙인 엄밀한 의미의 지식은 하나뿐입니다. 즉, 그것은 우리가 자명한 진실을 이해할 때 갖게 되는 그런 지식입니다. 나머지 네 종류는 다음과 같습니다. (1) 수학적 사고의 근거가 충분한 의견, 즉 수학자들이 입증할 수 있는 결론, (2) 과학적 조사 혹은 검사를 통해 확립된 일반화, (3) 공통경험과, 철학적 성찰을 통한 공통경험의 개선에 기초를 둔 철학적 의견, (4) 역사학자들이 그의 역사학적 조사로 뒷받침할 수 있는 특정한 사실에 대한 의견.

이 네 가지는 모두 추론이나 증거에 의해 고정된 것으로 확립되어서 심화된 사고나 새로운 관찰에 의해 무효로 되거나 수정될 수 없는 그런 것이 아니라는 의미에서, 의견입니다. 하지만, 이 네 가지는 모두 주어진 시간에 그것들에 우호적인 증거의 무게와 그것들을 지지하는 추론을 가지고 있다는 의미에서, 또한 지식이기도 합니다.

제 5 부

어려운 철학적 문제들

DIFFICULT PHILOSOPHICAL QUESTIONS

"운동이 언젠가 생겨난 것이거나 사라지는 것일 수는 없다. 그것은 항상 있어왔기 때문이다. 그리고 시간도 마찬가지다. 시간이 없다면, 그 이전도 이후도 있을 수 없기 때문이다. 따라서 운동도 시간과 마찬가지로 연속적인 것이다."

아리스토텔레스, 《형이상학》

"'있는 것(사물)들 중 으뜸가는 것'은 그 자체로뿐만 아니라 간접적인 방식으로도 움직이지 않으며, 영원하고 단일한 으뜸 운동을 일으킨다. 그러나 움직여지는 것은 어떤 것에 의해 움직여져야 하고, 다른 것을 움직이는 으뜸가는 것은 그 자체로 움직이지 않아야 하며, 영원한 운동은 영원한 것에 의해 일으켜지고 단일한 운동은 단일한 것에 의해 일으켜진다."

아리스토텔레스, 《형이상학》

20. 무한성

원자론

어려운 철학적 문제들이란, 공통경험의 관점에서 그리고 상식의 사용을 통하여 대답할 수 없는 문제들을 말합니다. 그 문제들에 답하기 위해서는 지속적인 성찰과 추론이 요구됩니다.

그런 문제들은 어떻게 생겨났을까요? 아리스토텔레스에게 그 일부는 자신의 철학적 사고를 발달시킨 상식의 개선 과정에서 생겨난 것들이었습니다. 또 일부는 그 당시 퍼져 있던 다른 사람들의 관점에 대한 대응으로 그가 제기했던 문제들이었습니다.

아리스토텔레스보다 먼저 살았던 자연연구가들 중에 레우키포스[Leukippos]와 데모크리토스[Demokritos]라는 두 명의 그리스 물리학자가 있었습니다. 최초로 원자론을 제기한 사람들이었습니다. 그들은, 자연계의 모든 것은 물질의 보이지 않는 미세한 입자로 구성되어 있고, 그 입자와 입자 사이는 비어 있으며, 공간은 아무런 물질도 없는 완전한 허공이라고 주장했습니다. 그들은 물질의 기본단위가 그냥 작은 것이 아니라 절대적으로 작다는 점을 나타내기 위해 이 미세입자를 쪼갤 수 없는 것, 즉 원자(atom)라고 불렀습니다. 그들에 따르면, 각각의 원자는 더 이상 나눌 수 없는 기본단위이기 때문에, 원자보다 더 작은 것은 존재할 수 없습니다. 그들은 원자는 그보다 더 작은 단위로 자를 수 없다고 보았습니다.

데모크리토스에 따르면 원자는 서로 크기와 모양과 무게에서만 다릅니다. 그것은 항상 움직이고 있고, 그 수가 무한합니다.

이 이론에 대해 아리스토텔레스는 두 가지 이의를 제기했습니다. 첫째로, 그는 원자론의 중심 개념을 문제 삼았습니다. 그는 만일 원자가 그 내부에 허공 또는 빈 공간이 없는 단단한 물질단위라면, 그것이 안 잘라지거나 안 나누어질 리가 없다고 주장했습니다. 원자의 내부에 일정한 빈 공간이 있거나 혹은 없거나 둘 중 하나일 텐데, 만약 빈 공간이 있다면 원자는 물질의 기본단위가 아닐 것이고, 만약 빈 공간이 없이 연속된 것이라면 원자는 더 나누어질 수 있다는 게 아리스토텔레스의 생각이었습니다.

이 추론은 원자보다 큰 어떤 것의 예를 통해 설명될 수 있습니다. 나는 지금 손에 성냥개비 하나를 들고 있습니다. 나는 그것을 두 개의 나뭇조각으로 분지릅니다. 이 각각의 나뭇조각은 이제 분리된 물질단위입니다. 이제 하나의 나뭇조각이 아니므로, 그것은 더 이상 둘로 나뉠 수 없습니다. 그러나 그 각각의 두 나뭇조각은 더 나뉠 수 있습니다. 그리고 이것은 계속 끝없이 그러합니다.

아리스토텔레스는, 무엇이든 연속적인 것은 무한히 나뉠 수 있다고 주장했습니다. 하나인 것, 즉 단일한 물질단위는 무엇이든 연속적이어야 합니다. 만약 그렇지 않다면 그것은 하나의 물질단위가 아니라 둘 혹은 그 이상입니다. 이러한 추론을 통해 아리스토텔레스는 원자란 존재할 수 없음을 입증했다고 생각했습니다. 물질의 아주 작은 단위는 있을 수 있지만, 그것이 하나의 연속적인 물질단위라고 할 때는 언제나, 그 입자가 아무리 작다고 해도 그것은 더 작은 입자로 나누어질 수 있다는 것이었습니다.

둘째로, 아리스토텔레스는 세계에 무한한 수의 원자가 있다는 견해에도 반대했습니다. 그는 이렇게 주장했습니다. 숫자가 많을 수는 있다. 세는 사람이 아무리 많은 시간을 들여서 세어도 셀 수 없을 만큼 많을 수는 있다. 하지만 무한할 수는 없다. 왜냐하면 사물들의 무한한 수가 현실적으로 동시에 공존하는 것은 불가능하기 때문이다, 라고 말입니다.

두 가지 무한성

아리스토텔레스가 당대의 원자론자들에게 대해 제기한 이 두 가지 이의제기는 처음에는 서로 모순되는 것처럼 보입니다. 한 편으로, 아리스토텔레스는 연속된 물질단위는 무한히 나눌 수 있다고 말했습니다. 다른 한 편으로, 그는 무한한 단위의 수가 동시에 존재할 수 없다고 말했습니다. 이것은 무한성이라는 것을 긍정도 하고 부정도 한 것이 아닐까요?

이 외견상의 모순은 아리스토텔레스 사고의 특징인 구별에 의해 해소됩니다. 우리는 이 책의 앞 장(7장)에서 이 구별과 만난 적이 있습니다. 그것은 가능성과 현실성, 즉 될 수 있는 것(하지만 아직 없는 것)과 있는 것의 구별입니다.

아리스토텔레스는 현실적이 아닌 잠재적인 두 가지의 무한성이 있을 수 있다고 생각했습니다. 하나는 끝없이 더해가는 잠재적인 무한성, 다른 하나는 끝없이 분할해가는 잠재적인 무한성이었습니다.

끝없이 더해가는 잠재적인 무한성의 대표적인 예는 정수의 무한입니다. 1, 2, 3, 4 등으로 나아가는 정수의 연속에서 마지막 정수란 있을 수 없죠. 주어진 어떤 정수가 아무리 큰 수라 할지라도 그것보다 큰 다음 정수는 여전히 존재합니다. 한 수에서 다음 수로 끝없이 나아가는 것이 가능합니다. 그러나 그것은 **가능할** 뿐이지, 그 더함의 과정을 **실제로** 수행하지는 못합니다. 그렇게 하는 데에는 무한한 시간, 끝남이 없는 시간이 걸릴 것이기 때문입니다.

아리스토텔레스는, 우리가 다음 장에서 보게 되겠지만, 시간의 무한성을 부정하지 않았습니다. 반대로 그는 세계의 영원성을, 즉 세계는 시작도 없고 끝도 없음을 긍정했습니다. 그러나 그 무한한 시간이란 어떤 한 순간에 존재하는 게 아닙니다. 정수의 무한한 연속과 같이, 그것은 현실적이 아닌 단지 잠재적으로만 무한한 것입니다.

마찬가지로, 나눔의 무한 역시 현실적이 아니라 잠재적인 것입니다. 당신이 한 수에서 다음 수로 끝없이 나아갈 수 있는 것처럼, 연속적인 어떤 것을 끝없이 분할하는 것도 역시 가능합니다. 정수 2와 3 사이에 있는 분수는, 정수가 무한한 것과 마찬가지로, 역시 무한합니다. 하지만 두 무한성 모두 현실적이 아닌 잠재적인 무한성입니다. 두 무한성은 어떤 임의의 시간에 현실적으로 존재하는 건 아닙니다.

아리스토텔레스는 어떠한 순간에도 원자론자들이 주장하는 공존하는 것들의 실제적 무한성은 결코 있을 수 없다고 주장했습니다. 원자론자들은 바로 이 순간에 원자들의 무한한 숫자가 현실적으로 공존하고 있다고 여겼습니다. 아리스토텔레스가 부정한 것은 바로 이것이었고,

오직 이것뿐이었습니다.

　이 점에 관한 그의 추론은 다음과 같습니다. 현실적으로 공존하고 있는 것들의 숫자는 규정적이거나 비규정적이거나 둘 중의 하나일 것이다. 만약 그것이 무한이라면 그것은 비규정적인 것이다. 그러나 어떠한 것도 실제로 존재하면서 비규정적일 수는 없다. 따라서 공존하는 원자들의 현실적으로 무한한 수, 현실적으로 무한한 세계, 현실적으로 존재하는 물질단위들로 가득 채워진 현실적으로 무한한 공간 등, 그 어떤 현실적인 무한성이란 있을 수 없다, 는 것입니다.

　아리스토텔레스에 따르면, 있을 수 있는 유일한 무한성은 끝없이 더해가는 잠재적인 무한성이나 끝없이 분할해가는 잠재적인 무한성뿐입니다. 시간의 어떤 순간이란 항상 다른 순간의 뒤이거나 앞이기 때문에, 그리고 시간의 두 개의 순간이란 현실적으로 공존하지 않기 때문에, 시간은 무한할 수 있습니다.

21. 영원성

시간의 영원성

아리스토텔레스는 시간이 영원할 수 있다고 생각했습니다. 왜냐하면 시간은 순간의 연속으로 이루어지는데 그 순간이란 항상 다른 순간의 뒤이거나 앞이면서, 그 순간들이 현실적으로 서로 공존하지는 않기 때문입니다. 시간의 한 순간은 다음 순간이 존재하게 되자마자 존재하기를 그칩니다. 그 과정이 끝없이 이어질 수 있기 때문에, 시간의 순간은 무한한 수로 존재할 수 있는 것입니다.

시간은 무한할 수 있습니다. 그러면 어떻게 되나요? 시간이 무한하면, 지금 존재하는 세계가 끝이 없게 됩니다. 시작은 있었을지라도, 끝이 없이 계속 됩니다. 시간에게 끝이란 없습니다. 어떤 순간에 이어 항상 다른 순간이 이어집니다.

아리스토텔레스는 여기서 더 나아갔습니다. 그는 시간이 끝이 없다고 생각했을 뿐 아니라, 이 세계 역시 끝과 시작이 없다고 생각했습니다. 만약 세계가 시작도 없고 끝도 없는 것이라면, 시간은 양 방향으로 무한합니다. 시간의 순간에는 이후의 순간이 없는 순간은 존재하지 않습니다. 또 시간의 순간에는 이전의 순간이 없는 순간도 존재하지 않습니다.

아리스토텔레스는 왜 세계가 영원하다고 생각한 걸까요? 그는 "영원한"이라는 말을, 세계가 시작도 없고 끝도 없다는 점을 표현하기 위해 사용했습니다. 때로는 "영원한"이라는 말은, 신은 영원하다고 말할 때와 같은 **무시간성**을 의미하기 위해 사용되기도 합니다. 아리스토텔레스는 "영원한"이라는 말을 그 의미로도 썼습니다. 그러나 그가 보기에 세계의 영원성과 신의 영원성은 별개의 것이었습니다.

이 두 가지 영원성, 즉 무시간성이라는 영원성과 시간의 시작과 끝이 없다는 영원성의 구별을 이해하기 위해서 우리는 시간 자체에 관한 아리스토텔레스의 이해를 살펴보아야 합니다.

그는 시간이란 운동이나 변화의 척도라고 말했습니다. 이러한 생각을 표현하는 다른 방법은, 공간이 물질적 사물이 존재하는 차원인 것처럼 시간은 운동이나 변화가 일어나는 차원이라고 말하는 것입니다. 존재하는 것은 공간을 점하고, 변화하는 것은 시간을 점합니다. 당구대의 한 쪽에서 반대쪽을 향하여 구르는 당구공은 일정한 시간 동안 그렇게 합니다. 그 운동에는 시간이 소요됩니다. 그 운동의 지속은 당구공이 이곳에서 저곳으로 가는 데 걸린 시간의 순간 수에 의해 측정될 것입니다.

따라서 만약 운동이나 변화가 시작과 끝이 없다면, 시간 역시 시작과 끝이 없다고 아리스토텔레스는 생각했습니다. 그런데, 그가 운동이나 변화가 시작될 수 없고 끝날 수 없다고 생각한 이유는 뭘까요? 그것은 참으로 어려운 문제입니다.

그 대답은—만약 대답이 있을 수 있다면—아리스토텔레스의 원인과 결과 개념과 신 개념에 놓여 있습니다. 아리스토텔레스는 일어난 일에는 원인이 있게 마련이라고 말했습니다. 어떤 운동체가 움직이기 위해서는 어떤 운동자가 있어야만 합니다. 그리고 운동체를 움직인 그 운동자 자신도 움직이지 않으면 안 됩니다. 가령 당구공은 저 혼자 움직이지 않았습니다. 그것은 당구 큐라는 운동자에 의해 움직였습니다. 그런데 당구공을 움직이게 한 당구 큐 자신도 저 혼자 움직이지 않았습니다. 그것 역시 다른 어떤 운동자에 의해 움직였습니다. 그리고 계속 그러합니다.

이것의 결론은 아리스토텔레스에게는 이 운동체와 운동자의 연속에서의 최초 운동자에 대한 부정이었습니다. 뒤에서 보게 되겠지만, 아리스토텔레스는 최초 운동자의 존재—라기보다는 불가피한 존재—를 인정했습니다. 그러나 그는 운동체와 운동자의 연속에서 이 최초 운동자가 처음에 오는 건 아니라고 생각했습니다. 최초 운동자는 운동의 운동적 원인, 즉 사물을 움직이게 한 운동자로 볼 수 없었습니다.

우리는 신에 관한 내용을 다루는 23장에서 아리스토텔레스의 최초 운동자의 개념으로 다시 돌아올 것입니다. 지금으로서는 아리스토텔레스의 신은 《성경》의 신과 달리 세계를 창조하지 않았다는 점만 지적해두겠습니다. 아리스토텔레스는 《성경》의 첫 마디, 즉 "태초에 하나님이 천지를 창조하시니라"라는 진술을 부정했을 것입니다. 왜냐하면 그는 이 세계에 태초라는 것이 있다고 생각할 어떠한 이유도 없다고 보았기 때문입니다.

움직이는 이 세계에 태초가 있다고 생각할 이유가 없다면, 마찬가지로 세계에 끝이 있다고 생각할 이유도 없습니다. 세계를 구성하는 개별 사물들은 나타났다 사라집니다. 개별 사물들의 무한한 수가 같은 하나의 시간에 함께 놓이는 건 불가능합니다. 그러나 무한한 시간 동안, 즉 시작과 끝이 없는 시간 동안, 무한한 수의 사물들이 나타났다 사라지는 건 가능합니다. 우리가 보았던 것처럼, 나타났다 사라지는 것은 변화의 한 유형입니다. 위치운동, 또는 한 곳에서 다른 곳으로의 운동처럼, 그것은 시작됨도 없고 끝남도 없습니다.

아리스토텔레스가 운동의 영원성에 대해 말할 때 가장 염두에 두었던 운동 유형은 지구상의 물체나 혹은 지상의 어떤 변화가 아니었습니다. 그는 하늘을 보았고, 거기서 태양과 달과 행성과 별들의 운동을 보았습니다. 그는 이 운동이 운동의 영원성과 세계의 영원성을 가장 선명하게 보여주는 예라고 생각했습니다. 23장에서 보게 되겠지만, 아리스토텔레스는 신의 영원성을 세계의 영원성을 설명하기 위해 사용했습니다. 무시간성과 지속되는 시간이 서로 다른 것처럼, 이 두 가지 영원성도 서로 다른 것이었습니다.

22. 마음의 비물질성

다시, 형상과 질료

이 장에서 다루게 될 세 가지 철학적 문제가 동일한 정도로 어려운 건 아닙니다. 가장 덜 어려운 첫 번째 문제는 물질계의 물질적 사물이 어떤 점에서는 비물질적이기도 한지의 여부입니다. 그보다 좀더 어려운 문제는 인간의 마음이라는 존재가 이 물질계에 비물질적인 요소를 도입한 것인지의 여부입니다. 그리고 가장 어려운 마지막 문제는 우주만물 중에 완전히 비물질적인 것이 포함되는지의 여부입니다.

8장에서 논의된 내용을 기억하는 독자라면, 첫 번째 문제에 대해 아리스토텔레스가 내렸던 대답에 대해 약간의 실마리를 가지고 있을 것입니다. 거기서 우리는 물질적 자연의 모든 변화하는 것들은 질료와 형상으로 이루어져 있음을 확인했습니다. 우리는 그것을 인간의 예술작품과 관련지어 이해했습니다. 예술가 혹은 제작인은 이런저런 방법으로 형성될 수 있는 재료를 취하여 그것을 변형함으로써, 즉 그것이 본래 지니지 않았던 형상을 부여함으로써 예술작품을 제작해냅니다. 인간의 제작활동의 결과로 의자가 된 목재는, 제작자가 그것을 변형하기 전에는 지니고 있지 않던 형상—의자임의 형상—을 띠게 된 것입니다.

형상은 모양이 **아니라는** 사실을 기억하는 것이 중요합니다. 인간이 제작한 의자는 각양각색의 모양을 띠고 있습니다. 그러나 그것이 어떤 모양을 띠더라도, 그것은 모두 의자입니다. 각양각색의 모양을 갖는 모든 의자들을 동일한 종류의 것으로 만드는 건 모양이 아니라 형상입니다. 그 형상은, 제작자가 나무를 의자로 만든 그 형상이 되기 전에는 제작자의 마음속에 있던 관념이었습니다. 그 관념을 가짐으로써 제작자는 그가 만들기를 원하는 물질적인 것의 종류를 이해했습니다. 제작자의 마음속 관념이 그 만들어질 것의 종류에 대한 이해인 것처럼, 제작자에 의해 재료로 변형된 형상은 그 만들어진 것이 바로 그 종류이도록 한 그것입니다.

인간 예술의 제작물이든 아니면 인공적이 아닌 자연적인 것이든, 모든 물질적인 것들은 물질적이지 않은 측면을 가지고 있습니다. 형상은 질료가 아니고, 질료는 형상이 아닙니다. 형상과 질료로 구성된 것들은 물질적 측면만이 아니라 비물질적인 측면도 함께 가지고 있습니다.

우리가 보았던 것처럼, 우리는 형상 없는 질료에 대해 생각할 수 있습니다. 그러나 순수 질료, 완전히 형상을 벗어난 질료는 존재할 수 없습니다. 질료가 취할 수 있는 형상은 그것의 잠재성을 현실화합니다. 모든 형상을 결여하고 있으므로, 질료 그 자체는 아무런 현실성을 갖지 않을 수 있습니다. 그리고 현실성이 없는 것은 존재하지 않습니다.

질료가 취하는 형상이, 형상으로부터 어떤 종류의 현실성—의자의 현실성, 혹은 나무의 현실성—을 부여받는 질료와 떨어져서 존재할 수 없다고 말하는 것도 마찬가지로 옳을까요? 물질적 사물의 비물질적 측면인 형상은 물질적 형상, 즉 질료 속에 자신의 존재를 갖는 형상입니다. 그러나 그것이 형상이 갖는 유일한 존재인가요? 형상은 질료와 형상으로 구성된 사물의 질료로부터 떨어져서도 존재할 수 있나요?

그 문제에 대한 아리스토텔레스의 대답은, 그렇다 입니다. 다시 한 번, 이전의 장에서 논의된 것을 기억하는 것이 필요합니다. 16장에서 나는, 아리스토텔레스에 따르면 인간의 마음은 의자나 나무라는 것의 종류를 그것에 대한 관념을 가짐으로써 이해한다는 점을 지적했습니다. 어떤 것의 관념을 갖는다는 건 마음속에 그것의 질료를 가짐이 없이 그 형상을 갖는 것을 말합니다.

방금 지적한 것은 아는 자로서 활동할 때의 마음과 제작하는 자로서 활동할 때의 마음 사이의 차이와 연관됩니다.

제작하는 자로서의 마음은 제작적 관념을 가지며, 이를 통해 원료들을 의자나 책상으로 변형합니다. 이 마음은 관념을 원료들에 집어넣으며 원료들에 의자나 책상의 형상을 부여합니다. 아는 자로서의 마음은 물질계의 자연적 사물들로부터 관념을 얻습니다. 이 마음은 나무나 말〔馬〕 같은 복합물체의 물질적 질료로부터 물질적 사물의 형상을 떼어냄으로써 관념을 획득합니다. 그렇게 함으로써 마음은 나무나 말이라는 것의 종류를 이해하게 되는 것입니다.

16장에서 기억해야 할 또 한 가지는 아는 것과 먹는 것의 차이입니다. 음식을 먹을 때(음식을 체내로 섭취하고 그것을 소화시킬 때) 우리는 우리에게 영양을 주는 사과나 감자 같은 복합사물의 질료와 형상을 함께 받아들입니다.

아리스토텔레스가 보았듯이, 우리가 먹은 사과와 감자가 우리에게 영양을 줄 수 있는 이유는 우리가 그것을 소화시키고 동화시킬 때 그것의 질료를 우리가 변형하기 때문입니다.

영양분은 우리가 먹는 음식의 동화와 연관됩니다. 동화가 일어나는 때는, 한때 사과나 감자의 형상을 가지고 있던 질료가 그 형상을 잃어버리고 인간의 살, 뼈, 그리고 피의 형상을 띨 때입니다. 이것이, 왜 우리가 우리에게 영양이 되는 물질적 사물의 형상과 질료 둘 다를 체내로 받아들여야 하는가에 대한 이유입니다.

만약 아는 것이 먹는 것과 정확하게 똑같은 것이라면, 우리는 사과나 감자 같은 종류의 것을 이해하지 못할 것입니다. 사과나 감자 같은 종류의 것을 이해하기 위해서는 우리는 복합물의 형상을 그것이 형상을 취하던 질료로부터 떼어내지 않으면 안 됩니다.

음식을 동화시킬 때 우리는 형상으로부터 질료를 분리한 뒤 그 질료가 가지고 있던 형상을 우리 몸의 형상으로 대체해야 합니다. 무엇인가를 알 때 우리는 질료로부터 형상을 분리한 뒤 그 형상을 질료와 분리된 채로 지니고 있어야 합니다. 질료와 분리된 상태여야만 형상은 우리 마음속에서 관념이 되며, 그 관념으로 우리는 사과나 감자 같은 종류의 것을 이해하게 되는 것입니다.

왜 그럴까요? 이것이 대답되지 않은 채로 남겨진 어려운 문제입니다. 아리스토텔레스의 대답은 보편적인 감자나 사과라는 종류와, 특수한 감자들이나 사과들, 그 각각의 독특한 것의 구별에 놓여 있습니다. 내가 손에 들고 있는 이 특수한 사과는 그것 자체로 독특한 것입니다. 왜냐하면 그것을 **하나의 사과**로 만드는 형상은 그것을 저쪽 책상 위에 있는 저 사과가 아닌 **이 사과**로 만드는 질료단위와 결합되어 있기 때문입니다. 저쪽에 있는 저 사과는 형상은 같지만 다른 질료단위를 가지고 있습니다. 두 개의 개별적인 사과라는 구성물 속 서로 다른 질료단위가 그것들을 서로 다른 개체이게 만듭니다. 그 각각이 지닌 형상이 그것들을 둘 다 같은 종류의 과일로서의 사과로 만듭니다.

우리가 사과라는 종류의 것을 이해할 수 있게 해주는 관념을 가질 때, 우리는 이 혹은 저 개별 사과가 아니라 보편으로서의 사과를 이해합니다. 아리스토텔레스가 볼 때 우리는 이 혹은 저 사과의 개별성은 우리의 감각을 통해 지각하는 것입니다. 우리가 마음에 가진 관념을 통해서는 그것의 개별성은 이해하지 못합니다. 관념으로는 개별이 아닌, 오직 종류 일반만을 이해할 수 있습니다.

그것이, 왜 마음이 종류 일반을 이해할 때 물질적 사물의 형상을 질료로부터 분리하고 그것을 우리가 이해의 도구로 사용하는 관념의 형태로 분리하여 지녀야 하는가 하는 이유입니다. 그것이 또한, 왜 아리스토텔레스가 마음을 형상들의 형상이라고 불렀는가에 대한 이유이기도 합니다. 즉, 마음은 물질적 사물의 형상이 그것의 질료로부터 떨어져 존재할 수 있는 장소인 것입니다.

물질과 비물질

이제 우리는 이 장의 시작 부분에서 말한 두 번째 문제에 대한 아리스토텔레스의 대답에 이르렀습니다. 인간의 마음이 물질적인 이 세계에 비물질적인 요소를 도입한 것일까요? 아리스토텔레스의 대답은, 그렇다였습니다.

만약 마음이 인간의 구성에서 비물질적 요소가 아니라면, 마음은 우리에게 물질적 사물을 이해할 수 있는 능력, 즉 사물의 형상을 그 질료로부터 분리함으로써 그것을 이해할 수 있게 하는 능력을 우리에게 주지 않았을 것입니다. 그리고 만약 마음이 물질적 사물의 형상을 그 질료로부터 분리하여 지니거나 쥐고 있지 않다면 우리는 종류 일반, 예컨대 사과라는 종류의 것과 구별되는 것으로서의 감자라는 종류의 것을 이해하는 도구인 관념을 갖지 못할 것입니다.

질료로부터 분리된 형상을 지니거나 쥐고 있기 위하여, 마음 그 자체는 비물질적일 수밖에 없습니다. 만약 마음이 물질적이라면, 형상은 질료 속에 지녀지거나 쥐어질 것이고 그러면 그것은 우리가 종류 일반을 이해하는 도구로 사용하는 관념이 더 이상 아니게 될 것입니다.

이와 동일한 내용을 다르게 말하는 방법이 있는데, 그것이 아리스토텔레스의 논증을 좀더 잘 이해할 수 있게 해줄지 모릅니다. 감각하는 것과 지각하는 것은 알아가는 한 가지 방식입니다. 우리가 개별 사물(이 혹은 저 사과)을 감각하고 지각할 때 그 앎은 우리 구성의 물질적 요소인 감각기관 및 뇌의 작용과 결부됩니다.

이해는 알아가는 또 다른 방식입니다. 감각과 지각을 통해 우리는 이 혹은 저 개별 사물을 압니다. 이해를 통해서 우리는 이 개별 사물이 그것에 속하는 종류 일반을 압니다. 감각 및 지각과 달리 그러한 앎은 어떠한 물질적 기관이나 심지어 뇌의 작용과도 결부되지 않습니다.

보는 것은 우리 눈의 작용이지만, 이해는 우리 뇌의 작용이 아닙니다. 그것은 마음, 즉 물질적 기관인 뇌와 연결된 것으로 보이지만 그것과는 다른, 우리 인간 구성의 비물질적 요소인 마음의 작용입니다.

요약해봅시다. 아리스토텔레스에 따르면 물질계의 물질적 사물의 형상은 그것들의 비물질적 요소입니다. 그리고 우리가 그 일부인 물질계는 비물질적 요소를 포함합니다. 그 이유는 우리가 뇌뿐만 아니라 그 뇌와 구별되는 마음도 가지고 있기 때문입니다.

이것이, 우리가 시작한 세 가지 어려운 철학적 문제들 중 앞의 두 가지에 대한 아리스토텔레스의 대답입니다. 세 번째의 가장 어려운 문제— 완전히 비물질적인 존재에 관해서는 다음 마지막 장에서 대답을 찾아보겠습니다.

23. 신

제1운동자

우주만물이 영원하다는, 영구적으로 변화를 겪는다는 아리스토텔레스의 생각은 그를 그 영구적인 변화의 원인에 대한 문제로 이끌었습니다. 그는 지구상에서 끊임없이 일어나는 모든 변화를 천체의 운동으로 귀결시켰습니다. 그러나 대체 무엇이 그것들을 끊임없이 운동시키는 걸까요?

그것은 운동하고 변화하는 그것 자체 안에 있는 어떤 것일 리는 결코 없었습니다. 그 안에 있는 것이라면, 그것 역시도 운동의 원인, 변화의 원인을 필요로 할 것이기 때문입니다. 운동체를 움직인 운동자를 찾아 결과에서 원인으로 아무리 소급해간다 해도, 그 연속은 무한하기 때문에 우리는 그 최초 운동자―자신은 다른 어떤 것에 의해 움직이지 않으면서 운동을 일으킨 그런 운동자에 결코 도달할 수 없습니다.

스스로 움직이지도 않고 다른 것에 의해 움직여지지도 않으면서 움직이는 모든 것을 움직이게 한 제1운동자(prime mover)는 강제적인 힘으로

가 아니라 끌어당기는 힘으로 그 운동을 일으키는 것이어야 합니다. 야구공을 쳐서 움직이게 한 배트는 공의 운동의 운동적 원인 혹은 활동적 원인입니다. 그런데 상점 유리창 안에서 나를 유혹하여 내가 그것을 사먹으러 가게로 들어서게 한 사탕은 배트와 다른 방법으로 나의 운동을 일으킨 원인입니다. 그것은 스스로는 움직이지 않으면서 나를 끌어당깁니다. 그것은 내가 가게 안으로 들어간 것의 운동적 원인이 아닙니다. 그것은 바로 목적적 원인, 즉 내가 그것 쪽으로 움직이게 만든 이유 혹은 목적인 것입니다.

아리스토텔레스는 제1운동자가 자신은 움직이지 않으면서 다른 모든 것을 움직이게 만들기 위해서는 끌어당기는 원인 혹은 목적적 원인이지 않으면 안 된다고 생각했습니다. 이렇게 생각하면서 그는, 지구가 그 표면으로 떨어지는 물체에 작용하는 힘, 또는 달이 밀물과 썰물에 작용하는 힘인 중력의 끌림은 염두에 두지 않았습니다.

그가 보기에 끌어당기는 원인 혹은 목적적 원인은 그 원인에 반응할 수 있고 그것을 행동의 동기로 채택할 수 있는 지성들에게 작용합니다. 땅으로 떨어지는 무거운 물체는 그곳에서 쉬고 싶기 때문이라고 그가 말할 때, 그는 글자 그대로가 아니라 비유적으로 말하는 것입니다. 그 운동은 창문 안의 사탕에 끌려 상점 안으로 들어간 사람의 운동과 **비슷합니다.**

이런 식으로 생각하면서 아리스토텔레스는 천체들에게 그것의 모터로 기능하는 지성을 부여할 필요가 있다고 여겼습니다. 자동자의 엔진이 그것의 모터이듯, 별을 계속 움직이게 하는 모터는 지성이라는 것이었습니다. 그러나 시동을 걸어야만 하는 자동차 엔진과 달리, 천계의 지성은 우주의 제1운동자에게 끌림으로써 모터의 기능을 합니다.

변함없이 움직이는 우주의 부동(不動)의 영원한 운동자가 되기 위해서는, 제1운동자는 불변이어야 합니다. 그러나 불변이기 위해서는 아리스토텔레스가 볼 때 그것은 또한 비물질적이어야 합니다. 물질적인 것은 무엇이든 잠재성을 가지고 있습니다. 즉, 그것은 변화와 운동의 적용을 받는 대상입니다. 또 그것은 미완성입니다. 항상 그것은 현실적으로 그것이 될 수 있는 모든 것이 아니기 때문입니다.

우리는 앞 장들에서, 순수하게 혹은 전적으로 잠재적인 것은 존재할 수 없음을 확인했습니다. 어떤 측면에서는 잠재적인데 어떤 측면에서는 현실적인 것이란, 존재할 수 없습니다. 그런데 그 역은 참입니다. 순수한 잠재성(형상 없는 질료)은 존재할 수 없지만, 순수한 현실성(질료 없는 형상)은 존재할 수 있습니다.

이러한 추론의 결과 아리스토텔레스는, 제1운동자는 순수 현실태, 즉 질료나 잠재성이 완전히 비워져 있는 존재라고 결론 내렸습니다. 덧붙여, 이 비물질적 존재는 완성된 존재, 달성할 무엇도 남아 있지 않은 존재라고 보았습니다. 우주의 제1운동인 이 완성된 존재를 아리스토텔레스는 신이라고 불렀습니다.

아리스토텔레스에게는 우주의 비물질적 존재가 신뿐만이 아닙니다. 별들이 신의 완전성에 이끌려 영원한 원 운동을 하게 하는 지성들 역시 비물질적입니다. 그러나 지성들이 비물질적이긴 하지만, 완성된 혹은 순수한 현실태는 아니라고 아리스토텔레스는 생각했습니다. 오직 신만이 그러했습니다.

만약 별의 지성들이 순수한 현실태가 아니라면, 그들에게 귀결되어야 할 잠재성을 설명하는 것은, 불가능하진 않지만 어렵습니다. 비물질적

이면서 잠재성을 가지는 어떤 것이란, 아리스토텔레스가 생각하는 세계상과 잘 어울리지 않기 때문입니다.

우주를 변함없이 운동하게 하는 것에 관한 아리스토텔레스의 설명은 현대인들에게는 신화와도 같이 들립니다. 그렇긴 하지만 그가 신이라 부른, 비물질적이면서도 완성된 어떤 것의 존재를 긍정하게 한 추론을 따르는 것은 흥미롭습니다. 그 추론은 후대의 사유자들이 신—아리스토텔레스의 신이 아닌, 창세기의 신, 무에서 이 세계를 창조한 신—의 존재를 증명할 때 하나의 모델로 삼기도 했습니다.

제1운동자로서의 신의 개념과 창조자로서의 신의 개념은 비물질성, 불변성, 그리고 완전성이라는 세 가지 점에서 유사합니다. 그러나 아리스토텔레스의 제1운동자는 우주의 영원성과 그것의 변함없는 운동에 대한 설명으로만 사용됩니다. 즉, 그것은 무엇이 아리스토텔레스로 하여금 천체의 운동에 관한 이론과 그들의 움직임의 목적적 원인으로서의 제1운동자 개념에 이르게 했는지를 설명할 필요 때문에 생긴 것이었습니다.

아리스토텔레스는 우주의 존재를 설명할 필요가 있다고 생각하지 않았습니다. 영원하기 때문에 그것은 생겨난 것이 아니며, 따라서 예술작품을 만들어내는 인간 제작자의 경우처럼 그것이 생겨나게 한 운동적 원인도 필요하지 않다고 그는 생각했습니다. 우리는 보통 무엇인가를 만드는 인간을 창조적이라고 말합니다. 그런데 그 인간인 창조자는 항상 자연의 재료를 가지고 그렇게 합니다. 그는 무에서 무엇인가를 만들어내는 게 아닙니다. 따라서 그는 신이 창조적이라고 생각되는 그런 방식으로 창조적인 건 아닙니다.

창조자로서의 신의 개념은 우주의 존재를 설명할 필요 때문에 생겨났습니다. 그것은 우주의 영원성과 그것의 변함없는 운동을 설명할 필요 때문에 아리스토텔레스의 마음에 제1운동자로서의 신의 개념이 생겨난 것과 같습니다. 창조자로서의 신의 개념이 서양의 후대 사유자들의 마음에서 생겨난 것인지 여부를 결정내리는 것은 어렵습니다. 그들은 "태초에 하나님이 천지를 창조하시니라"라는 첫 문장으로 시작되는 창세기를 가지고 있지 않았기 때문입니다. 서양의 세 가지 주요 종교인 유대교, 기독교, 이슬람교는 이를 신의 계시로 주어진 진리라고 받아들이고 있습니다.

아리스토텔레스가 그 문장의 주장을 받아들일지 여부를 궁금해 하는 것은 자연스럽고도 합리적입니다. 그는 우주가 영원하다고 생각했으므로, 우주에 태초라는 것이 있다는 말을 부정하지 않았을까요? 그리고 그 점을 부정하면서, 그것을 창조한 자로서의 신의 개념도 거부하지 않았을까요?

만약 창조한다는 것이, 인간 예술가가 예술작품을 만드는 것처럼, 존재하지 않던 어떤 것을 생겨나게 원인을 일으키는 어떤 것이라면, 태초가 없는 세계는 창조주도 필요치 않습니다. 그러나 태초가 없는 세계라 하더라도, 그것의 존재가 필수적이 아니라면 그것의 지속적인 존재를 위한 원인은 필요할 수 있습니다. 필수적으로 존재하는 것이 아닌 것은 아리스토텔레스가 보기에 존재할 수도 있고 존재하지 않을 수도 있습니다. 세계가 필수적으로 존재하는 것이 아니라면, 그것은 존재하기를 그칠 수도 있습니다. 그렇다면, 존재하기를 그칠 수도 있는 이 세계를 변함없이 존재하게 하는 그것은 무엇일까요?

아리스토텔레스는 이 문제를 제기한 적이 없었고, 마주친 적도 없었습니다. 만약 그랬다면 그는, 우주를 변함없이 존재하게 하는 원인이 필요하다는 결론으로 가는 그의 길을 추론했을 것입니다. 우주를 변함없이 운동하게 하는 원인이 필요하다는 결론으로 가는 그의 길을 추론했던 것처럼 말입니다. 그렇게 도달한 결론은, "창조자"라는 말이 갖는 의미의 미세한 이동에 의해, 제1운동자로서의 신의 개념으로뿐만 아니라 창조자로서의 신의 개념으로도 이어졌을 것입니다.

말의 한 가지 의미에서 창조한다는 것은 존재하지 않던 것을 존재하도록 원인을 일으키는 것입니다. 말의 다른 의미(아마도 약간 더 미묘한 의미)에서 창조한다는 것은 존재할 수도 있고 않을 수도 있는 것의 존재를 일으키는 원인입니다. 그것의 존재 여부와 상관없이 말입니다. 아리스토텔레스가 제1운동자이자 창조자로서 품었음직한 신의 개념은 후자의 약간 더 미묘한 의미에서일 것이라고 나는 생각합니다.

이 장에서 설명된 아리스토텔레스의 이론과, 그가 그의 철학체계 속에서 발전시켰음직하다고 내가 생각한 이론들은 상식은 아닙니다. 또 상식의 개선도 아닙니다. 비록 그런 개선에 기반을 두고 있지만 말입니다.

이 매우 중요한 점에서, 이 장에서 다룬 이론은 우리가 이 책의 앞 장들에서 보았던 철학적 견해들과 다릅니다. 이 장에서 다룬 이론은 아리스토텔레스의 철학이 아니라 그의 신학이라고 해야 할 것입니다. 그의 신학이 그의 철학처럼 우리의 상식과 관련되지는 않는다 하더라도, 그것은 최소한 공통의 종교적 신념, 서양 문명에서 2천 년 넘게 널리 이어져온 종교적 신념과 관련됩니다. 이 사실이, 아리스토텔레스가 신에 관해 전개한 추론과 그 개념을 이 책에 포함시켜야 한다고 내가 생각한 이유입니다.

아리스토텔레스를 읽었거나 읽기를 원하는 독자들을 위하여

이 책의 서문에서 나는 철학적으로 생각하는 법을 배우고자 하는 모든 사람에게 아리스토텔레스야말로 그 시작을 도와줄 최적의 교사라고 추천했습니다. 그러나 나는 모두가 아리스토텔레스가 쓴 책을 읽어야 한다고 추천한 건 아닙니다. 나는, 그의 책을 읽는 일은 사람들이 맨 나중에 할 일이라고 말하고 싶습니다.

아리스토텔레스의 책들은 입문자가 읽기에는 너무 어렵습니다. 아무리 훌륭한 번역이라고 소개된 책들을 읽어보아도, 막상 읽어보면 많은 부분이 모호한 채로 남아 있습니다. 아리스토텔레스의 번역자들은 우리에게 익숙지 않은 단어, 우리가 일상대화에서 쓰지 않는 단어를 많이 사용합니다. 게다가 아리스토텔레스 스스로도 단어를 사용할 때 당시의 동료 그리스인들이 사용했던 의미가 아닌 다른 의미로 사용하기도 했습니다. 그래서 그의 책들은 이중삼중으로 어렵습니다.

그럼에도 불구하고 이 책의 독자들 중에는, 내가 여기서 그의 생각을 소개하고자 하는 영감을 얻었던 책의 해당 부분을 직접 읽어보기를 원하는 사람이 있을 것입니다. 또는, 그의 책을 전에 이미 읽어본 사람도 있을 것입니다. 전체가 아니라도, 최소한 주요 논문만이라도 말입니다. 그런 사람이라면 이 책에 서술된 나의 설명을 아리스토텔레스의 텍스트, 내가 그의 사상의 주요원리를 뽑아낸 그 텍스트에서 직접 확인해보기를 원할 수 있습니다.

이 두 그룹 모두의 독자들에게 나는 고백합니다. 나는 이 책을 쓰면서 가능한 모든 곳에서 단순화했습니다. 나는 특이한 단어를 보통의 단어로 대체했습니다. 나는 아리스토텔레스의 학설의 주요요지에 대해 그의 사유의 핵심 되는 부분을 간추렸습니다. 그리고 방향을 잃지 않기 위해, 아리스토텔레스가 소개했던 많은 단서들, 상황을 복잡하게 만드는 문제들, 그리고 종종 독자를 혼란에 빠뜨리곤 하는 미묘함들을 상당 부분 덜어냈습니다.

아리스토텔레스를 읽었거나 앞으로 읽기를 원하는 사람에게 이 책의 재료로 쓰인 텍스트에 다가갈 수 있는 안내를 제공하기 위해, 나는 이 책 서두에 있는 차례와 평행을 이루는 두 번째 차례를 이곳에 마련했습니다. 이 책 본문에 쓰인 제목들은 아리스토텔레스의 가르침을 5개 부와 23개 장으로 나누어 더 간명하게 묘사하여 전달하기 위해 만든 것들(그의 생각에 대한 나의 이 연주(演奏)에 어울리는 스타일과 내용으로 준비한 것들)이지만, 이 두 번째 차례에서는 그 제목들을 원래의 아리스토텔레스 책의 것들로 바꾸었습니다.

이 점을 분명히 하기 위해 나는 책의 각 부분을 간단히 묘사하는 제목들을 단 다음, 그 뒤에 [ ]를 치고 이 책 서두에 있는 차례의 제목들을 넣었습니다. 각 23개 장 제목 아래에는 가끔씩 그 장에서 소개된 학설에 대한 간단한 설명을 아리스토텔레스 식의 언어로 추가했습니다. 그리고

각 경우마다, 그 부분과 관련되는 아리스토텔레스 책들의 해당 부분을
참고문헌 목록으로 덧붙였습니다. 이는 어떤 경우는 인용된 부분과의
특별한 연관을 가리키기도 합니다. 아리스토텔레스 책을 읽고자 하는
이들에게 도움이 되길 바랍니다.

제1부 — 아리스토텔레스의 담론 세계 : 그의 범주와 그의 분류학 [철학적 동물, 인간]

1. 감각적 실체와 물질적 실체에 대한 아리스토텔레스의 4가지 분류 : 무기물, 식물, 동물, 인간 [분류, 질문, 그리고 철학]

이 장은 아리스토텔레스가 생물과 무생물의 구별, 생물 영역 안에서의 구별, 식물과 동물 사이의 구별, 동물계 영역 안에서의 구별, 짐승과 이성적 동물(즉 인간) 사이의 구별에 사용한 기준들과 관계된다.

- 《형이상학》(Metaphysics) — 1권 1장
- 《영혼에 대하여》(On the Soul) — 1권 1장, 5장; 2권 1~3장, 5장, 9장; 3권 3장, 12장
- 《동물의 역사》(History of Animals) — 10권 1장
- 《동물의 발생》(Generation of Animals) — 1권 1~9장, 4권 4~6장
- 《동물의 부분들》(Parts of Animals) — 1권 4~5장

이 장은 또 아리스토텔레스가 이 분류 도식을 적용할 때의 어려움을 알고 있었다는 점을 언급하고 있다. 그 어려움은 생물과 무생물, 그리고 식물과 동물을 나누는 선의 양쪽에 걸치는 경계선 유형 때문에 생긴다.

- 《동물의 역사》 — 8권 1장

본질적 차이와 우연적 차이 사이의 구별이 소개된다.

- 《범주론》(Categories) — 5장
- 《형이상학》 — 5권 4장, 11장; 9권 8장

2. 존재의 범위 : 10가지 범주 [인간의 사유 대상]

이 장은 감각적, 물질적 실체가 존재하는 방식이 아닌 다른 방식으로 존재하는 대상의 존재들(예 : 수학적 대상, 허구, 마음, 관념, 육체로부터 분리된 지성들, 즉 천상의 모터들, 그리고 신)과 관계된다.
- 《형이상학》─ 3권 5~6장; 12권 8장; 13권 1~5장
- 《천체에 대하여》(On the Heavens)─ 2권 1장, 12장
- 《영혼에 대하여》─ 3권 4~6장

실체와 사건, 즉 물체와 그 속성의 구별
- 《범주론》─ 5~7장
- 《자연학》(Physics)─ 1권 2장
- 《형이상학》─ 7권 4~6장

바로 위에서 말한 구별은, 물질적 실체는 변화의 주체이며 그것의 사건은 그 실체가 변화하는 양상이라는 사실과 관계된다.
- 《자연학》─ 1권 6~7장, 2권 3장

실체적 형상과의 관련 속에서의 본질 혹은 특수한 본성
- 《형이상학》─ 5권 4장, 11장; 7권 16장~8권 6장; 9권 8장
- 《영혼에 대하여》─ 2권 4장

특수한 본성 혹은 본질의 위계
- 《형이상학》─ 8권 3장
- 《영혼에 대하여》─ 2권 3장

아리스토텔레스가 창안한, 실체의 우연적 속성에 관한 다양한 범주들
- 《범주론》─ 4장

실체의 사건들 중 일부는 영속적 혹은 불변적이다. 이는 각 종류의 물질적 실체의 본질적 본성으로부터 분리될 수 없는 성질이다.
- 《변증론》(Topics)─ 5권 1~3장

단어의 애매성에 관한 아리스토텔레스의 방침
- 《명제론》(On Interpretation) — 1장
- 《변증론》— 2권 4장

3. 제작적 이성, 실천적 이성, 이론적 이성 혹은 마음 [인간의 세 가지 차원]

이 장은 지적 활동에 대한 아리스토텔레스의 3가지 구별, 즉 사물의 제작을 위한 사고, 도덕적 및 정치적 활동을 위한 사고, 지식 그 자체를 얻기 위한 사고에 대해 간략히 요약하고 있다.
- 《윤리학》(Ethics) — 6권 2장, 4장
- 《영혼에 대하여》— 3권 7장

제2부 : 아리스토텔레스의 자연철학과 예술철학 [만드는 자, 인간]

4. 예술가로서의 자연과 자연에 대한 모방자로서의 인간 예술가 [아리스토텔레스의 크루소]

자연에 의한 발생과 예술에 의한 발생의 차이
- 《자연학》— 1권 7~8장, 2권 1~3장, 8~9장
- 《시학》(Poetics) — 1~4장

예술에 의한 발생과 우연에 의한 발생의 차이
- 《자연학》— 2권 4~6장
- 《정치학》(Politics) — 1권 11장

자연에 의해 생긴 변화와 예술에 의해 생긴 변화의 차이
- 《형이상학》— 7권 7~9장

인간의 출산과 자연에서의 생명체의 발생 혹은 번식의 차이
- 《동물의 발생》
- 《형이상학》─ 7권 7장

5. 우연적 변화의 3가지 주요 양태 : 장소의 변화, 질의 변화, 양의 변화 [변화와 영속]

실체적 변화와 우연적 변화의 구별, 그리고 우연적 변화의 3가지 상이한 양태의 구별
- 《범주론》─ 14장
- 《자연학》─ 3권 1장; 5권 1~2장, 5장; 7권 4장; 8권 7장

모든 우연적 변화 속에서도 지속되는 영속적 혹은 지속적 주체로서의 유체적 실체
- 《자연학》─ 1권 6~7장; 2권 1~3장
- 《형이상학》─ 8~9권; 7권 1~5장

파르메니데스의 변화의 부정과 헤라클레이토스의 영속의 부정에 대한 아리스토텔레스의 반박
- 《자연학》─ 1권 2~4장; 8~9장; 6권 9장

자연적 운동과 강제적 운동에 대한 아리스토텔레스의 구별
- 《자연학》─ 4권 1장, 8장; 5권 6장; 8권 4장
- 《천체에 대하여》─ 1권 2~3장, 7~8장

생성과 소멸에서의 변화 주체의 특수한 성격, 실체적 변화에서의 변화 주체로서의 제1질료
- 《자연학》─ 1권 7장; 2권 1~3장
- 《형이상학》─ 7권 7~9장; 11권 11장; 12권 2~3장

6. 4가지 원인에 대한 아리스토텔레스의 학설 : 운동인, 질료인, 형상인, 그리고 목적인 [네 가지 원인]

학설의 소개
- 《자연학》— 2권 3~9장
- 《형이상학》— 1권 3~10장; 5권 3장; 6권 2~3장; 7권 17장; 8권 2~4장; 9권 8장; 12권 4~5장

자연에서의 목적인과 예술에서의 목적인에 대한 고찰
- 《자연학》— 2권 8~9장
- 《영혼에 대하여》— 2권 12~13장
- 《동물의 부분》— 2~4권
- 《동물의 발생》— 1권 4~13장

실체적 변화와 우연적 변화에서의 잠재태와 현실태의 역할
- 《자연학》— 3권 1~3장
- 《형이상학》— 1권 6~7장; 7권 3장, 7~17장; 8권 4~6장; 12권 2~5장

질료인으로서의 실체의 역할과, 우연적 변화에서의 형상인으로서 우연적 형상의 역할, 그리고 실체적 변화에서 질료인으로서의 제1질료와 형상인으로서의 실체적 형상의 역할
- 《자연학》— 1권 4~9장; 2권 3장; 2권 7장
- 《형이상학》— 1권 6~7장; 5권 8장; 7권 3장, 7~17장; 8권 4~6장; 9권 6~9장; 12권 2~5장

7. 잠재태와 현실태 이론, 질료형상론에서의 계속적인 발전, 특히 실체적 변화, 혹은 발생과 소멸에 대하여 [존재하는 것과 존재하지 않는 것]

- 《자연학》— 3권 1~3장
- 《형이상학》— 7권 6~9장; 9권 1장, 3~9장; 11권 9장, 11장; 12권 2~3장, 5장
- 《생성과 소멸》(Generation and Corruptions) — 1권 1장, 3~5장; 2권 1장, 7장, 9장

8. 예술적 제작에서의 지적 요인에 대한 아리스토텔레스의 분석과, 예술에 대한 그의 분류 [제작적 관념과 노하우]

예술의 지적 덕
- 《윤리학》— 6권 4장

모방자로서의 예술가
- 《시학》— 1~5장

재배, 치료, 그리고 교육이라는 3가지 협력적 예술의 특수한 성격
- 《자연학》— 2권 1~2장, 8장

잘 만들어진 제작물의 아름다움
- 《시학》— 7장

제3부 : 아리스토텔레스의 도덕철학과 정치철학 [행하는 자, 인간]

9. 실천적 사고에서의 제1원리로서의 목적과, 행동의 시작으로서의 수단의 사용 : 의도의 질서에서의 처음과 수행의 질서에서의 마지막으로서의 목적 [목적과 수단에 대한 사고]

바랄만한 것으로서의 좋음과 좋은 것으로서의 바랄만함
- 《윤리학》— 1권 1~2장

그 자체를 위한 바랄만한 좋음으로서의 목적 및 도구와, 그 외의 목적을 위한 바랄만한 좋음으로서의 목적 및 도구의 구별
- 《윤리학》— 1권 5장, 7장, 9장

이론적 사고에서의 공리 혹은 자명한 진리와 비교한, 실천적 사고에서의 궁극목적
- 《분석론 후서》(Posterior Analytics) — 1권 2장

10. 더이상 욕구할 것을 남기지 않는 것으로 이해되는 행복과, 그렇게 이해 되는, 추구해야 할 최종목적 혹은 궁극목적 [사는 것과 잘 사는 것]

사는 것과 잘 사는 것의 구별
- 《정치학》— 1권 1~2장, 9장

전체로서의 좋은 삶으로서의 행복의 개념, 좋은 삶이란 어떻게 구성되는가 에 관한 여러 개인들의 다양한 의견
- 《윤리학》— 1권 4~5장, 7~10장; 10권 2장, 6~8장

11. 진정한 행복과 외견상의 행복에 대한 아리스토텔레스의 구별, 욕망되어 야 할 좋음과 사실상 추구된 좋음에 대한 그의 구별, 자연적 욕망과 습득 된 욕구의 그의 구별 [두 가지 욕망]

- 《윤리학》— 2권 6장, 3권 4~5장, 10권 5장
- 《영혼에 대하여》— 2권 2~3장, 3권 3장, 7장
- 《수사학》(Rhetoric) — 1권 6~7장

12. 행복을 구성하는 좋음의 전체 구성요소인 진정한 좋음, 그리고 행복의 추구에 필수적인 것으로서의 도덕적 덕 [행복을 추구하는 법]

- 《윤리학》— 1권 4~5장, 7~10장; 7권 11~14장; 9권 4장, 8~11장; 10권 1~8장

13. 행복의 추구에 필수적인 두 가지 통제적 요인인 도덕적 덕과 행운 [좋은 습관과 좋은 운]

도덕적 덕 일반과 도덕적 덕의 3가지 양상 : 절제, 용기, 그리고 정의
- 《윤리학》— 2~5권

행복에 필수적인 좋은 운, 덕 있는 인간과 축복받은 인간의 구별
- 《윤리학》— 1권 10장; 7권 13장, 10권 8장
- 《정치학》— 7권 1장, 13장

유한정의 좋음과 무한정의 좋음의 구별, 유한정의 좋음에 관한 절제의 결과인 도덕적 덕
- 《윤리학》— 7권 14장
- 《정치학》— 1권 8~10장; 7권 1장

14. 타인의 행복과 공동체 조직의 복지에 관한 개인의 의무들 [사회에 대한 우리의 의무]

사회적 및 정치적 동물로서의 인간
- 《정치학》— 1권 1~2장

공동체 조직으로서의 가족, 부족, 그리고 국가, 혹은 정치적 사회
- 《정치학》— 1권 1~2장

타인의 좋음을 지향하는 도덕적 덕으로서의 정의
- 《윤리학》— 5권 1~2장

정의와 사랑 혹은 우정 사이의 구별
- 《윤리학》— 8권 1장, 9장

우정의 종류
- 《윤리학》— 8권 2~6장

15. 개인의 행복 추구를 지원 혹은 증진하는 국가의 역할 [국가에 대한 우리의 권리]

시민에 의한 행복의 추구를 증진하는 국가로서의 좋은 국가에 대한 아리스토텔레스의 개념
- 《정치학》— 1권 2장; 2권 6장; 3권 9~10장; 7권 1~3장, 13~14장

정부 형태에 대한 아리스토텔레스의 이론, 그리고 다양한 정부 형태의 좋고 나쁨을 판단하기 위한 기준들
- 《정치학》— 1권 1장, 5장, 12~13장; 3권 6~7장, 11장, 15~16장; 5권 2~3장, 8장, 12장; 6권 4장; 7권 2장, 14장

자연적 노예제와 합법적 혹은 관습적 노예제에 대한 아리스토텔레스의 구별
- 《정치학》— 1권 4~7장, 13장

합법적 혹은 관습적 정의와 구별되는 자연적 정의에 대한 아리스토텔레스의 이론
- 《윤리학》— 5권 7장

가정 및 국가에서의 여성의 역할에 대한 아리스토텔레스의 관점
- 《정치학》— 1권 13장

제4부 : 아리스토텔레스의 심리학, 논리학, 그리고 지식이론 [아는 자, 인간]

16. 감각과 지성 : 지각, 기억, 상상, 그리고 개념적 사고 [마음으로 들어오는 것과 마음에서 나가는 것]

사유와의 관계 속에서의 언어
- 《범주론》— 1장
- 《명제론》— 1~2장

외부적 감각과 그것의 내부적 감각과의 차이에 대한 아리스토텔레스의 설명
: 상식, 기억, 그리고 상상력
- 《영혼에 대하여》 — 2권 5~12장; 3권 1~3장
- 《감각과 지각》
- 《동물의 역사》 — 4권 8장

단순한 감각작용과 감각경험의 차이
- 《형이상학》 — 1권 1장

그것 자체로 받아들여지거나 따로 받아들여진 감각작용과 관념은 참도 아니고 거짓도 아니라는 아리스토텔레스의 학설
- 《범주론》 — 4장
- 《명제론》 — 1장
- 《영혼에 대하여》 — 2권 6장; 3권 3장, 6장
- 《형이상학》 — 4권 5장; 5권 29장

지성이 경험으로부터 추출한 형상으로서의 관념이라는 아리스토텔레스의 이론
- 《영혼에 대하여》 — 3권 4장, 7~8장
- 《형이상학》 — 13권 2~3장

17. 직접추론와 삼단논법 [논리학의 작은 단어들]

존재론적 원리 및 사유의 규칙으로서의 모순율
- 《명제론》 — 6장
- 《분석론 전서》(Prior Analytics) — 2권 17장
- 《분석론 후서》 — 1권 11장
- 《형이상학》 — 4권 3~8장; 9권 5~6장

대당사각형 : 모순, 반대, 그리고 소반대
- 《명제론》— 6장, 10장
- 《범주론》— 10장
- 《분석론 전서》— 1권 2장

대당사각형에 기반한 직접추론
- 《명제론》— 7~10장
- 《분석론 전서》— 1권 2~3장; 2권 8~10장, 22장

삼단논법의 규칙
- 《분석론 전서》— 1권
- 《분석론 후서》— 1권 12장

논리적 타당성과 실제적 참 사이의 아리스토텔레스의 구별
- 《분석론 전서》— 2권 2~4장
- 《분석론 후서》— 1권 12장

수사적 논증에서의 생략삼단논법
- 《분석론 전서》— 2권 27장
- 《수사학》— 2권 20장, 22장

18. 이론적 진실과 실천적 진실 [진실 말하기와 진실 생각하기]

진실의 정의
- 《형이상학》— 4권 7장
- 《범주론》— 5장

공리 혹은 제1원리의 진실 : 자명한 진실들
- 《분석론 후서》— 1권 3장, 5장, 10장, 12장

참도 아니고 거짓도 아닌 문장들
- 《명제론》— 2장

사실적 진술과 규범적 진술의 참의 차이에 대한 아리스토텔레스의 이론 : "사실명제"와 "당위명제"
- 《윤리학》— 6권 2장

긍정명제와 부정명제의 확실성과 개연성
- 《명제론》— 9장
- 《분석론 전서》— 1권 13장; 2권 25장
- 《분석론 후서》— 1권 2장, 6장, 8장, 30장, 33장
- 《형이상학》— 4권 4~6장; 6권 1장; 9권 6~7장

19. 아리스토텔레스의 지식이론과 지식 및 올바른 의견에 대한 그의 구별 [합리적 의심 너메]

- 《범주론》— 5장
- 《분석론 전서》— 1권 13장
- 《분석론 후서》— 1권 2장, 4~8장, 30장, 33장
- 《변증론》— 1권 2장
- 《수사학》— 2권 25장
- 《형이상학》— 4권 4장; 6권 2장; 7권 15장; 9권 10장; 11권 6장, 8장
- 《영혼에 관하여》— 3권 3장
- 《변증론》— 1권 2장

제5부 : 아리스토텔레스의 우주론과 신학 [어려운 철학적 문제들]

20. 현실적 무한과 잠재적 무한 [무한성]

원자론자들의 이론에 대한 아리스토텔레스의 비판
- 《자연학》 — 1권 2장
- 《천체에 대하여》 — 3권 4장; 4권 2장

지속적 증대와 질료의 무한한 가분성에 관한 아리스토텔레스의 학설
- 《자연학》 — 3권 1장, 6~7장; 5권 3장; 6권 1~2장
- 《형이상학》 — 3권 4장; 5권 13장

사실상 무한한 다수 혹은 증대에 대한 아리스토텔레스의 부정, 그리고 끝없이 더해가는, 끝없이 분할해가는 잠재적 무한성에 대한 그의 긍정
- 《자연학》 — 3권 4~8장
- 《형이상학》 — 11권 10장

21. 세계의 무한과 운동 혹은 변화의 무한 [영원성]

운동의 척도로서의 시간에 대한 아리스토텔레스의 개념
- 《자연학》 — 4권 10~14장

시간의 무한과 운동 혹은 변화의 지속성에 대한 아리스토텔레스의 논증
- 《자연학》 — 7권 1~2장; 8권 1~6장, 8장

천체의 운동이 지상의 운동 및 변화에 미치는 영향에 대한 아리스토텔레스의 이론
- 《천체에 대하여》 — 1권 2장, 9~12장; 2권 3장
- 《발생과 소멸》 — 2권 10~11장

신의 불변성 혹은 영원성에 대한 아리스토텔레스의 개념 : 영원한 것 혹은 불변의 것의 무시간성
- 《형이상학》 — 12권 6~7장, 9장

22. 인간 지성의 비물질성 : 질료로부터의 형상의 추출과 관련된 개념적 사고[마음의 비물질성]

- 《분석론 후서》 — 1권 3장
- 《영혼에 대하여》 — 3권 4~5장, 7~8장
- 《형이상학》 — 13권 2~3장

23. 제1운동자 : 순수 현실태로서의 하느님 [신]

천상의 모터로서의 지성에 관한 아리스토텔레스의 이론
- 《천체에 관하여》 — 2권 1장, 12장
- 《형이상학》 — 12권 8장

운동인이 아닌 목적인의 방식으로 천체의 운동을 일으키는 제1운동자의 존재에 관한 아리스토텔레스의 논증
- 《자연학》 — 8권 1~6장
- 《형이상학》 — 12권 6~9장

모두를 위한 아리스토텔레스

— 쉽게 풀어낸 어려운 생각

지은이 | 모티머 J. 애들러
옮긴이 | 김인수

펴낸곳 | 마인드큐브
펴낸이 | 이상용
책임편집 | 김인수
디자인 | SNAcommunications(서경아, 남선미)

출판등록 | 제2018-000063호
이메일 | viewpoint300@naver.com
전화 | 031-945-8046
팩스 | 031-945-8047

초판 1쇄 발행 | 2016년 1월 4일
개정 1쇄 발행 | 2022년 2월 7일
ISBN | 979-11-953277-1-3 03100